JN418397

민주개혁진보진영의 집권을 준비하는

온통선거공식

민주개혁진보진영의
집권을 준비하는

On通 선거공학

초판 1쇄 인쇄 : 2014년 1월 2일
초판 1쇄 발행 : 2014년 1월 6일

지은이 : 석종득 외
펴낸이 : 전두표
펴낸곳 : 도서출판 두남
서울시 강동구 성내로6길 34-16 두남빌딩
신고 : 제25100-1988-9호
TEL : 02) 478-2065, 2066, 2067, 2311
FAX : 02) 478-2068
E-mail : dunam1@unitel.co.kr
http://www.dunam.co.kr

가격 : 19,000원

ISBN 978-89-6414-476-3 13340

민주개혁진보진영의
집권을 준비하는

On 通

선거공작

도서출판 두남

여는 말

–

새로운 공부의 출발선에서

'대장간의 대장장이가 전장의 무사들에게'라는 거창한 제하에 '선거전략&선거캠페인'이라는 졸저의 '여는 말'을 썼던 것이 2008년 1월의 일이다. 거의 6년여의 시간을 보내고, 다시금 '온통선거공식'이라는 새로운 책으로 독자들을 만나고자 한다.

그간 참으로 많은 일들이 있었다. 각지에서 책의 내용을 중심으로 강의를 해달라는 요청도 해왔고, 여러 캠프들을 찾아다니며 이런저런 조언도 했다. 성공한 캠프도 있었지만 그에 못지않게 실패한 캠프도 많았다.

뿌듯함보다는 부끄러운 일들이 더 많았던 지난 6년이다. 믿고 찾아준 이들에게 나는 얼마나 도움이 되었을까? 제대로 된 창과 방패를 만들어주었던가? 이런저런 선거를 치르는 사이에 나의 부족함과 일의 아쉬움을 수시로 느끼며 지내온 6년의 시간이다.

세상의 변화도 쏜살같았다. 세상의 변화와 더불어 우리 선거의 경향도 많이 바뀌었다. 그런 탓에 목차중심의 기계적 구조로 써내려갔던 '선거전략&선거캠페인'만으로는 선거전략을 모두 담아내기에 역부족이었음을 절실히 느꼈다. 여기에 보태 내 공부의 모자람을 뼈저리게 반성하고 후회했음은 말할 나위가 없다.

이런 목마름을 느끼던 차에 나는 보배와도 같은 두 사람을 만났다. 한 사람은 오랜 세월 광고대행사를 운영하며 수십여 개에 달하는 캠프의 선거 캠페인을 도맡아온 백전노장이고, 또 한 사람은 스스로의 선거에서 네 번이나 낙선하며 절치부심해오다 데이터선거의 중요성을 몸소 깨달은 바 있어 데이터마케팅을 공부한 사람이다.

이인안 · 송인배, 이 두 사람과 나는 서로의 경험을 공유하며 선거의 새로운 경향을 함께 공부했다. 그리고 그 결실을 이 책 속에 담았다. 호흡이 좋았다고 느낀 우리는 각자 운영하고 있는 연구소와 회사들과는 별도로 '정치컨설팅그룹 공감'이라는 컨설팅회사를 만들었고, 지금은 그곳에서 함께 일하고 있다.

이 책은 세 사람이 나눈 그간의 공부다. 커뮤니케이션공부요, 마케팅공부이며, 빅데이터와 데이터베이스를 기반으로 한 분석과 활용의 공부다. 그리고 이제 그 공부를 많은 사람들과 나누려 한다. 아니 민주개혁진보진영의 사람들과 나누려 한다.

온갖 풍상을 겪으며, 권력연합과 대치해온 민주개혁진보진영의 모든 후보들이 그 어려움을 뚫고 당선되기를 바라는 마음, 민주개혁진보진영의 집권을 갈구하는 마음으로 이 책을 썼다. 쉽지 않은 일이었다. 그럼에도 불구하고, 가장 효율적인 방법을 제안하려 했고, 가장 유효한 방법을 찾아 밝히려 했다.

구체적인 실제 사례들을 중심으로 설명하려 했고, 우리의 공부가 실전에 적용되리라는 믿음으로 이 책을 썼다. 그럼에도 불구하고 한계를 느낀다. 그러하기에 또 새로운 공부를 시작하려 한다. 이제는 세 사람의 공부가 아니라, 민주개혁진보진영의 승리를 갈구하는 모든 사람들과 함께 공부를 시작하려 한다. 이 책이 그 공부의 첫 페이지가 되기를 기원하며, 졸저의 문을 연다.

세상모든소통연구소에서 **석 종 득**

Contents

1부. 구도전략과 소통

결을 보고 판을 갈라 말을 남겨라!

구도전략과 소통의 문제를 다뤘다.
마케팅적 관점으로 구도를 설명했으며, 기업의 사례와 선거의 사례를 들어
현실 속에서의 구도를 제시했고, 결을 읽고, 구도를 구상하는 일에 대해
구체적 방법론을 제안했다.

제1장. 구도전략의 세 가지 요소

결, 면적, 깊이의 공학 속으로

TV토론에서 양 후보 간 공방이 치열했다. A후보는 비리를 저지른 B후보의 문제를 집요하게 파고들었다. B후보는 쩔쩔맸고, TV토론 내내 A후보는 비리문제를 중심으로 토론을 주도했다. 토론 후 여론은 누구에게 유리하게 전개되었을까? 그리고 선거의 승리는 누구에게로 돌아갔을까?

결론은 '우리 편' 많은 후보가 여론을 유리하게 주도했으며, '우리 편'이 많은 후보가 승리했다. 공격을 당하는 후보의 지지자들은 공격하는 후보에게 '저 사람은 정책선거를 할 생각은 하지 않고, 자꾸 했던 얘기만 반복하면서 있지도 않은 일을 물고 늘어지냐.'며 비난했을 것이다. 반대로 공격하는 후보의 지지자들은 공격당하는 후보에게 '저 사람은 미꾸라지처럼 빠져나가기만 해. 아주 생긴 대로 놀아.'라며 비난했을 것이다. 그러니 토론 후 지지구도가 변하지는 않는다는 것.

선거는 표 싸움이다. 표를 많이 얻는 후보가 이긴다. 그렇다면 표는 어떻게 생기는가? 표는 지지의 산물이다. 그리고 지지는 '같은 편'이라는 생각에서 나온다. '편(便)'의 사전 적 정의는 '여러 패로 나누었을 때, 그 하나하나의 쪽.' 유권자는 최소 두 패 이상으로 갈린 것 중 내 편이라 여기는 쪽의 후보에게 지지를 보내게 된다.

그런데 이 '편'은 그때그때마다 다르게 갈린다. 한 번 같은 편이었다고 해서 영원히 같은 편은 아니라는 것이다. 한국과 일본이 축구를 하면 우리 편은 당연히 '한국대표팀'이다. 한국과 일본이 야구를 해도 한국 사람들은 모두 한국대표팀을 응원한다.

그렇게 한 편이었던 사람들이 프로야구 경기 때가 되면 서로 다른 편이 되어 만난다. 같은 대한민국 사람들이지만 각기 편이 나뉘는 것이다. 그 이유 또한 다양하다. '우리 지역 연고구단이라서'이거나 '선수들 중 누구 하나가 좋아서'이거나, 혹은 '그냥'이라고 답하는 사람들도 적지 않다.

남의 편이라서 남편? 속하고 싶은 쪽, '우리 편'

남편(男便)은 '남의 편이라서 남편'이라는 우스갯소리가 있다. 하지만 여기서 일컫는 남편이란 '혼인을 해서 짝을 이룬 것 중 남자 쪽'을 일컫는 말이다. '여편(女便)네'라는 말 또한 이와 다르지 않다. 내가 속해 있는, 속해 있다고 생각하는, 혹은 속하고 싶은 쪽을 우리는 '편'이라 이른다.

이처럼 편이 달라지도록 만드는 일을 '선긋기'라 부른다. 그리고 이런 '선긋기'를 우리는 '구도전략'이라 부른다. 각 정당과 후보들은 매 선거에서 자신에게 유리한 '선긋기'를 하기 위해 노력한다. 그럼에도 불구하고 편의 기본은 '정당'이다.

어떤 경우에는 내 친구가 선거에 나왔으니 나는 당연히 내 친구 편이다. 평소에는 비록 내 편이 아니라고 생각해왔던 정당의 후보라 할지라도 친구가 나왔으니 이번에는 내 친구가 내 편이다. 내 친구와 내 생각이 같은지 다른지는 별로 중요한 문제가 아니다. 내 친구이니 그저 그는 내 편인 것 같다.

동창, 친척, 하다못해 같은 고향이나 같은 성씨라는 이유만으로도 내 편으로 느껴지는 경우가 있다. 여기에 더해 내가 다니는 교회 목사님이 잘 안다는 후보, 내가 다니는 절의 주지스님이 한 번 생각해달라고 말씀하신 후보도 내 편으로 느껴지는 경우가 있다.

다른 것은 잘 모르겠지만 이번에는 이 정당이 내게 확실히 이익이 되는 정책을 내놓았다. 이 정당이 하는 말에는 믿음이 가지만 다른 정당의 말에는 믿음이 가지 않는다. 그래서 이 정당이 내 편인 것 같다. 이번에 이 정당은 내가 못마땅하게 여기는 일을 하겠단다. 그래서 남의 편인 것 같다.

선거는 '편'싸움이다. 그리고 선거 때마다 그 '편'은 조금씩 므양을 달리해가며 나타나게 된다. 이번 선거에서는 이 정당의 후보가 내 생각과 같은 것 같아 한 편이라 생각했지만 다음 선거에서는 이 정당의 후보가 내 생각과는 다른 것을 주장하기도 한다.

이처럼 편이 달라지도록 만드는 일을 '선긋기'라 부른다. 그리고 이런 '선긋기'를 우리는 '**구도전략**[1]'이라 부른다. 각 정당과 후보들은 매 선거에서 자신에게 유리한 '선긋기'를 하기 위해 노력한다. 그럼에도 불구하고 편의 기본은 '정당'이다. 비가 오나 눈이 오나 바람이 부나 지지정당을 바꾸지 않고 '묻지마 투표'를 하는 사람들이 있기 때문이다.

그래서 이슈가 표심을 바꾸는 것이 아니라 표심이 이슈를 기다린다는 말이 생겨났다. 표심을 결정하는 요소에 현실만이 반영되지는 않는다는 것. 태생적인 것도 작용하고, 살아온 환경도 작용한다. 오랜 시간에 걸쳐 생성된 표심은 몇 가지 대형이슈만으로 쉽사리 바뀌지 않는다. 이성적이거나 논리적인 것

구도전략[1]

'구도'의 사전적 의미는 그림에서 모양, 색깔, 위치 따위의 짜임새를 말함. 그러므로 선거에서 '구도전략'은 상대적으로 나에게 유리한 이슈 제시나 특정 사안에 대한 입장 표명으로 유권자들의 편을 갈라 상대적으로 나의 편이 더 많게 선긋는 일을 말함.

문제가 있는 정당이나 후보라는 사실이 객관화되더라도 그 정당이나 후보를 지지했거나 선택했던 사람들은 그 수위가 일정 이상을 넘기 전까지는 그 정당과 후보를 지지하고 옹호한다. 일종의 '공범의식' 속으로 들어가는 것이다.

만도 아니다.

그런 측면에서 정당에 대한 지지는 마케팅에서 말하는 브랜드충성도와 비슷한 측면이 있다. 잘 따져보면 그 배경이 없을 리야 없겠지만 우리는 맹목적인 브랜드충성도에 놀랄 때가 있다. 이러한 현상을 전문적인 용어로는 '인지부조화'라고 한다.

인지부조화란 두 가지의 모순된 인지요소가 있을 때 나타나는 인지적 불균형상태를 뜻한다. 사람들은 이런 경우 과도한 심리적 긴장상태에 빠지므로 이를 해소해서 심리적 안정감을 찾고자 한다.

브랜드충성도와도 같은 묻지마 표심

페스팅어[1]는 종말론을 주장하는 사이비 종교단체를 관찰하였다. 관찰한 바, 교주가 예고한 종말일에 지구는 멸망하지 않았다. 하지만 신도들은 이를 자신들이 속은 것으로 받아들이지 않았다고 한다. 오히려 믿음이 더욱 깊어졌다고 한다.

신도들은 지구의 종말에 대비해서 자신들이 가지고 있는 모든 것을 다 버리고 사이비종교에만 매달렸다. 따라서 자신들이 잘못을 인정하면 그 심리적 고통을 감당하기가 힘들었을 것이다. 따라서 신도들은 자신의 믿음이 옳다는 쪽으로 생각하고, 심리적 안정을 찾게 된 것이다. 그리고 그들은 더욱 광신하는 행동을 보였다고 한다.

이처럼 인지부조화를 해소하기 위해 사람들은 잘못을 인정하기보다는 자

페스팅어[1]

리언 페스팅어(Leon Festinger). 미국의 사회심리학자. 그는 '인지적 부조화 이론(1957년 作)' 책에서 종말론을 주장하는 한 사이비 종교단체 교주와 신도들을 관찰한 내용을 바탕으로 '인지적 부조화 이론'을 설명하고 있음.

신의 결정을 극단적으로 합리화하는 형태로 나아간다. 자신이 알고 싶지 않은 정보를 스스로 차단하고, 알고 싶은 것만 받아들이게 된다. 자신이 신뢰하는 정당이 사회적으로 지탄받을 상황에 빠졌을 때를 생각해보자. 남들과 함께 손가락질하는가? 아니면 그것을 옹호하거나 다른 근거를 들어 정당성을 주장하게 되는가?

인지부조화이론 외에 귀인이론도 브랜드충성도를 설명하는 한 방법이다. 자신이나 타인의 성공과 실패에 관련한 행동원인을 설명하는 방식에 대한 이론이 바로 이 귀인이론이다. 행동을 먼저 해놓고 그 이유를 찾는 것도 귀인이론에 해당된다 하겠다.

여우의 우화가 이와 같은 경우다. 여우가 먹음직스러운 포도를 따 먹고 싶어했다. 하지만 그 포도는 너무 높은 곳에 매달려 있어서 아무리 노력을 해도 도무지 딸 수가 없었다고 한다. 그러자 여우는 '저 포도는 아주 신포도일거야.' 라고 말했다는 것이다.

문제가 있는 정당이나 후보라는 사실이 객관화되더라도 그 정당이나 후보를 지지했거나 선택했던 사람들은 그 수위가 일정 이상을 넘기 전까지는 그 정당과 후보를 지지하고 옹호한다. 일종의 '공범의식' 속으로 들어가는 것이다. 대한민국의 보수지지자들은 상당수 이 공범의식 속에 빠져 있다.

공범의식의 또 다른 얼굴이 스톡홀롬신드롬이다. 인질이 인질범에 동화되는 현상이다. 1973년 스웨덴의 수도 스톡홀롬에서 4명의 무장강도가 은행에 침입해 직원들을 인질로 잡고 6일 동안 경찰과 대치하는 상황이 벌어졌다. 그 사이 인질들은 인질범들을 무서워했으나 시간이 지나면서 점점 인질범들을 옹호하고 되고, 심지어 인질범과 사랑에 빠져 경찰에 함께 대항해서 싸웠다고 한다.

이 사건에서 유래한 비이성적 심리현상이 바로 스톡홀롬신드롬이다. 군사

독재정권시절 보수지지자들 중 상당수가 이 스톡홀롬신드롬 속에 빠져 있었던 것은 아닌가? 어쩌면 아직까지도 이 증후군이 작동되고 있는 것은 아닐까? 내가 찍은 사람이기 때문에 정당한 행위를 하고 있을 것이라는 마음은 이런 이론들로 설명될 수 있다.

내 지지의 이유를 내게 알려주는 많은 매체들

선거에는 이러한 제반의 부조리가 작동되고 있다. 그것이 이른바 '묻지마 지지', '묻지마 투표'의 원인이다. 스스로 판단하기 어려울 만큼 복잡한 것들에 대해 사람들은 판단을 포기하기보다는 직관적으로 판단하고, 자신의 판단을 뒷받침할만한 근거를 뒤늦게 찾으려고 한다. 이러한 현상이 선거에서는 물론 일상에서도 나타나고 있는 것이다.

어떤 개인이 특정 맥주를 좋아하는 이유는 무엇일까? 홉의 비율이나 물의 성분, 혹은 첨가제나 발효공법 등의 물리적 차이 때문일까? 대개는 정확히 설명하기 힘든 '무엇인가'가 그 상표에 대한 자신의 판단을 결정하게 한다. 남들이 '왜 굳이 그 맥주냐?'고 물었을 때 비로소 그 이유를 생각해내서 말하게 되는 경우가 적지 않다.

정보들 때문에 내가 지지를 바꾸는 것이 아니라, 지지에 도움이 되는 정보로 자신을 강화하고, 지지에 도움이 되지 않는 정보들에 대해서는 비판적 입장을 갖는다. 이슈나 논리가 표심을 바꾸는 것이 아니라, 표심에 맞는 논리를 찾아 정을 붙이는 것.

특별한 이유가 있어서 그 맥주를 마신 것은 아니지만 남들이 왜냐고 물으니 뭔가 답을 해야 할 것 같아 '굳이 그 이유를 만들어 말하는 경우'다. 먼저 행동하고 난 뒤, 그 행동의 이유를 찾는다는 것. 정당에 대한 지지 또한 이러한 경우가 적지 않다.

그 정당을 지지해야 할 이유를 자신에게 전해주는 매체들도 다양하다. 신문과 TV뉴스가 전해주고, 팟캐스트며 SNS가 전해준다. 친구가 전해주고 가족이 전해주고 지인이 전해준다. 그런 정보들은 자신의 생각을 보다 강화시켜주는 도구들이다.

그런 정보들 때문에 내가 지지를 바꾸는 것이 아니라, 지지에 도움이 되는 정보로 자신을 강화하고, 지지에 도움이 되지 않는 정보들에 대해서는 비판적 입장을 갖는다. 이슈나 논리가 표심을 바꾸는 것이 아니라, 표심에 맞는 논리를 찾아 정을 붙이는 것.

지난 2004년 총선의 이슈를 생각해보자. 그때 강하게 불었던 '바람'은 3월 12일의 대통령탄핵의결로 분 '탄핵풍'과 3월 26일 정동영 노인폄하발언이 촉발한 '노인풍'이었다. 대통령탄핵의결 후 부산을 대상으로 한 어느 조사에 따르면, 당시 부산 18개 선거구에서 한나라당 후보가 조금이라도 앞섰던 지역은 중·동구가 유일했다. 나머지 17개 선거구에서 열린우리당 후보들은 한나라당 후보들에 비해 1.7%에서 21.7%까지 앞서 나갔었다.

하지만 3월 26일 정동영 노인폄하발언이 있고난 뒤부터는 서서히 열린우리당 후보들의 지지율이 하락했다. 한나라당 후보들은 그야말로 상승세. 그리고 4월 15일 총선, 부산을 통틀어 단 1명만이 열린우리당의 간판으로 국회의원에 당선됐다. 탄핵 후 여론조사 결과와는 완전히 뒤바뀐 상황이었다.

그렇다면 정말 그 바람들은 그렇게 많은 사람들의 지지를 바꾸어놓았던 것일까? 아니다. 그 지지들은 단순히 땅 속에 숨어있었을 뿐이다. 명분이 없는 선거운동은 지지자들의 발목을 묶고, 명분이 있는 선거운동은 지지자들에게 날개를 달아준다.

우리 쪽 진영에 폭격이 떨어지면 우리는 모두 땅굴로 숨어들어야 한다. 나서서 활동하지 말고, 모두 함께 땅굴로 숨어라. 우리 편이 모두 안전하게 땅굴에 숨었다면 폭격이 끝날 때까지 내부를 다지면 된다.

상대진영에 폭격이 떨어질 땐, 적진을 향해 내달려라. 적진에 쏟아지는 폭격으로 상대가 꽁꽁 숨었을 때는 전국적으로 내닫는 비바람에 어깨를 걸어야 한다. 그 명분을 업고, 규탄대회도 참석하고, 그 집회에 우리 지지자들도 함께 참석하도록 독려하는 일이 바람을 잘 활용하는 방안이다.

몇몇 선거는 새로운 '선긋기'를 통해 기존의 선거와는 다른 구도로 치러내기도 했다. 그것은 주로 '사안'이었다. 이 '사안'을 통해 새로운 '선긋기'를 시도하고, 이를 승리로 이끈 사례들이 있다는 것이다. 대표적인 것이 행정수도, 무상급식 등이다.

사안을 중심으로 긋는 선, 중도는 없다

이슈가 도와준다면 그 틈을 노려 상대 진영의 기를 꺾어야 한다. 땅으로 숨어들어 선거가 끝날 때까지 밖으로 나오지 못하도록 해야만 한다. 상대들로 하여금 그 문제를 가지고 얘기를 꺼내는 것이 창피하도록 해야 한다. 우리 진영은 자긍심을 가지게 될 것이고, 그래야만 유권자들을 상대로 침을 튀겨가며 명분을 말하게 될 것이다.

표심이란 이미 유권자들의 인식 속에 자리잡고 있는 구도다. 하지만 몇몇 선거는 새로운 '선긋기'를 통해 기존의 선거와는 다른 구도로 치러내기도 했다. 그것은 주로 '사안'이었다. 이 '사안'을 통해 새로운 '선긋기'를 시도하고, 이를 승리로 이끈 사례들이 있다는 것이다. 대표적인 것이 행정수도 이전, 무상급식 등이다.

이러한 시도를 위해서는 이른 바 '중도는 없다'는 개념을 이해해야만 한다. 프레임 전쟁의 저자, 조지 레이코프는 '중도를 위한 이념은 없다. 중도는 어떤 문제에는 보수적이고, 다른 영역에서는 진보적이라는 의미다. 다양한 조합이 있을 뿐이다.'라는 말로 중도를 부정했다.

EBS 다큐프라임은 보수주의자 34명, 중도내지 무당파 30명, 진보주의자 33명 등 모두 95명을 초대했다. 이들을 대상으로 당시 사회에서 보수와 진보를 첨예하게 가를 수 있는 질문 20개를 던졌다. 제주해군기지문제, 국가보안법문제, 사형제도문제, 무상급식문제 등이 그것이었다.

이 질문들에 대해 제작진은 매우 보수적인 질문을 던졌다. 이를테면 '경제성장과 환경보호가 충돌할 때, 경제성장을 우선시해야 한다?' 등이었다. 이에 대해 찬성하면 1, 반대하면 5. 찬성과 반대의 정도에 따라 각각 2, 3, 4를 표시하도록 했다.

실험결과 2개의 문항에 대해서는 집단 간 의미 있는 차이가 나타나지 않았고, 나머지 주제들에 대해서는 각각 의미 있는 차이가 발생했다. 그리고 각 진영내의 평균값을 도출했다. 보수주의자들의 평균값은 2.4점, 중도내지 무당파는 3.3점, 진보주의자들은 4.0점이었다.

이 평균값만 놓고 보면 그들 스스로가 왜 각자를 보수, 중도, 진보주의자라 칭했는지 이해가 된다. 하지만 각각의 질문들에서 보인 중도내지 무당파의 응답은 이러한 평균값을 무색케 한다. 각각의 질문들에 대해 3점의 중간입장보다는 1점과 5점, 혹은 2점과 4점으로 자신의 입장을 분명히 했던 것. 다만 각 사안 20개를 모아놓은 평균값에 있어 중간입장을 취하고 있었던 것이다.

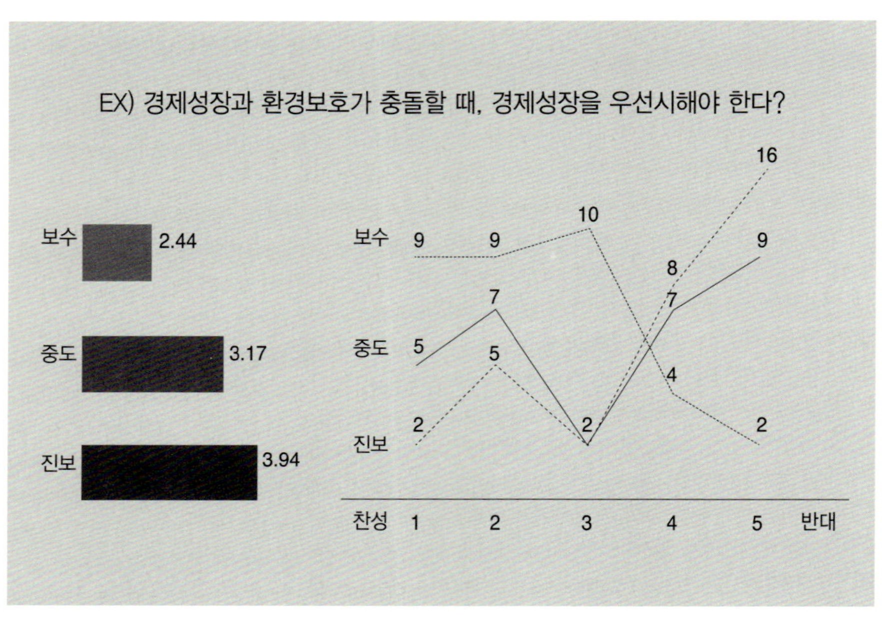

그림 1-1-1 : '중도는 없다'를 실험 결과 중 하나. 스스로를 중도집단이라 칭했지만 사안에 대해서는 다른 반응을 보였다.

앞서 예를 든 '경제성장과 환경보호가 충돌할 때, 경제성장을 우선시해야 한다?'의 경우, 보수주의자들은 1점이 9명, 2점이 9명, 3점이 10명, 4점이 4명, 5점이 2명이었다. 진보주의자들은 1점이 2명, 2점이 5명, 3점이 2명, 4점이 8명, 5점이 16명이었다.

이슈에 대한 유권자들의 입장을 잘 살펴서 구도를 가른다면 우리는 보다 넓은 면적을 확보할 수 있을 것이다. 당연히 넓은 면적이 나오는 이슈를 중심으로 '선긋기'를 시도해야만 한다. 하지만 면적만이 고려의 대상은 아니다.

이러한 결과를 놓고 볼 때 중도내지 무당파들은 3점에 표한 사람이 많았을 것으로 예측해볼 수 있지만 결과는 매우 달랐다. 그들의 점수는 1점이

5명, 2점이 7명, 3점이 2명, 4점이 7명, 5점이 9명으로 나타났다.

오히려 찬성도 반대도 아닌 중립적 입장을 보인 측은 보수주의자들이었다. 가장 많은 인원이 3점에 표한 것이다. 3점에 표한 보수주의자들은 10명에 달했다. 하지만 중도내지 무당파와 진보주의자들은 단 2명씩만 3점에 표했다.

바로 이것이 '중도는 없다'의 핵심이다. 스스로를 중도내지 무당파라고 생각하는 유권자 역시 각 사안에 대해서는 분명한 입장을 가지고 있는 경우가 많다. 따라서 우리에게 유리한 사안을 중심으로 선을 그을 수 있다면 이 사안에 대한 입장으로 구도가 갈라지며, 승리할 수 있다는 사실을 유추해볼 수 있겠다.

감성을 자극하면 면이 깊어진다

이처럼 이슈에 대한 유권자들의 입장을 잘 살펴서 구도를 가른다면 우리는 보다 넓은 면적을 확보할 수 있을 것이다. 당연히 넓은 면적이 나오는 이슈를 중심으로 '선긋기'를 시도해야만 한다. 하지만 면적만이 고려의 대상은 아니다.

여러 가지 사안 중에서는 이미 그 결에 금이 많이 가 있는 경우도 있고, 결은 존재하되, 전혀 금이 가 있지 않은 경우도 있다. 따라서 금이 많이 가 있는 사안은 조금만 힘을 줘도 갈라지지만 전혀 금이 가 있지 않은 경우에는 아무리 힘을 줘도 갈라지지 않은 채 선거가 끝날 수 있다.

또 경우에 따라서는 좁은 면에 위치했음에도 불구하고 선거가 승리로 끝나는 경우가 있다. 선을 그었다는 것은 한 덩어리를 양쪽으로 나누었다는 것이니, 아무리 잘못 그은 선이라 하더라도 100 대 0의 선은 없다.

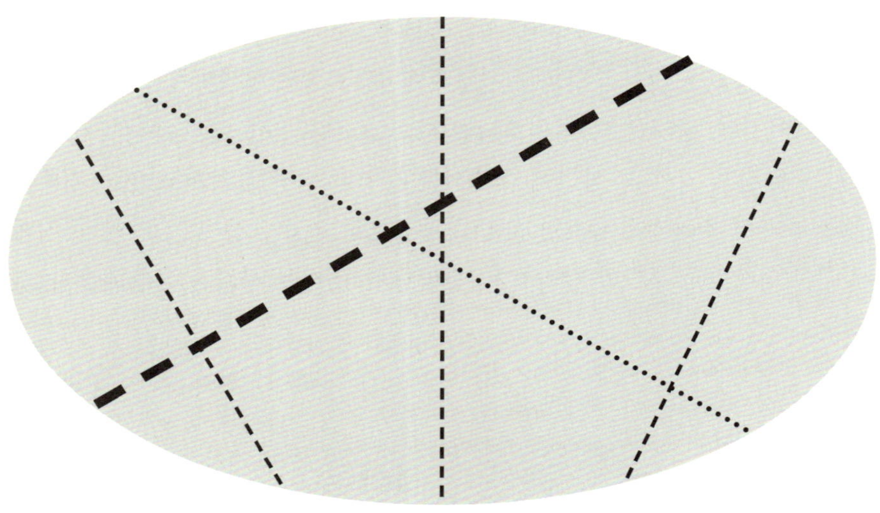

그림 1-1-2 : 각각의 결에는 세기가 있다. 금이 나 있지 않은 곳은 두드려도 깨지지 않지만, 이미 금이 세게 나 있는 상황이라면 조금만 힘을 줘도 갈라지게 된다.

70 대 30, 혹은 60 대 40의 구도는 나오기 마련이다. 이 경우 저쪽진영은 60 중의 60%가 투표하는데, 이쪽진영은 40중의 90%가 투표한다면 이길 수도 있다. 쟁점 자체도 중요하지만 쟁점에 대한 결집도 역시 그에 못지않게 중요하다.

2004년 탄핵풍으로 치러졌던 총선의 경우에는 우리의 면도 넓었지만 그 뜨거움도 매우 높았던 이슈였다. 하지만 상대 또한 위기감으로 인해 뜨거움의 강도를 높여 투표의지는 낮아지지 않은 채 끝난 선거로 기록됐다.

그것은 차지한 면을 격동시켜 그 면이 뜨겁게 달아올랐을 때 가능해진다. 이때 저쪽도 같이 뜨거워지는 경우가 있는가하면 상대적으로 저쪽은 힘이 빠져 투표의지가 약해지는 경우도 있을 수 있다.

2004년 탄핵풍으로 치러졌던 총선의 경우에는 우리의 면도 넓었지만 그 뜨거움도 매우 높았던 이슈였다. 하지만 상대 또한 위기감으로 인해 뜨거움의 강도를 높여 투표의지는 낮아지지 않은 채 끝난 선거로 기록됐다.

서울의 경우, 2000년 선거에서 새천년민주당은 1,769,297표를 얻었던 것에 비해 2004년 선거에서 새천년민주당과 열린우리당의 표 합계는 2,417,395표를 얻어 4년 전에 비해 648,098표가 늘어난 것이다. 이에 반해 한나라당은 2000년 1,723,275표를 얻은 것에 비해 2004년 오히려 173,187표가 상승한 1,896,462표를 얻었다. 한나라당의 득표 또한 탄핵풍에도 불구하고 줄지 않았다는 것이다.

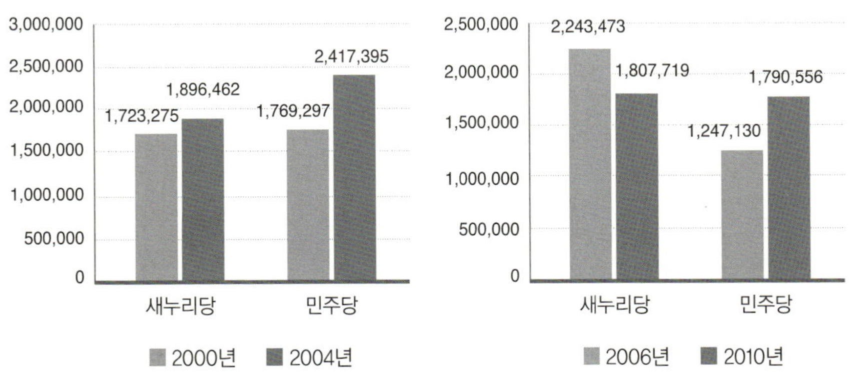

그림 1-1-3 : 2004년 탄핵선거와 2010년 무상급식선거를 각각 이전에 치러진 선거들과 비교했다. 2004년 선거는 양당이 모두 상승했지만 2010년 선거는 민주당만 증가하고, 새누리당은 감소했다.

반면 2010년 무상급식으로 치러졌던 지선에서는 그 양상이 다르게 나타났다. 우리의 면이 매우 확장된 선거이기도 했지만 저쪽의 힘이 상대적으로 빠져버려 투표 포기가 늘었던 선거였기 때문이다.

서울시 광역의원 선거에서 한나라당은 2006년 2,243,473표를 얻은 바 있지만 2010년에는 1,807,719표를 얻어 4년 만에 435,754표가 감소했다. 이에 반해 민주당은 2006년 열린우리당과 민주당을 합쳐 1,247,130표를 얻는데 그쳤지만 2010년에는 1,790,556표를 얻어 543,426표가 상승했다.

탄핵풍과 무상급식 이슈를 비교해보면 바로 이 점에서 확연히 다른 결과를 보이고 있음을 알 수 있다. 선긋기의 결과가 단순히 면의 크기만으로 결정되는 것이 아님을 보여준다. 면의 크기만큼 중요한 것이 투표의지의 증감이다.

탄핵풍은 자존심의 싸움이고, 무상급식은 이해관계의 싸움이었던 점에 주목하자. 한나라당 지지자들의 입장에서 이 문제를 보자. 탄핵풍은 자존심 싸움이므로 지고 싶지가 않다. 하지만 무상급식 이슈의 경우에는 지더라도 크게 손해 볼 것이 없다. 악착같이 투표해서 굳이 무상급식에 반대할 이유가 있을까?

민주진영 지지자들 입장에서는 이 두 이슈 모두 한나라당에 비해서는 훨씬 절박성을 가지고 투표에 임했을 것이다. 감성이슈냐, 이성이슈냐 하는 것도 뜨거움에 영향을 미친다. 결론만 말하면 더 판을 달구는 것은 감성이슈다.

절박성과 승기, 감정은 행동하게 한다

'이성은 고개를 끄덕이게 하지만 감성과 감정은 행동하게 한다.'는 말이 있다. 격동을 일으키기에 좋은 구도는 감성 쪽이다. 하지만 이 감성은 우리 쪽만

격동시키는 것이 아니라 저쪽도 자극할 수 있다.

투표의지의 증감을 초래하는 변수 중 또 다른 하나는 절박감이다. 이 선거에서 밀릴 경우 심각한 상황이 벌어질 수 있다는 절박감은 투표의지를 높인다. 하지만 그 결과가 나에게 큰 영향을 주지 않는다면 얘기는 달라진다.

절박감이 승리에 결정적 영향을 주었던 선거가 2002년 대선이었다. 선거 전날 정몽준의 단일화 파기사태는 오히려 우리 진영의 결집에 크게 기여했다는 분석이다. 결과는 570,980표 차 승리.

표의 이동이 단지 사표심리 때문이었을까? 민주노동당의 표가 대거 노무현에게 이동한 시점은 선거전날 밤으로부터 당일까지로 보는 시각이 정설이다. 절박감이 작동되었던 것이다. 선거 당일 문자메시지의 발송건수는 폭발적으로 늘어났다.

당시 민주노동당 후보였던 권영길이 획득한 표는 모두 957,148표였다. 이에 비해 2004년 총선에서 민주노동당이 거둔 정당투표는 모두 2,774,061표. 최소 180만 명 이상이 민주노동당을 지지하지만 사표심리로 노무현에게 투표했음을 반증한다.

하지만 표의 이동이 단지 '사표방지심리(死票防止心理)' 때문이었을까? 민주노동당의 표가 대거 노무현에게 이동한 시점은 선거전날 밤으로부터 당일까지로 보는 시각이 정설이다. 절박감이 작동되었던 것이다. 선거 당일 문자메시지의 발송건수는 폭발적으로 늘어났다.

그 대부분은 민주개혁진보진영의 자발적 지지자들에 의한 것이었고, 그 중에서도 민주노동당을 지지하는 사람들의 자체적인 움직임이 제법 활발했던 점을 상기하면 그 이유는 쉽게 이해할 수 있다.

한편으로는 '밴드웨건효과(band wagon effect)'라는 것이 있다. 인간이 강한 인간과 만났을 때의 반응은 두 가지다. 하나는 그것을 억제하기 위해 대항세력을 규합하고자 하는 반응이고, 다른 하나는 그 세력에 속해 스스로의 이익을 찾으려고 하는 반응이다. 행렬을 선도하는 악대차에 사람들의 관심이 더 쏠린다는 것에 빗대어 만든 용어다.

상품 구매나 소비현상에서 이러한 '밴드웨건효과'가 두드러진다. 선거에서도 이와 같은 현상이 존재하는데 그래서 여론조사에서 자신들에게 유리한 결과가 나오면 이를 널리 알리고자 애쓰는 것이다. 이러한 효과를 매우 중요한 것으로 여기는 분석가들이 있기도 하다.

그래서 치열한 선거일수록 캠프들은 선거 종반에 이르면 고민에 빠지게 된다. 이긴다고 말해야 하나, 진다고 말해야 하나? 이긴다고 말하면 느슨해져서 투표강도가 떨어질까 봐 걱정이고, 진다고 말하면 어차피 지는 선거 나 하나 보탠다고 이기겠냐며 사기가 떨어져 투표를 포기할까봐 걱정이다.

지금까지의 결과들만 놓고 볼 때 이러한 전술은 많이 뒤지고 있을 때에 이를 만회하기 위해서는 약간의 도움을 줄 수 있지만 뒤로 갈수록 긴장감을 늦추고, 결집도를 떨어뜨려 좋지 못한 결과를 낳게 되는 것이 보통이다. 그래서 대부분 '박빙이다. 아슬아슬하게 앞서나가는 수준이다'라고 말한다.

선택과 집중으로 구도를 분명히 하라

앞서의 설명을 통해 우리는 구도에 결의 세기, 면의 면적, 면의 깊이가 작동한다는 사실을 알게 되었다. 이 중 결의 세기는 이슈 민감도에 의해, 면의 면적은 유권자 수의 분포에 의해, 면의 깊이는 감정 민감도에 의해 결정된다.

그렇다면 이러한 선긋기는 무엇으로 하는가? 이슈로 한다. 특히 시대의 흐름과 유권자들의 결핍에 주목할 필요가 있다. 그 중에서도 가급적 감성적 이슈를 활용하면 좋을 것이다. 앞서 말한 바와 같이 감성적 이슈가 이성적 이슈에 비해 훨씬 더 위력적이기 때문이다.

감성적 이슈를 중심으로 이슈를 찾고, 이 이슈를 강하고도 넓게 퍼져나갈 수 있는 말로 설파할 때 선긋기가 이루어지게 된다. 이것이 바로 구도전략이다. 그러나 문제가 있다. 내가 짠 구도전략을 강하게 진행해나가면 그 의도대로 구도가 갈릴 것인가?

상대도 나름의 구도전략을 추진할 것이요, 기존의 구도 또한 영향을 줄 것이다. 양자의 의지와는 상관없이 생겨난 이슈로 말미암아 판이 갈릴 수도 있다. 그럼에도 불구하고 주도적으로 선거를 치러나가기 위한 다각적인 노력, 이것을 우리는 구도전략이라고 부른다.

이 구도전략은 좌고우면해서는 성공할 수 없다. 신중하게 정하되, 일단 정하고 나면 한 방향으로 강하게 몰고나갈 필요가 있다. 시종일관 하나의 방향으로 나아가다보면 '정말 이것만해도 괜찮을까?'라는 의문에 사로잡힐 수도 있다. 하지만 이런 망설임이 구도전략을 실패하게 만드는 이유다.

모든 곳을 지키면 모든 곳이 약해진다. 적은 수로 많은 수를 상대할 때 사용하는 전술은 국소우세주의(局所優勢主義)와 각개격파(各個擊破)로 요약할 수 있다. 국소우세주의는 총 전력 면에서 적이 우세하다해도 특정지점의 전력만큼은 아군이 더 우세하도록 유지하는 것을 말한다. 각개격파는 말 그대로 하나씩 격파하는 것.

국소우세주의와 각개격파의 다른 이름은 '선택과 집중'이다. '세계시장에서 현재 1위를 하고 있거나, 곧 1위를 할 수 있는 사업을 제외하고는 모조리 때려 치워라.' **잭 웰치**[1]의 말이다. 즉, 전력을 한 군데로 모아야 한다는 것.

잭 웰치[1]

잭 웰치(Jack Welch, 1935~). 제너럴일렉트릭(GE)의 최연소 최고경영자. 퇴임까지 '경영의 달인', '세기의 경영인' 등 많은 별칭으로 불리며 1,700여 건의 기업 인수 합병을 성사시킨 미국 기업인.

때마다 일희일비하거나, 우왕좌왕해서는 우리가 원했던 구도를 만들 수 없다. 기왕에 환경을 분석하고 신중하게 잡은 구도라면 좌고우면하지 말고 선거 막판까지 이 구도 하나로 돌파하자. 그런 결의가 선거를 승리로 이끄는 힘이다.

미야모토 무사시[1]

미야모토 무사시(みやもと むさし, 1584~). 일본의 전설적인 사무라이이자 예술가. 일본 아즈치모모야마 시대부터 에도 시대 초기의 인물로, 단 한 번의 대결에서도 패하지 않은 검술가로 알려져 있음.

미야모토 무사시[1]는 '적이 사방에서 쳐들어오더라도 한 쪽으로 몰아댄다는 기분으로 싸워라. 먼저 덤비는 자와 싸워야만 한다. 적이 달려들기만을 기다리며 방어에 치중해서는 능률이 오르지 않는다.'라고 말했다. 이 또한 국소우세주의요, 각개격파다. 하지만 이런저런 유명 인사들의 말보다 더 머릿속에 남은 말이 있다. 그것은 '주유소습격사건'이라는 영화 속의 명대사, '난 한 놈만 패.'

구도전략도 마찬가지다. 선거를 치르는 과정 중에는 이런저런 이슈들이 어지럽게 돌출되기 마련이다. 그럴 때마다 일희일비하거나, 우왕좌왕해서는 우리가 원했던 구도를 만들 수 없다. 기왕에 환경을 분석하고 신중하게 잡은 구도라면 좌고우면하지 말고 선거 막판까지 이 구도 하나로 돌파하자. 그런 결의가 선거를 승리로 이끄는 힘이다.

제2장. 구도전략을 위한 환경분석

언덕 위에 짓는 집, 언덕에 주목하라

결을 읽지 못해 선거에서 패한 경우는 수도 없이 많다. 2011년에 있었던 김해을 재보궐선거도 그 중의 한 예다. 노무현 전 대통령의 농업특보를 지냈던 국민참여당 이봉수 후보는 MB심판론이 한창 무르익었던 때에 치러지게 된 이 재보궐선거에서 기필코 승리하겠노라며 필승의 결의를 다졌다. 본인은 물론 국민참여당 또한 이 선거에 사활을 걸었다.

창당 후 많은 노력을 기울였으나, 기대 만큼의 성과를 내지 못하고 있던 국민참여당의 입장에서는 이 선거가 매우 중요한 분수령이었다. 따라서 이 선거에 거는 당의 기대는 남달랐다. 선거에서 이겨 원내로 진출하겠다는 목표 아래 전국의 당원 모두가 이 선거에 몰입했다.

노무현 전 대통령의 사저가 있는 김해지역의 선거였기에 그 가능성 또한 높았던 것이 사실이며, 유력 정치인인 유시민 대표가 전격지원에 나서 초반 기세마저 장악했다. 당 지도부들 또한 총출동해서 선거를 도왔다.

이에 반해 상대 김태호 후보는 선거를 코앞에 두고서야 결정되었다. 그리고 하필이면 김태호는 국무총리 내정자로 지명되었다가 도덕성 문제로 불과 얼

캠프에는 비상이 걸렸고, 지도부는 숙의 끝에 새로운 선 긋기를 시도하게 된다. 하지만 그 마지막 선긋기 하나가 결국 패배를 자초했다. 워낙 아슬아슬한 승부였던 탓에 중도층 중 토박이들을 보다 강력하게 흡인하자고 내세운 슬로건이 '김해사람, 이봉수'였던 것.

마 전에 낙마한 처지였다.

중국에 나가 반성의 시간을 보내고 있던 그가 갑자기 등장했고, 사람들은 이 후보가 과연 김해에서 이길 수 있을까 반신반의했다.

도지사를 지낸 경험과 국무총리 후보로 낙점되었던 정치적 영향력에 기대를 걸 수밖에 없었던 그는 큰 키에 인상 좋아 보이는 얼굴의 그가 수행원도 없이 혼자 파란 잠바를 입고 거리를 누비며 고개를 조아렸다. '조용한 선거, 반성'의 컨셉이었다.

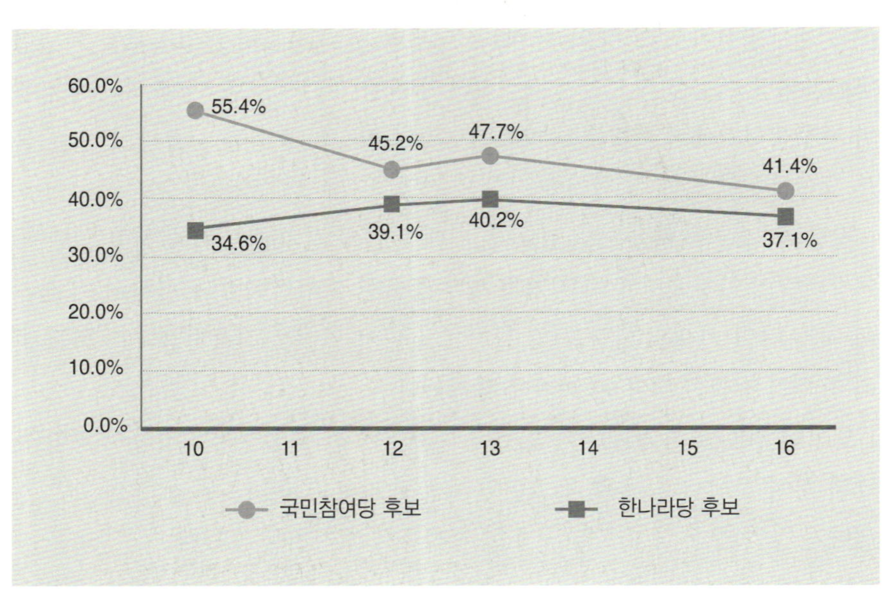

그림 1-2-1 : 2011년 김해을 재보궐 선거 10일 전까지의 여론조사 결과.
격차가 점차 줄어들고 있다.

그런데 선거운동이 시작되자 그간의 '선'에 이상기류가 포착되기 시작했다. MB심판과 친노무현정서, 상대후보의 도덕성문제까지 몇 개의 유리한 '선'의 작동이 멈춰버리기 시작한 것이다.

선거를 20여 일 남겨놓은 상황에서의 여론조사에서는 국민참여당 이봉수 후보가 무려 20.8%를 앞서가는 것으로 나타났다. 하지만 5일 후의 조사결과에서는 격차가 6.1%에 불과했다.

캠프에는 비상이 걸렸고, 지도부는 숙의 끝에 새로운 선 긋기를 시도하게 된다. 하지만 그 마지막 선긋기 하나가 결국 패배를 자초했다. 워낙 아슬아슬한 승부였던 탓에 중도층 중 토박이들을 보다 강력하게 흡인하자고 내세운 슬로건이 '김해사람, 이봉수'였던 것.

그림 1-2-2 : 당시 김태호, 이봉수 후보의 벽보

단기간에 집중력을 발휘해 치러내야만 하는 선거였던 탓에 앞뒤 재지 못한 채 이 슬로건이 내걸렸고, 이 구도가 선거막판에 집중되었다. 하지만 이 구도는 정치적 영향력이 있다고 알려진 상대후보의 이미지와 맞물려 오히려 감표 요인으로 작동되었던 것.

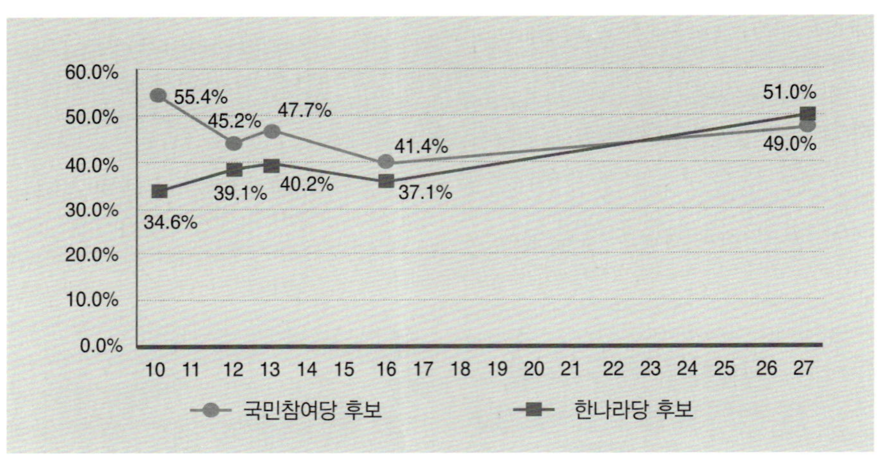

그림 1-2-3 : 2011년 김해을 재보궐 선거의 선거 전 여론조사 추이와 선거결과

그 지역의 유권자 중 토박이비율은 15%에 지나지 않았고, 많은 유권자들이 지역발전에 대한 기대감이 높았다는 분석이 있었음에도 우리 후보가 그 지역 토박이이고, 상대 후보가 다른 지역 출신이라는 사실에 매몰되어 '토박이 vs 굴러온 돌'의 선긋기를 시도했던 것이 패인이었다. 국민참여당 후보 42,728표 대 새누리당 후보 44,501표. 1,773표 차의 아까운 패배였다.

우리 후보를 '지역을 잘 아는 후보, 애향심을 가진 후보'로 부각시키고 싶었지만 결과적으로는 상대방에 비해 영향력이 작은 후보, 일개 '촌뜨기'로 전락시켰던 것. 참으로 많은 이들이 열심히 참여했던 선거였고 환경이 워낙 좋았던 선거였기에, 또 매우 근소한 차이로 패배한 선거였던 탓에 더욱 뼈아픈 실패의 사례로 기억된다. 이 역시 결을 재대로 읽지 못해 생긴 패착의 선긋기였다.

> 구도의 실패, 시스템의 실패, 전술의 실패. 충분히 예상될 수 있는 상황에 적극적으로 대처하지 못해 발생한 이러한 문제들은 각기 몇 퍼센트씩의 감표요인으로 작동되며 상대후보의 승리를 도왔다. 이처럼 캠프는 객관성을 잃기 쉽다.

여기에 덧붙여 국민참여당의 준비되지 못한 자원봉사활동도 패배에 한몫을 했다. 사활을 건 승부를 위해 전국의 당원들과 지지자들이 구름처럼 김해로 몰려들었다. 선거기간의 주말에는 3천여명의 자원봉사자들이 자발적으로 참여했다고 한다. 하지만 이러한 적극성이 오히려 선거에는 악영향을 주었다는 분석이다.

언덕 위에 짓는 집은 언덕에 속해야만 한다

'지역선거에 외부인들이 지나친 간섭을 하는 것이 아닌가'라는 분위기가 김해지역 사람들로부터 감지되었다. 이들이 들고 있던 피켓에 적혀있던 문구, '4월 27일은 재보궐선거의 날, 투표합시다.'도 김해 지역민들을 자극했다. 더불어 상대후보의 '조용한 선거'를 도드라지게 만드는 효과를 낳고 말았다.

우리 후보가 TV토론을 통해 상대후보를 적극적으로 공격했던 점에 대해 지적하는 이들도 있다. 상대가 '반성모드'를 작동중인 상황에서 이처럼 공격적 질문과 대응이 유권자들로 하여금 '동정론'을 발동하도록 만들었다는 평가다.

언덕이라는 소비자와 시장을 분석해서 그 위에 전략과 전술이라는 복잡하고도 아름다운 집을 지어가는 과정이 필요하다는 것이다. 마케팅에서는 네 가지의 환경분석을 실시한다. 시장, 소비자, 자사, 경쟁환경분석이 그것이다.

구도의 실패, 시스템의 실패, 전술의 실패. 충분히 예상될 수 있는 상황에 적극적으로 대처하지 못해 발생한 이러한 문제들은 각기 몇 퍼센트씩의 감표요인으로 작동되며 상대후보의 승리를 도왔다. 이처럼 캠프는 객관성을 잃기 쉽다. 한 순간에 판단력을 잃어버릴 수도 있는 것이다.

앞서 설명한 것처럼 선거는 편이 달라지도록 하기 위한 '선긋기'다. 이 선긋기를 잘하기 위해서는 결을 보아야만 한다. 그저 머릿속에서 떠오르는 대로 하는 선긋기는 유권자의 인식 속에서 통하지 않는 경우가 대부분이다. 따라서 선긋기를 위한 '유권자들의 인식 알아내기'는 필수적 절차다.

언덕 위, 또는 어떤 것 위에 있지 않은 집은 없다. 집을 언덕 위에 지어야 한다면 그 집은 언덕에 속해야만 한다. 그래야만 언덕과 집이 다른 것들보다 서로 더 행복하게 살 수 있다. 이 말은 건축가 **프랭크 로이드 라이트**[1]가 남긴 금언이다. 집을 지을 때 주변 환경을 고려하는 일이 얼마나 중요한가를 역설한 것.

프랭크 로이드 라이트[1]

프랭크 로이드 라이트(Frank Lloyd Wright, 1867~1959). 근대건축에 있어서 세계 3대 거장 중 한 명으로 꼽히는 미국 출신 건축가. 본인의 자서전에서 본문 속 말처럼 자연과 함께 공존하는 유기적 건축에 대한 말을 남겼음.

마케팅은 물론이고, 선거에서도 이 금언은 통한다. 머릿속의 상상만으로는 집을 지을 수 없다. 건축사는 집을 지을 땅에 가서 측량을 한다. 측량 중에는 빛의 방향, 바람의 방향, 지대의 특성 등을 꼼꼼히 따져보아야 한다. 앞에서 말한 '언덕'을 연구하는 과정이다.

자연적 구조들을 제대로 살려 건물의 디자인을 마무리하면 그것을 건축주에게 보여줄 것이고, 건축주와의 합의가 이루어지면 그 속에 들어갈 전기배선, 수도, 배관, 난방과 통신, 하수와 오수의 흐름, 적정조도에 따른 창문의 높이와 넓이·전등의 설비 등 세부적인 내용들을 고려하여 종합적으로 집을 설계하게 된다.

정치지형분석은 기존의 구도를 읽는 것에서부터 시작한다

마케팅과 선거 전략을 세우는 과정도 이와 다르지 않다. 언덕이라는 소비자와 시장을 분석해서 그 위에 전략과 전술이라는 복잡하고도 아름다운 집을 지어가는 과정이 필요하다는 것이다. 마케팅에서는 네 가지의 환경분석을 실시한다. 시장, 소비자, 자사, 경쟁환경분석이 그것이다.

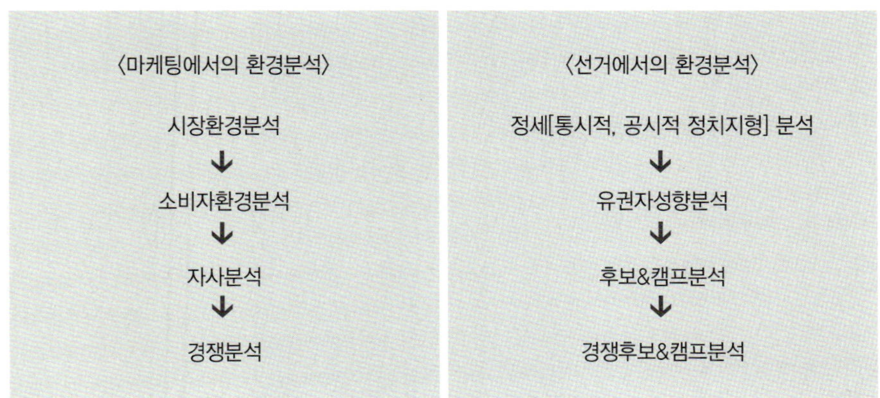

그림 1-2-4 : 마케팅과 선거의 환경분석 비교

선거에서도 마찬가지다. 정세와 유권자를 분석하여 정치지형을 이해해야만 그에 맞는 전략을 잡을 수 있다. 여기서 말하는 정세, 즉 **통시적·공시적 정치지형분석**[1]이 마케팅의 시장환경분석이며, 유권자성향분석이 마케팅의 소비자

통시적 · 공시적 정치지형분석[1]

'통시적 관점'은 역사적인 시대 흐름을 고려하는 것을 말하며, '공시적 관점'은 그 시대 상황만을 고려하는 것을 말함. 고로 '통시적 · 공시적 정치지형분석'은 그 지역의 역사적 시대 흐름을 보는 동시에 당시 시대 상황을 모두 고려한 정치지형분석을 말함.

환경분석이다. 특히 소비자들의 관련 인식을 잘 이해할 때, 어떤 선을 그어야 할지에 대한 결이 나오게 된다. 여기에 더해 향후 정치일정 등을 고려하여 선긋기를 계획하고 시도하는 일이 필요하다.

정치지형분석의 가장 큰 내용은 기존의 구도를 읽는 것이다. 그리고 그 구도의 변화 가능성과 방향을 읽는 것이다. 선긋기는 백지 위에 이루어지는 것이 아니다. 내 의도와는 상관없이 이미 선거판에는 여러 가지 구도가 존재한다. 이를테면 지역구도, 세대 간 갈등구도, 계층 간 갈등구도, 보수와 진보의 구도 등도 여기에 포함된다.

전국적 구도 외에도 지역 내의 여러 가지 이슈에 따른 구도가 실타래처럼 엉켜 있다. 이러한 구도 중 강하게 작동되는 구도도 있고, 잘 보이지 않는 구도도 있으며, 지금 당장은 잘 보이지 않지만 움직이기에 따라 매우 폭발력 있게 진행될 가능성이 있는 구도도 존재한다. 이러한 공시적 지형분석은 **서베이**[1]나 F.G.I.[2] 혹은 **심층인터뷰**[3] 등을 통해 가능하다.

하지만 이것을 이해하는 것만으로는 충분하지 않다. 그것은 공시적 지형의 이해에 불과하기 때문이다. 사자의 허리를 잘라 그 단면을 이해했다고 해서, 뼈의 구조나 근육의 전개양상을 알 수는 없다. 장님 코끼리 만지기와 다르지 않다. 이를 제대로 보완하기 위해서는 통시적 분석이 덧보태져야만 한다.

지금까지 어떻게 전개되어 왔으며 그 이유가 무엇이고, 향후 전개의 방향은 어떻게 예측되는가? 남은 정치일정과 관계해서 혹은 경제전망과 관계해서, 사회구조와 관계해서 어떤 변화가 예측되며, 또 어떤 변화의 가능성이 있는가? 등이 통시적 분석이다.

이러한 기존의 구도들이 '결'이다. 고기를 썰 때에도 이 결을 잘 보아야 한다. 나무를 자를 때에도 '결'을 보는 것이 중요하다. 선거에서도 마찬가지다. 바닥에 깔려 있는 구도의 결을 잘 살펴 선을 그어야만 큰 힘을 들이지 않고 제대로 선을 그을 수 있다.

서베이[1]
특정 주제에 대한 설문 조사를 말함.

F.G.I.[2]
F.G.I.(Focus Group Interview ; 핵심그룹 면담조사). 6~12명 정도의 소비자를 선발하여 한 자리에 모이게 한 후, 조사주제 관련 토론을 시킴으로서 자료를 수집하는 조사기법.

심층인터뷰[3]
심층인터뷰(Depth Interview). F.G.I.와 달리 다수의 응답자가 아닌 사회자와 응답자가 일대일 면접을 통해 응답자 내면의 깊숙이 자리 잡고 있는 욕구, 태도, 감정 등을 발견하는 조사기법.

이러한 기존의 구도들이 '결'이다. 고기를 썰 때에도 이 결을 잘 보아야 한다. 나무를 자를 때에도 '결'을 보는 것이 중요하다. 선거에서도 마찬가지다. 바닥에 깔려 있는 구도의 결을 잘 살펴 선을 그어야만 큰 힘을 들이지 않고 제대로 선을 그을 수 있다.

조사보다 중요한 분석, 혜안(慧眼)이 필요하다

이러한 정치지형분석의 대부분은 문헌조사를 통해 이루어진다. 역대선거를 분석한 자료, 지금까지 나온 기사들의 키워드분석을 통해서 알아낼 수 있는 것들도 있고, 지역의 일반현황과 생활실태 통계, 사회조사보고서 등을 활용할 수도 있다. 여러 기관의 자료들도 도움이 된다.

인적네트워크를 잘 활용해서 자료에 접근하면 보다 많은 내용을 효율적으로 얻어낼 수도 있다. 하지만 문제는 조사가 아니라 분석이다. 수많은 데이터가 있다하더라도 이것을 제대로 읽는 눈이 없다면 소용이 없다. 꽤 이름이 알려진 기자의 에피소드다.

부산 광안리 해변에 변사체 한 구가 발견되었다. 이 기자 또한 현장으로 달려나갔다. 현장에는 많은 기자와 경찰들이 몰려나와 있었는데, 이 기자는 도착하자마자 거침없이 수첩에 메모를 시작했다고 한다. '사십대 후반의 남성, 인쇄공으로 추정됨.' 워낙 기자의 명성이 높았던지라 옆에 있던 경찰이 그의 메모를 훔쳐보게 되었단다.

'어떻게 인쇄공이라는 걸 아셨어요?'라고 경찰은 그를 향해 물었다. '저 손가락에 묻어 있는 잉크가 그 증거야.'라고 기자는 답했다. 그러자 경찰은 껄껄

마케터들은 스스로 '가치 창조자'라는 자부심으로 일한다. 소비자들이 나아갈 길목을 찾아내어 그에 부합하는 상품을 만들고 한 발 먼저 앞서나가 그 길목을 지킨다는 것. 그것이 그간 소비자를 이해하기 위해 노력해왔던 마케터들의 노정이다.

대며 말했다고 한다. '저 잉크는 제가 지문채취하려고 묻힌 건대요.' 이렇듯 자료만으로는 읽을 수 없는 사실들이 너무나 많다. 그래서 전문적 식견이 필요하다.

유권자성향분석은 정치지형분석에 비해 더욱 어려운 일이다. 객관적 데이터만으로는 그 어느 것도 알아낼 수 없다. 중요한 것은 유권자들의 인식이다. 하지만 이 인식을 알아낸다는 것이 결코 쉽지 않다. 서베이나 F.G.I.만으로는 제대로 된 유권자성향분석이 거의 불가능하다.

최근 정치관련 조사의 응답률은 형편없이 낮아지고 있다. 선거에 임박해도 ARS(Automatic Response System ; 자동응답시스템)를 활용한 조사의 응답률이 10%를 넘지 못하는 것이 작금의 현실이다. 결국 응답하는 유권자들의 특성이 그렇지 않은 유권자들의 특성과는 사뭇 다르다는 점을 감안해야만 한다.

내 마음 나도 몰라, 알아내는 건 당신 몫이요

유권자들은 물어보는 것에 대해 답하기 마련이다. 따라서 어떻게 묻는가가 관건인데 단순 인지도나 지지도를 묻는 것과는 매우 다른 유권자성향조사는 문항구성 상에 있어서도 매우 까다로울 뿐만 아니라 절대적인 문항의 수가 많기 때문에 정확한 조사를 진행하기에는 어려움이 많다.

이 뿐만이 아니다. 응답자들 스스로가 자기 마음을 잘 모르거나, 알아도 거짓으로 답할 가능성이 높다는 점 역시 조사의 어려움을 가중시킨다. 평소 관심이 없었던 사항을 묻거나 대답하기 곤란한 질문을 받았을 경우에는 실제와는 상관없이 답하게 되는 경우가 적지 않다.

예를 들어 '아주 강력한 세제가 있다. 하지만 환경에는 치명적인 악영향을 미친다. 한편 환경에는 매우 이로운 세제가 있다. 하지만 이 세제는 세탁력이 많이 떨어진다. 어떤 것을 고르겠는가?'라는 질문에 대해 뒤의 세제에 표기한 응답자가, 막상 상점에 가서는 앞의 세제를 구입한다는 우스갯소리가 있다. 이런 오류 또한 적지 않다.

따라서 유권자성향을 파악하기 위해서는 매우 정교한 기획이 필요하다. 그럼에도 불구하고, 유권자들은 정치인들의 이러한 물음에 답할 의무가 없다. 그들은 말한다. '그걸 알아내는 건 당신들의 몫이야. 날 만족시켜 봐.' 어떤 핸드폰을 원하느냐는 우문에 소비자들은 '날 만족시키는 건 당신들의 몫이야.'라고 답하는 것이 무슨 문제란 말인가?

마케터들은 스스로 '가치 창조자'라는 자부심으로 일한다. 소비자들이 나아갈 길목을 찾아내어 그에 부합하는 상품을 만들고 한 발 먼저 앞서나가 그 길목을 지킨다는 것. 그것이 그간 소비자를 이해하기 위해 노력해왔던 마케터들의 노정이다. 선거 또한 가치의 창출이다. 기존에 있는 것 중 무엇이 좋은가를 선택하는 게임이 아니라 새로운 비전을 만들고, 그 비전을 통해 판을 가르는 과정에 우리는 서 있다.

유권자들의 욕구를 파악하고, 그들의 결핍을 짚어내 그에 부합하는 구도전략을 만드는 것은 정치인들의 몫이요, 후보의 몫이다. 그러니 유권자들의 입보다는 유권자들의 인식, 더 나아가 유권자들의 결핍을 찾고자하는 노력이 더욱 절실하다 하겠다.

우리와 상대는 정치지형과 유권자인식이라는 바다 위에 떠 있는 배다. 이러한 구도 속에서의 우리와 상대가 진짜 우리와 상대의 참모습이다. 절대적 기준으로 질과 양을 비교하는 것은 선거에 도움을 주기 어렵다.

우리는 앞서 '표심'이 이성보다는 감성에 움직인다는 사실을 이해했다. 따라서 이 유권자성향조사에서도 특히 주목해야 할 것은 감성이다. 유권자들은 대안정책의 상세목록보다는 인간적인 유대, 진정성, 신뢰, 정체성 등에 더 크게 반응한다. 그런데 정책 중 한 가지를 고르라는 질문과 그 답으로 유권자를 이해했다고 생각한다면 그것은 큰 착각일 수밖에 없는 것이다.

우리후보와 캠프, 상대후보와 캠프를 이해하는 것도 매우 중요하다. **비대칭전략**[1]으로 상대와 싸워나가기 위해서는 상대의 강점과 약점을 제대로 이해해야만 비로소 전략이 세워지기 때문이다. 과연 상대는 어떤 구도를 가르려 할 것인가? 그런 내용을 이해하지 못한 채 내 것만 들여다보고 있어서는 결코 싸움에서 이길 수 없다.

비대칭전략[1]

비대칭전략. 주로 전쟁에서 사용되던 군사용어. 상대가 예상치 못한 수단과 방법으로 상대 강점을 무력화하고 상대 약점을 이용하여 전략적 우세를 달성하는 전략을 말함. 선거에서도 역시 모든 것을 다 챙기고 가기보다 상대적으로 자신이 잘하는 것을 중심으로 승부 보는 것을 말함.

바다 위 조각배들, 나는 누구? 여긴 어디?

문제는 이러한 정보를 어떻게 얻느냐 하는 것이다. 상대의 정보를 얻는 것은 고사하고, 스스로에 대한 평가조차 객관적으로 내리기가 쉽지 않다. 후보가 가지고 있는 자원조차도 솔직하게 공개하기가 어려운 것이 현실이다. 후보의 경쟁력과 명분, 우리의 조직역량, 우리의 자금역량 등을 보다 객관적으로 평가하는 것에서부터 시작해야만 한다.

하지만 이러한 조사들을 하나하나 해내는 것보다 더 중요한 것은 결국 정치지형 속에서의 나와 너, 유권자인식 속에서의 나와 너를 밝혀내는 일이다. 정치지형, 유권자인식, 우리, 상대를 따로따로 밝혀내는 것만으로는 전략을 도모하기 어렵다.

우리와 상대는 정치지형과 유권자인식이라는 바다 위에 떠 있는 배다. 이러한 구도 속에서의 우리와 상대가, 진짜 우리와 상대의 참모습이다. 절대적 기준으로 질과 양을 비교하는 것은 선거에 도움을 주기 어렵다. 정세와 정치지형, 유권자의 성향 속에서 우리와 상대의 강점과 약점이 분석되고, 그것이 전략에 활용될 수 있도록 준비되어야만 할 것이다.

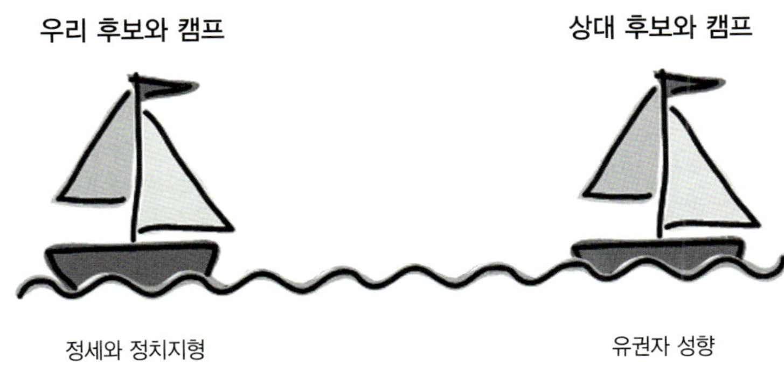

그림 1-2-5 : 환경분석을 위한 네 가지 조사의 상관관계

네 선거는 모두 민주진영의 선긋기가 주효하게 작동되어 성과를 거둔 선거들이었다. 두 대통령 선거는 당선으로 연결되었고, 2004년 총선과 2010년 지선은 당선자가 예상보다 훨씬 많았던 것으로 성과를 냈다. 하지만 후보들 모두가 당선된 것은 아니다.

민주진영이 보수진영을 이겼던 선거는 몇 차례에 불과했다. 대표적인 경우는 1997년 김대중 전 대통령이 당선되었던 대선과 2002년 노무현 전 대통령이 당선되었던 대선 등 두 번의 대선이다. 그리고 2004년 탄핵선거라 불리어지는 총선, 2010년 지선 정도가 민주진영이 승리한 선거로 기록되고 있다. 여기에 더해 박원순과 최문순의 재보궐선거 정도가 우리 진영 승리의 기억들이다.

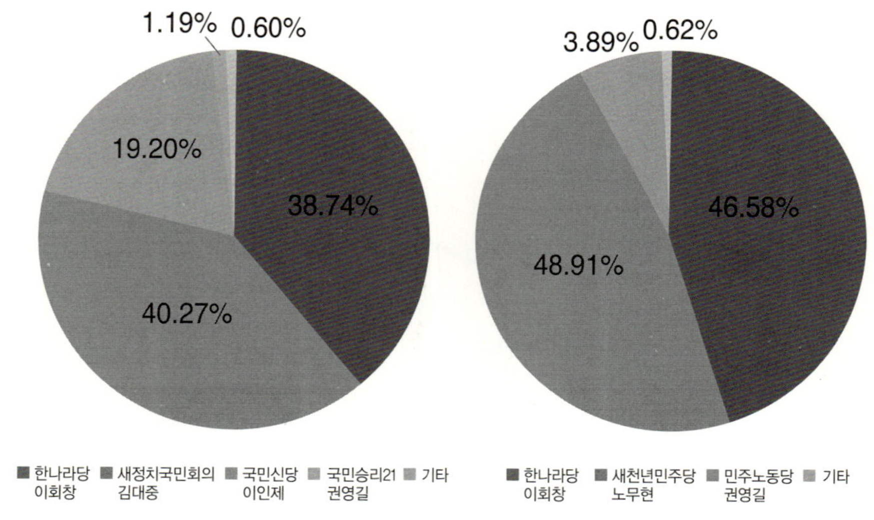

그림 1-2-6 : 15대, 16대 대통령선거의 결과

그림 1-2-7 : 2011년 서울시장 재보궐선거 당시 두 후보의 벽보

앞의 네 선거는 모두 민주진영의 선긋기가 주효하게 작동되어 성과를 거둔 선거들이었다. 두 대통령 선거는 당선으로 연결되었고, 2004년 총선과 2010년 지선은 당선자가 예상보다 훨씬 많았던 것으로 성과를 냈다. 하지만 후보들 모두가 당선된 것은 아니다.

승리의 뒤에는 모두 필살의 선긋기가 있었다

낙선자 중 많은 수는 지역구도의 희생자였고, 후보들 중 일부는 전체의 전선에 흐름을 같이 하지 못하고, 각자의 구도를 잘못 그어 낙선한 후보가 있다. 경우에 따라서는 인물과 조직에서 상대가 되지 못해 낙선한 후보들도 물론 있었다.

결론적으로 두 대통령 선거의 가장 주효한 선긋기는 지역구도였다. 모두 주지하다시피 김대중 전 대통령의 경우는 DJP연합, 노무현 전 대통령의 경우에는 행정수도 이전으로 지역의 구도를 크게 갈랐다. 2004년 총선은 탄핵의 구도였고, 2010년 지선의 화두는 무상급식으로 대별되는 복지정책이었다.

그림 1-2-8 : 1997년 대통령선거에 출마한 두 후보의 벽보

모두 시대적 환경 속에서 만들어진 선긋기들이었다. 그렇다고 민주진영이 압도적 승리를 거둔 것은 아니다. 모두 간발의 차 승리.

2004년 총선에 분 바람, 탄핵풍이야말로 일방적인 승부를 가져올 수 있는 일발필살의 선긋기였다.

그러나 결과는 299명 중 한나라당 121명, 자민련 4명, 국민통합*21* 1명, 새천년민주당 9명, 열린우리당 152명, 민주노동당 10명, 무소속 2명이었다. 대한민국의 현재구도로는 어떻게 분석을 해보아도 보수 vs 민주개혁진보의 대결로는 결코 진보가 이길 수 없다.

바다를 제대로 이해하고, 상대를 제압하기 위한 선긋기의 준비가 잘 진행되어도, 막상 선거 국면에 들어가면 상황은 돌변하고, 돌발 상황이 우리를 기다린다. 그런데 이런 준비 없이 만나는 선거라면 그 결과는 불 보듯 뻔한 것이다.

그림 1-2-9 : 2002년 대통령선거에 출마한 두 후보의 벽보

2010년 지선 당시 서울에서는 기현상도 발생했다. 서울의 25개 구청장 중 한나라당 후보는 4명만이 당선된데 반해 민주당은 21명이 당선됐다. 이것만 보아서는 민주당의 압승. 하지만 시장선거에서는 한나라당의 오세훈이 2,086,127표(47.44%)로 2,059,715표(46.84%)를 득표한 민주당의 한명숙을 제치고 당선된다.

이처럼 민주개혁진보진영이 선거에서 이긴 경우는 그야말로 손에 꼽을 정도다. 그만큼 우리 입장에서는 뚫고 나가기 쉽지 않은 토대다. 이런 어려움 속에서도 선거를 승리로 이끌기 위해서는 바다를 제대로 이해하기 위한 노력이 배가되어야만 할 것이다.

바다를 제대로 이해하고, 상대를 제압하기 위한 선굿기의 준비가 잘 진행되어도, 막상 선거 국면에 들어가면 상황은 돌변하고, 돌발 상황이 우리를 기다린다. 그런데 이런 준비 없이 만나는 선거라면 그 결과는 불 보듯 뻔한 것이다. 그만큼 민주개혁진보진영의 승리는 쉽지 않은 구도 속에 있다.

제3장. 시장점유율확대와 시장확대

큰 두 갈래 길, 판을 읽고 길을 열라

마케팅 중에서도 가장 어려운 마케팅은 '식품' 마케팅이라는 것이 정설. 그나마 시장에 새롭게 등장하는 식품은 좀 낫지만 고전적 장르의 먹을거리 마케팅은 정말 쉽지 않은 마케팅으로 알려져 있다. 그 이유는 '입맛' 때문이다. 사람은 '익숙한 것'에 편안함을 느낀다. 어릴 때부터 길들여진 이 '입맛'은 여간해서 바뀌지 않는다는 것.

그래서 '고향의 맛', '엄마의 손맛'이 강조되곤 한다. 이처럼 맛은 지극히 주관적인 것이다. 최상의 '맛'을 객관화할 방법도 없고, 그것을 증명하기도 쉽지 않다. 이런 이유로 '먹을 것' 마케팅은 지극히 감성적인 접근을 택하는 경우가 많으며, 이미 정리되어 있는 시장은 여간해서 변화하지 않는다는 것이 불문율.

그중에서도 대표적인 것이 '술'시장이다. 그래서 술의 점유율은 쉽게 무너지지 않는다고 알려져 있다. 그럼에도 불구하고 시장점유율의 판도를 상당부분 뒤엎었던 몇몇 사례가 있다. 그중에서도 'HITE맥주'마케팅은 20여년이 지났음에도 불구하고 지금까지 회자되는 마케팅의 전설이다.

그렇다면 'HITE맥주'는 어떻게 그 어렵다는 '입맛 바꾸기'에 성공한 것일까? 그 해답은 '기준 바꾸기'에 있었다. 80년대까지 우리 맥주시장은 두산의 'OB맥주'와 조선맥주의 '크라운'이 양분하고 있었다. 그 중 주도권을 가진 쪽은 'OB맥주'였고, '크라운'은 OB의 마케팅전략에 따라 움직이는 종속변수에 불과했다.

그러던 중인 91년 초, 두산전자의 '페놀파동'이 터졌다. 페놀파동은 91년 3월 경북 구미시 구포동에 있는 두산전자의 페놀원액 저장탱크에서 페놀수지 생산라인으로 통하는 파이프가 파열되어 발생된 사건이었다. 30톤의 페놀원액이 옥계천을 거쳐 대구 상수원인 다사취수장으로 흘러듦으로써 수돗물이 오염되었던 것.

맥주의 선택기준을 바꾼 강력한 구도전략

페놀원액은 3월 14일 밤 10시경부터 다음날 새벽 6시까지 약 8시간 동안이나 새어 나왔으나 발견하지 못했고, 수돗물에서 악취가 난다는 대구 시민들의 신고를 받은 취수장 측에서는 원인을 규명하지도 않은 채 페놀 소독에 사용해서는 안 되는 염소를 다량 투입, 사태를 악화시켰다. 다사취수장을 오염시킨 페놀은 계속 낙동강을 타고 흘러 밀양과 함안, 칠서 수원지 등에서도 잇따라 검출되어 부산과 마산을 포함한 영남 전 지역이 페놀파동에 휩쓸리게 되었다.

이 사고로 공무원 7명과 두산전자 관계자 6명 등 총 13명이 구속되고 관계 공무원 11명이 징계 조치되었다. 국회에서는 진상조사위원회가 열렸고, 시민단체들은 협의회를 결성해서 대응했으며, 화가 난 시민들은 두산제품 불매운동을 벌이기까지 하였다.

두산전자는 영업정지처분을 받았으나, 페놀사고가 단순한 과실일 뿐 고의성이 없었다는 이유로 20일 만에 조업이 재개되었다. 그러나 다시 4월 22일 페놀탱크 송출파이프의 이음새 부분이 파열되어 또다시 페놀원액 2톤가량이 낙동강에 유입되는 2차 사고가 일어나게 된다. 결국 두산그룹 회장이 물러나고, 환경처 장차관이 인책 경질되었다.

카피 자체의 완성도보다 더 주목해야 할 것은 맥주선택의 기준을 새롭게 제시했다는 것이다. 이 기준의 제시를 위해 '하이트'가 소비자들에게 먼저 한 말은 '맥주의 98%는 물, 맥주의 선택기준은 물'이었다. 바로 이것이 소비자들의 인식에 새로운 균열을 일으켰다.

사실 이 사건은 두산전자의 사건이지 OB맥주와는 전혀 상관이 없는 일이었다. 하지만 이 페놀사태의 파장이 워낙 컸던 탓에 OB맥주의 매출이 위축되는 결과로 나타났다. 그러던 때에 1993년 조선맥주는 '크라운'을 버리고 'HITE맥주'를 출시한다. 그리고 'HITE맥주'의 카피는 '지하 150m의 100% 천연암반수로 만든 하이트 맥주'였다. '깨끗한 물, 깨끗한 맥주'였던 것.

카피 자체의 완성도보다 더 주목해야 할 것은 맥주선택의 기준을 새롭게 제시했다는 것이다. 이 기준의 제시를 위해 '하이트'가 소비자들에게 먼저 한 말은 '맥주의 98%는 물, 맥주의 선택기준은 물'이었다. 바로 이것이 소비자들의 인식에 새로운 균열을 일으켰다. 그간 가지고 있던 기준, 혹은 막연했던 브랜드충성도가 바로 이 새로운 선택기준에 의해 재편된 것이다.

그리고 이 선택기준은 91년에 있었던 페놀사건과 두산제품 불매운동의 여진이 맞물려 굉장한 폭발력을 불러왔다. OB생맥주 대리점 수가 크라운보다 세 배 이상 많던 시장. 강력한 유통능력으로 두 배 이상의 점유율을 자랑했던 'OB맥주'도 이러한 'HITE맥주'의 도전 앞에서는 결국 무너져버리고 말았다.

HITE맥주는 출시 3년만인 1996년 OB맥주를 1위의 자리에서 끌어내렸다. 만년 2위였던 조선맥주는 HITE맥주 하나로 맥주시장의 제왕으로 등극하게 된다.

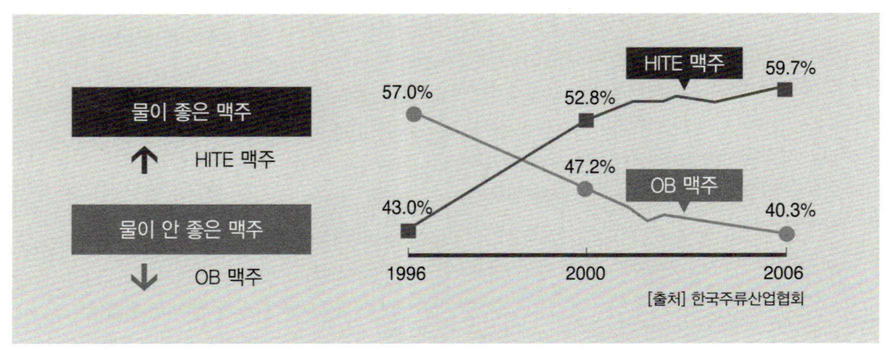

그림 1-3-1 : 컨셉 확산 후, 맥주시장의 변화추이

HITE맥주는 맥주시장의 기준을 '물' 하나로 통합시킨 뒤, 물 좋은 맥주의 편에 자신을, 물 좋지 않은 맥주의 편에 나머지를 위치시켜버린 것이다. 좋은 컨셉이란 이렇듯 자신을 위치시키는 것뿐만이 아니라, 나 외의 모든 것들을 다른 쪽에 위치시키는 힘이 있다. 이것이 바로 선긋기다.

표 색깔을 바꾸는 시장점유율확대전략

재미있는 것은 당시 OB맥주도 천연암반수를 끌어올려 맥주를 만들고 있었다는 점. 하지만 페놀파동으로 말미암아 만들어진 이미지가 있었기 때문에 OB맥주는 'me too **전략**[1])'을 사용할 수 없었다. 설사 '우리도 천연암반수'를 말했다하더라도 이미 선수를 빼앗긴 상황에서 상황을 뒤집기는 역부족이었을 것이다.

me too전략[1])

시장에서 성공한 제품의 이름, 모양, 맛, 디자인 등을 모방하여 편승효과를 노리는 전략.

이러한 전략을 포지셔닝전략, 즉 위치잡기전략의 측면에서 보기도 하고, 선점전략의 측면에서 보기도 한다. 마케팅에서는 '최초가 되도록 포지셔닝하라'는 말로 위의 두 가지 전략을 설명한다. 위치잡기전략과 선점전략의 결합이다.

HITE맥주의 경우에는 새로운 시장을 넓히는 형태의 시장확대전략이 아니라, 점유율확대전략을 구사했다. 선거에서 HITE맥주와 같이 점유율확대전략을 구사해서 성공했던 경우는 2002년 대선에서의 행정수도 선긋기 전략이다.

보수 비율이 높은 충청권이 민주진영 측으로 배반투표를 하도록 유도한 것이 바로 행정수도 선긋기다. 투표를 하지 않을 사람들을 설득해서 투표를 하게 만든 것이 아니라, 이 이슈가 아니었다면 보수진영에 투표했을 유권자들을 민주진영에 투표하게 했다는 것.

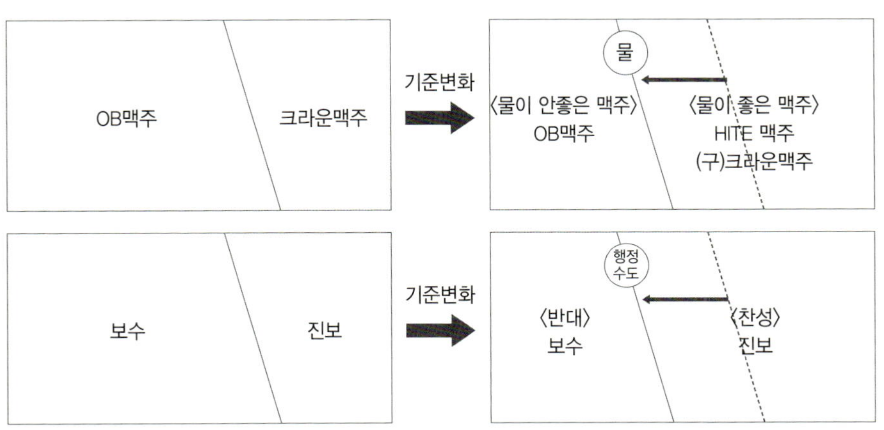

그림 1-3-2 : HITE맥주와 2002년 대선의 행정수도가 펼친 시장점유율확대전략

보수 비율이 높은 충청권이 민주진영 측으로 배반투표를 하도록 유도한 것이 바로 행정수도 선긋기다. 투표를 하지 않을 사람들을 설득해서 투표를 하게 만든 것이 아니라, 이 이슈가 아니었다면 보수진영에 투표했을 유권자들을 민주진영에 투표하게 했다는 것.

HITE맥주 또한 맥주를 안 마시는 사람들을 설득해 새롭게 맥주를 마시게 하기보다는 OB맥주를 마시던 사람들을 설득해 HITE맥주를 마시게 했다. 이러한 전략을 시장점유율확대전략이라 부른다.

HITE맥주의 강력한 포지셔닝 선점전략은 때맞춰 터진 페놀사건이라는 배경과 만나 더욱 시너지를 발생시켰다. 내부적 사정이야 알 수 없으나, 페놀사건을 염두에 두고 새로운 컨셉의 제품을 출시했을 가능성이 크다. 중요한 것은 그만큼 상황을 이해하고, 그 상황에 맞도록 전략을 구사하는 것이다.

이성적 고관여제품, 시장확대전략으로 뚫다

이러한 포지셔닝전략은 '이번 선거의 의미', '이번 선거의 쟁점'을 묻는 질문에 대한 답변에 다름 아니다. 선거 때만 되면 기자들이 묻는 단골메뉴가 바로 이것. 여기에 대한 답변이 이번 선거의 전선이다. 양쪽이 말하는 '이번 선거의 의미와 쟁점'은 늘 다르다. 서로 긋고 싶은 선을 말하는 것이다.

앞서 2002년 대선의 행정수도 선긋기가 시장점유율확대전략이라는 점을 살펴보았다. 그와 달리 이 무상급식 선긋기는 시장확대전략이라는 측면에서 주목할 만하다. 마케팅에서도 시장확대전략으로 성공을 거둔 사례들이 많이 있다. 그 사례 중 하나가 경동보일러다.

경동보일러가 최초 마케팅을 준비할 당시 진행한 환경분석의 결과는 참담한 것이었다. 당시 보일러는 서울중심으로 보급되어 있었고, 그중 귀뚜라미보일러는 무려 50%에 달하는 점유율을 자랑하고 있었다. 십여 개의 업체들이 난립해서 연일 광고를 집행하고 있는 가운데, 경동보일러는 약 20%의 점유율만으로 선전하고 있었다.

포지셔닝전략은 '이번 선거의 의미', '이번 선거의 쟁점'을 묻는 질문에 대한 답변에 다름 아니다. 선거 때만 되면 기자들이 묻는 단골메뉴가 바로 이것. 여기에 대한 답변이 이번 선거의 전선이다. 양쪽이 말하는 '이번 선거의 의미와 쟁점'은 늘 다르다. 서로 긋고 싶은 선을 말하는 것.

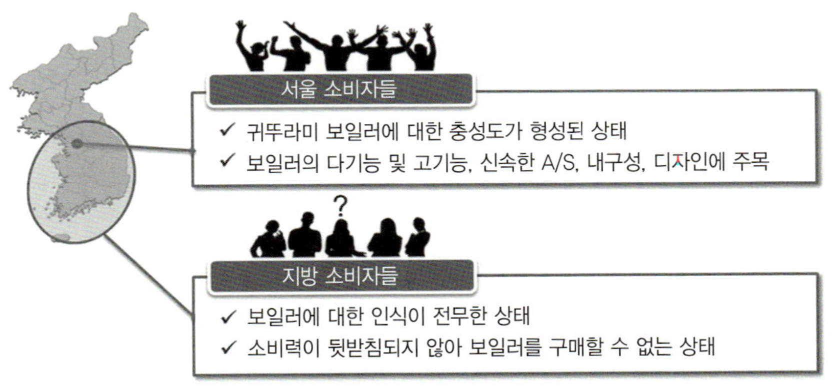

그림 1-3-3 : 90년대 초반 서울과 지방의 보일러에 대한 소비자 인식

보일러는 고가내구재다. 때문에 매우 **이성적인 고관여 제품**[1]이다. 이성적 고관여 제품의 인식은 하루아침에 바뀌는 것이 아니다. 서울에 거주하고 있는

이성적인 고관여 제품[1]

정보수집 후 신중하게 구매하느냐, 보석이나 의류처럼 감정적 요인에 의해 구매하느냐에 따라 이성-감성 제품으로 나눌 수 있음. 또한 자동차, 화장품처럼 잘못된 선택으로 손실이 클 수 있는 경우 고관여, 반대의 경우를 저관여 제품이라 함. 고로 '이성적인 고관여제품'은 자동차, 주택 등을 예로 들 수 있음.

많은 소비자들은 이미 귀뚜라미보일러에 대한 충성도가 형성된 상태였으며, 지방에는 인식이 전무한 상태였다. 이러한 상황에서 경동보일러가 귀뚜라미보일러를 따라잡을 가능성은 매우 희박해보였다.

상대적으로 높은 열효율, 하지만 그것만으로는?

지방소비자들은 소비력이 뒷받침되지 않아 구매할 수 없는 상태였으며, 서울소비자들은 보일러 선택에 있어 다기능 및 고기능, 신속한 A/S, 내구성, 디자인 등에 주목하고 있었다. 그리고 귀뚜라미보일러는 이러한 속성들에 있어 경동보일러에 비해 매우 높은 점수를 받고 있었다.

기름이 떨어지면 귀뚜라미 울음소리를 낸다하여 붙여진 이름, 귀뚜라미보일러. 이름에서 느껴지듯 귀뚜라미보일러는 매우 다양하고도 높은 기능을 가진 제품으로 인식되어 있었던 것이다. 이러한 인식을 바탕으로 귀뚜라미보일러는 다기능 및 고기능 이외에도 슬림한 디자인과 빠른 A/S시스템에서 경동보일러를 압도하고 있었다.

경동보일러에 대한 인식은 귀뚜라미보일러에 비해 단순한 기능을 가지고 있는 투박한 디자인의 보일러, A/S시스템이 잘 갖춰져 있지 않은 보일러에 지나지 않았다. 상대적으로 높은 열효율을 가지고 있다는 장점이 있었지만 당시의 분위기는 이러한 열효율로 시장을 돌파할 수 있는 상황이 아

팀원 모두는 이러한 상황분석 자료들을 뒤적이며 어떤 결론도 내리지 못하고 있었다. 그때 팀원 A씨가 말을 꺼냈다. 시장확대전략을 쓰자는 의견이었다. 기존 고객들의 인식이 너무나도 강고하고 진입장벽이 높으니, 기존 고객들보다는 신규고객에 집중하는 것이 좋겠다는 주장이었다.

니었다.

보일러를 보유하고 있는 가정들은 일정 이상의 소비력을 가지고 있었으며, 열효율 몇 %의 차이를 설명하는 것 또한 그렇게 쉬운 일이 아니었기 때문이었다. 이러한 상황 속에서 소비자들의 인식을 바꿔내야만 한다는 중압감은 팀원들의 사기를 꺾어놓았다.

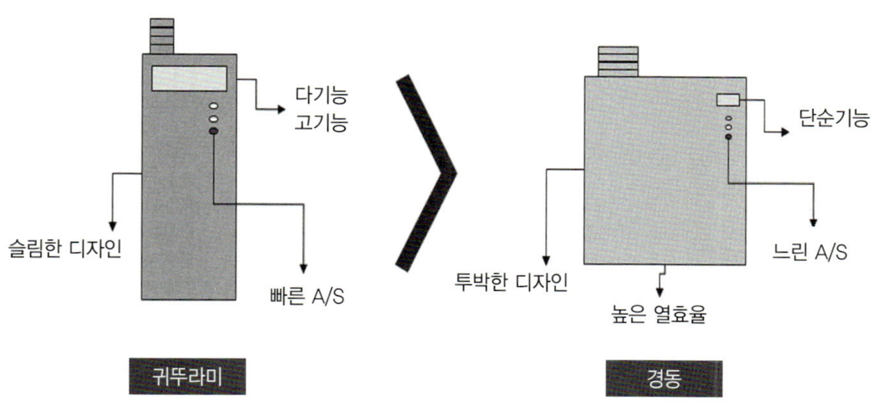

그림 1-3-4 : 소비자 인식을 중심으로 본 양사의 제품이미지

첫 번째 전략회의, 팀원 모두는 이러한 상황분석 자료들을 뒤적이며 어떤 결론도 내리지 못하고 있었다. 그때 팀원 A씨가 말을 꺼냈다. 시장확대전략을 쓰자는 의견이었다. 기존 고객들의 인식이 너무나도 강고하고 진입장벽이 높으

니, 기존 고객들보다는 신규고객에 집중하는 것이 좋겠다는 주장이었다.

새 타깃에 집중해서 새로운 시장구도를 열자

보일러가 보급되지 않은 지방을 상대로 시장확대전략을 전개하자는 것. 그러나 이런 A씨의 의견에 팀장은 이견을 제시했다. 그것은 마케팅의 'ABC'도 모르는 소리라는 것. 시장확대전략은 1위업체가 구사하는 전략이며, 2위업체는 시장점유율확대전략을 구사해야한다는 것이 요지였다.

그리고 팀장은 덧붙여서 점유율확대전략을 펼치기 위해서는 상대적 우위인 열효율의 강점을 강하게 밀어붙여 귀뚜라미를 잡아야한다고 말했다. 하지만 A씨는 자신의 주장을 굽히지 않았다. 오히려 열효율이라는 특성은 지방시장에서 더욱 잘 먹힐 수 있는 것이며, 특히 경동보일러는 여러 가지 특성상 지방에 잘 맞는 보일러라는 것이었다.

기능이 단순한 것도 그렇고, 고장이 자주 일어나지 않으니, A/S망이 약해 좀 덜 신속한 A/S가 제공되더라도 별 문제가 없으며, 슬림하지 않은 디자인은 탄탄해보이는 외관으로 지방 소비자들에게 어필할 수 있는 요인이 될 것이라고 그는 주장했다.

시장확대전략은 가능성 있는 새 타깃에 집중해서 새로운 시장구도를 만들자는 것이며, 생활수준이 향상되고 주거형태가 현대식으로 전환되고 있는 추세의 지방시장 공략은 기존 화목이나 연탄난방의 불편함이 충분히 인지된 상황이므로 충분히 승산이 있다고 설명했다.

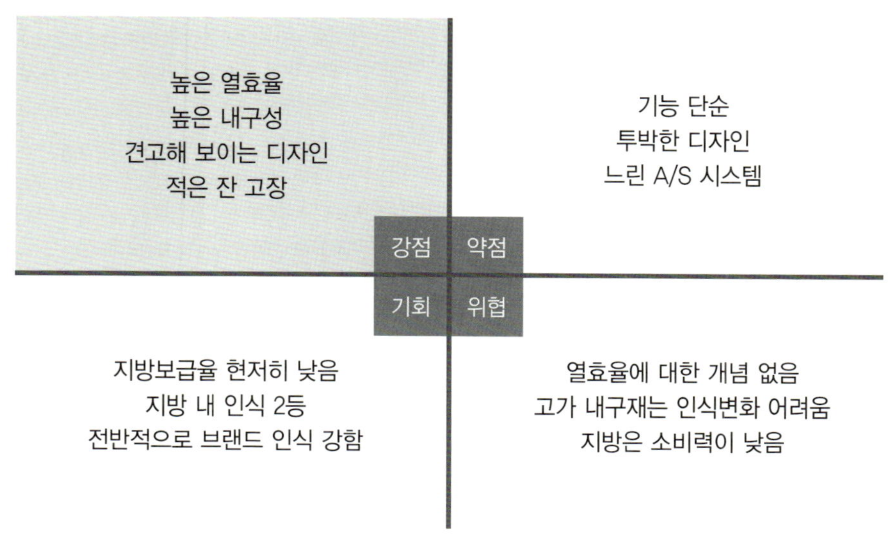

그림 1-3-5 : 경동보일러의 돌파구 모색을 위해 만든 SWOT분석표

그렇다면 이것은 단순한 시장확대전략이 아니라 틈새시장전략이며, 제품특성에 맞는 타깃전략인 셈이었다. 열효율 특성을 강조하는 전략은 소비자들을 이해시키기 어려울 뿐만 아니라, 다른 특성들에 비해 서울의 소비자들에게 어필하는데 불리하다는 것이 A씨의 주장이었다.

때문에 시장확대전략은 가능성 있는 새 타깃에 집중해서 새로운 시장구도를 만들자는 것이며, 생활수준이 향상되고 주거형태가 현대식으로 전환되고 있는 추세의 지방시장 공략은 기존 화목난방이나 연탄난방의 불편함이 충분히 인지된 상황이므로 충분히 승산이 있다고 설명했다. 더구나 당시는 지방에 아파트붐이 일어나는 시점이기도 했다.

타이밍론을 제기한다. '모든 것이 다 준비되고, 무르익은 상태에서 출발하면 늦는다. 만일 지방이 충분히 보일러를 받아들일 준비가 된 뒤라면 다른 보일러업체들이라고 가만히 있겠는가?

따라서 타깃을 바꿔 그들에게 잘 맞는 우리의 차별성을 강하게 밀면 시장이 열릴 것이라고 A씨는 거듭 주장했다. 그러나 다시 이견들이 제시되었다. 그 요지는 지방형보일러라는 컨셉은 자칫 '수준 낮은, 촌스러운'으로 비칠 우려가 있으며 서울시장이 지방시장에 비해 너무 커서 점유율 향상에 도움이 되지 않는다는 것.

더욱 큰 문제는 지방의 경제형편. 그들은 자식들의 교육에 큰 관심을 가지고 아낌없이 투자를 하는 경향이 있어, 돈이 있으면 그 돈으로 편하게 살기를 택하기보다는 땅, 집, 예금 등에 집중하면서 스스로 불편함을 감수한다는 것이다.

반 발짝 빠른 타이밍, 임펙트로 끌어내다

이러한 논의가 오고가는 중에 B씨가 중재안을 제시했다. 사용자와 구매자를 분리하자는 것. B씨는 자신이 지방에서 서울로 유학와서 취업을 한 케이스였으며, 그런 사람들이 의외로 많다는 주장을 펼쳤다. 그들 대부분은 지금 보일러가 설치된 집에서 살고 있다는 것.

그들로 하여금 보일러를 구매하게 해서 고향으로 내려 보내도록 하면 가능해진다는 것이 그의 주장이었다. 즉 경제적 능력이 없거나, 제품인식이 없는 지방 사람들은 사용자로, 구매능력이 있는 서울의 아들들을 구매자로 삼자는 것이다.

그러나 이 문제에 대해서도 반대의견이 있었다. 대부분의 지방유입자들은 월급쟁이이며, 그들에게 보일러구매와 설치는 상당한 경제적 부담이라는 것. 특히 재구매시에는 단순히 보일러만 바꾸지만, 신규구매의 경우에는 구들을 뜯는 대공사를 벌여야하기 때문에 지방유입자들의 경제적 능력을 감안할 때, 이를 견인하기는 쉽지 않다는 것이 중요한 반대의 이유였다.

그러한 논란 속에서 1차회의는 종료되었다. 보다 구체적인 자료들과 논리를 모아 속개된 2차회의에서 A씨는 타이밍론을 제기한다. '모든 것이 다 준비되고, 무르익은 상태에서 출발하면 늦는다. 만일 지방이 충분히 보일러를 받아들일 준비가 된 뒤라면 다른 보일러업체들이라고 가만히 있겠는가?

반발짝 빨리 가야 한다. 지금이야말로 가장 효율적인 타이밍이다'라는 것이 A씨 주장의 요지였다. 반 발짝 빠른 타이밍에 동의한 팀원들은 이를 견인할 만한 강력한 컨셉 확보를 위해 고심에 빠진다. 그리고 다시 C씨에 의해 '효(孝)' 컨셉이 제안되기에 이른다.

우리나라 사람들에게 있어 효의 의미와 상징은 매우 남다르다. 때문에 효는 매우 파워풀한 컨셉이다. 효를 활용해 임팩트 있는 화면을 만들어낼 수 있다면 반 발짝 빠른 타이밍을 만들어낼 수 있을 것이라는 주장에 팀원들 모두는 동의했다. 팀원들 모두는 제작과정에 전력을 경주했다. 다음 그림은 그렇게 만들어진 경동보일러 광고캠페인, '효심'편의 내용이다.

소를 몰고 들어오는 아버지. **'이랴, 이랴'**
소를 묶으며, **'추운데 뭐 하는 거야?'**

대꾸 없이 얼음 깨는 어머니

방으로 들어가며, **'얼른 들어와'**
구들 안에 손을 넣으며, **'에이그 방이 왜 이래'**

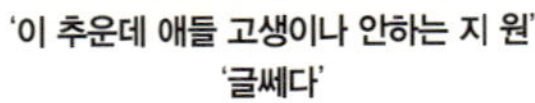
'이 추운데 애들 고생이나 안하는 지 원'
'글쎄다'

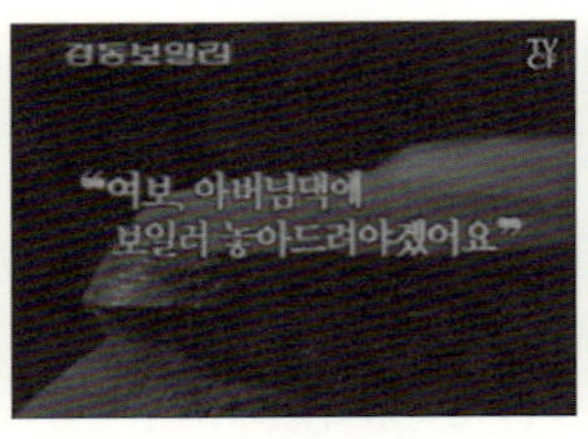

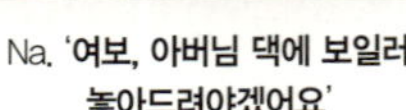
Na. '여보, 아버님 댁에 보일러
놓아드려야겠어요'

그림 1-3-6 : 전략적 논의 끝에 탄생한 경동보일러 '효심'편 광고이미지

이 광고의 엔딩 멘트인 '여보, 아버님 댁에 보일러 놓아드려야겠어요.'는 아직까지도 회자될 만큼 유명하다. 하지만 광고제작에 있어 가장 주안을 두었던 세일링포인트는 '이 추운데 애들 고생이나 안하는지 원.'이었다.

그 힘든 상황 속에서도 오히려 자식을 걱정하는 부모님의 마음을 소비자들에게 충분히 공명시켜 보일러를 팔자는 것. 자식들의 모습을 보여주는 것이 아니라, 암전 중 자막과 함께 '여보, 아버님 댁에 보일러 놔드려야겠어요.' 라는 멘트가 나오는 것 역시 고도로 계산된 것이었다. 그리고 그 멘트를 아들이 아닌 며느리가 던지는 것 역시 우연의 소산이 아니었다.

정치무관심층으로 빠져있던 젊은 부모들을 투표장으로 이끌다

앞서 설명한 것처럼 경동보일러는 서울에서의 승부를 통해 시장점유율을 확대하는 것이 아니라, 지방으로 시장을 확대하기 위한 전략을 펼쳤다. 그렇다면 선거에서 시장을 확대한다는 것은 무엇일까? 그것은 투표의지가 없는 사람들에게 꼭 투표해야겠다는 마음을 갖게 하는 것이다.

무상급식 선긋기가 있었던 2010년 선거, 그 중에서도 서울·인천·경기의 투표율이 상승했고, 각 선거에서 민주진영이 선전했던 배경에는 시장확대전략이 숨겨져 있었던 것이다. 2006년 지선, 2008년 총선의 투표율은 계속 하향곡선을 그리고 있었다.

힘든 상황 속에서도 오히려 자식을 걱정하는 부모님의 마음을 소비자들에게 충분히 공명시켜 보일러를 팔자는 것. 자식들의 모습을 보여주는 것이 아니라, 암전 중 자막과 함께 '여보, 아버님 댁에 보일러 놔드려야겠어요.' 라는 멘트가 나오는 것 역시 고도로 계산된 것.

2006년 지선 투표율은 51.6%, 그 중에서도 서울은 49.8%, 인천은 44.3%, 경기는 46.7%를 기록했고, 2008년 총선은 더욱 투표율이 낮아져 46.1%의 투표율을 기록했다. 그랬던 투표율이 무상급식 선긋기로 말미암아 2010년 지선에서 54.5%로 반등한다.

	전체	서울	경기	인천
2006년	51.6%	49.8%	46.7%	44.3%
2010년	54.5%	53.9%	51.8%	50.9%
	↑ 2.9%	↑ 4.1%	↑ 5.1%	↑ 6.6%

그림 1-3-7 : 2006년과 2010년 지방선거의 투표율 비교(광역단체장 선거 기준)

2006년 지선에 비해 2.9%, 2008년 총선에 비해서는 무려 8.4%가 상승한 것이다. 특히 서울·인천·경기의 투표율이 상승했는데, 4년 전 지선 대비 서울은 4.1%, 인천은 6.6%, 경기는 5.1%가 상승해서 전국평균 2.9%보다 훨씬 높은 투표율 상승을 보인 바 있다.

물론 이러한 투표율 증가요인이 무상급식 하나만은 아니었겠으나, 수도권을 중심으로 투표율이 매우 높아진 이러한 현상의 배경에는 무상급식 선긋기의 효과가 매우 컸던 것이 사실이다. 정치무관심층으로 빠져있던 젊은 부모들의 투표율이 대거 높아지면서 민주진영의 승리 내지 선전에 영향을 끼쳤던 것.

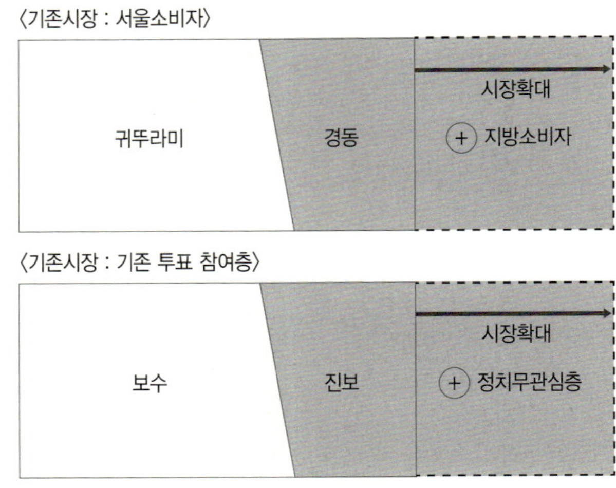

그림 1-3-8 : 귀뚜라미보일러와 2010년 지방선거의 무상급식이 펼친 시장확대전략

앞서 민주진영이 성공한 선거들은 후보들 개인의 개인기에 의해 승부가 판가름 난 선거가 아니었다. 무언가 중앙 구도의 흐름이 승부를 냈던 것. 그리고

그 구도는 매우 자연스러운 흐름에 각 캠프의 전략팀이 자신들만의 전략을 얹어 승부의 방향을 결정한 것이다. 이미 구도가 결정되면 걷잡기 어렵다. 중요한 것은 환경과 전략의 호응이다.

제갈공명은 화공으로 적벽대전을 이겼다. 그러나 제갈공명의 묘책은 동남풍을 이용한 화공이었다. 동남풍이 없었다면 승리는 없었을 것이다. 물론 동남풍이 불어올 때 화공을 하지 않았다면 역시 승리는 없었을 것이다. 동남풍이라는 환경을 읽고, 이에 맞는 화공을 택한 전략이 제갈공명에게 승리를 가져다주었다.

마케팅과 선거는 커뮤니케이션의 측면에서 수많은 공통점을 가지고 있다. 선거가 마케팅을 차용해야 하는 이유, 마케팅에서 배워야 하는 이유가 여기에 있다. 마케터를 적극 활용하자. 환경을 읽자. 그것만이 제대로 된 '선긋기'를 하는 가장 효과적이고도 빠른 길이다.

마케팅과 선거는 커뮤니케이션측면에서 수많은 공통점이 있다

앞서 살펴본 'HITE맥주', '경동보일러'와 2002 대선, 2004 총선, 2010 지선은 매우 닮은 점이 있다. 선긋기가 통했다는 것이고, 환경을 읽고 잘 대처했다는 점이다. 결국 마케팅과 선거 사이에는 많은 공통점이 있다고도 해석할 수 있겠다. 매우 많은 부분에서 응용할만한 대목들이 눈에 띈다.

특히 커뮤니케이션을 활용해서 문제를 풀어간다는 점에 있어서는 마케팅과 선거가 전혀 다를 것이 없다. 하지만 우리 정치와 선거가 기업들에 비해 매우 느린 감이 없지 않다. 대변인 성명 등을 통해 매우 기민한 움직임을 보이는 것 같지만 그 구도를 읽고 대응하는 근원적 노력이 부족하다고도 할 수 있겠다.

각 사안들에 대해 여론조사를 실시하고, 그 결과를 바탕으로 대응하려고도

하지만 전체적인 포지셔닝의 문제에서는 아직도 미흡한 점이 많다는 것이다. 선거가 마케팅을 차용해야 하는 이유, 마케팅에서 배워야 하는 이유가 여기에 있다. 마케터를 적극 활용하자. 환경을 읽자. 그것만이 제대로 된 '선긋기'를 하는 가장 효과적이고도 빠른 길이다.

제4장. 선거와 커뮤니케이션

가치와 편익, 인식에 호소하라

형제가 나란히 한 선거구에서 출마했다. 부모는 누구에게 투표해야 할까? 형제가 각기 경쟁사 과자를 파는 경우라면 이 과자도 사주고, 저 과자도 사줄 것이다. 하지만 선거는 다르다. 오직 한 쪽만을 선택해야 한다. 바로 선택의 유일성이다. 그리고 이것이 마케팅과 크게 다른 점 중 하나다.

선거와 마케팅의 또 다른 점은 마케팅의 경우 2등, 3등, 점유율 등이 의미 있는 결과가 될 수 있지만 선거는 1등이 독식한다는 점이다. 비례대표제와 중선거구제를 택하고 있는 기초의원선거가 그나마 2등이나 3등의 의미를 인정한다.

정해진 기간에 승부를 봐야 한다는 측면에서도 마케팅과 다른 점이 있다. 마케팅은 자신에게 유리한 시기를 고를 기회가 있다. 출시를 눈앞에 두고 있다가도 불리한 상황이 생기면 다시 기회를 노릴 수 있다. 하지만 선거는 날짜를 박아놓고 하는 게임이다. 그래서 늘 후보에게는 일주일이, 사흘이, 하루가 아쉽다.

선거법 테두리 내에서만 커뮤니케이션 할 수 있다는 점도 다르다. 마케팅은

'논리적 근거를 들어 사실을 설파하면 인식은 바뀔 것이다.'라는 아주 상식적인 이야기가 통하지 않는다. 오히려 감성이 인식에 더 큰 작용을 하기도 하고, 선입견과 편견은 사실만으로는 깰 수 없을 만큼 단단한 것이기도 하다.

필요한 모든 수단을 자의적 판단에 의해 사용할 수 있다. 하지만 선거는 선거법이 정한 테두리 내에서만 도구를 사용할 수 있다. 뿐만 아니라 그 수량까지 엄격한 제한을 받게 된다.

이런 몇몇 지점들이 선거와 마케팅을 다른 것으로 인식하게 한다. 하지만 이 몇 가지를 빼면 선거와 마케팅은 매우 닮은꼴이다. 특히 승부가 커뮤니케이션에 의해 판가름난다는 점에서 닮았다. 선거는 커뮤니케이션이다. 아래의 그림에서처럼 발신자가 경로와 메시지를 선택해 기호화된 상징을 수신자에게로 보내면 수신자는 이를 해독해서 판단한다. 그리고 그 판단은 행동으로 옮겨지게 된다.

그림 1-4-1 : 슈람의 커뮤니케이션모델

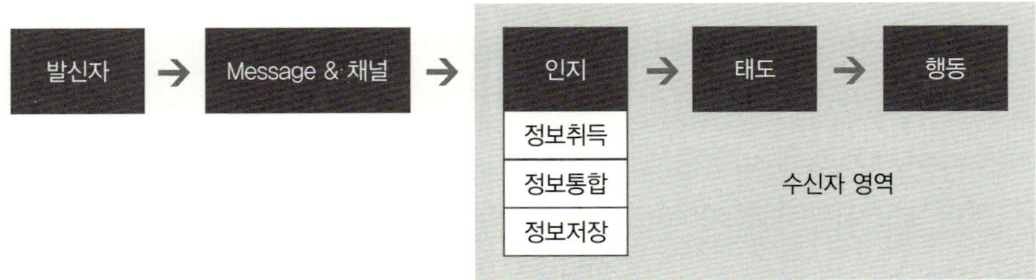

그림 1-4-2 : 수신자영역을 중심으로 본 커뮤니케이션모델

하지만 선거에서 이것이 복잡해지는 이유는 발신자가 여럿이라는 점이다. 경쟁자도 발신을 하고, 우리 편들도 각기 발신을 한다. 중앙당이 발신을 하고, 당의 유력자가 발신을 하고, 옆 선거구의 우리 편이 발신한 것도 우리 선거구에 영향을 미친다. 수신자도 여러 층위의 발신을 다른 수신자들에게 할 수 있다.

짧은 기간 동안에 수많은 정보들이 오가고, 유세차의 시끄러운 음악소리는 선거를 소음으로 만들기도 한다. 그래서 많은 캠프들은 선거가 커뮤니케이션이라는 사실을 잊고, 조직에 목을 맨다. 그러나 가만 생각해보면 조직이 하는 것 역시 커뮤니케이션이다.

따라서 우리는 커뮤니케이션에 주목해야만 한다. 커뮤니케이션의 제1 명제는 무엇일까? 그것은 다름 아닌 '인식은 사실과 다르다.'이다. '논리적 근거를 들어 사실을 설파하면 인식은 바뀔 것이다.'라는 아주 상식적인 이야기가 통하지 않는다. 오히려 감성이 인식에 더 큰 작용을 하기도 하고, 선입견과 편견은 사실만으로는 깰 수 없을 만큼 단단한 것이기도 하다.

기대반응을 자극하지 못하면 팔 수 없다

다이아몬드를 잘 팔기 위해서는 소비자들의 기대반응을 꿰뚫어야 한다. 다이아몬드는 탄소의 결정체다. 세상에서 가장 딱딱한 물질이기도 하다. 그러나 광고에서 이런 내용들을 강조한다면 다이아몬드는 결코 팔 수 없을 것이다.

다이아몬드의 품질과 가격을 평가하는 기준으로 4C를 말한다. 색(Color), 컷(Cut), 투명성(Clarity), 크기(Carat)가 바로 그것. 그러나 이 4C 역시 소비

기대반응[1]

제품을 구매함으로서 소비자가 주변으로부터 얻고자 기대하는 반응을 말함. 그러므로 마케팅 할 때에는 공급자 입장에서 제품의 특장점을 내세우기보다 소비자 입장에서 소비자 기대반응을 파악하고 이를 제시해야 함.

편익[2]

어떠한 선택을 통해 소비자가 느낄 수 있는 이익, 만족감.

자를 자극하기에는 역부족이다. 다이아몬드를 팔기 위해서는 소비자들의 **기대반응**[1]을 따져보는 일이 중요하다.

즉, 남자는 사랑하는 여자의 반응을 기대할 것이고, 여자는 그의 친구, 동료, 이웃의 반응을 상상할 것이다. 우리는 바로 이러한 점, 즉 그들의 기대반응에 주목해야 한다. 그들의 기대반응을 자극하는 것이야말로 효과적인 커뮤니케이션 방법이기 때문이다.

마케팅커뮤니케이션이란 '상품이 줄 수 있는 꿈'을 제시해서 상품의 가치를 키워내는 일이다. 따라서 커뮤니케이션을 잘하기 위해서는 상품의 특장점에 주목하기보다는 소비자의 인식과 그들이 생각하는 편익을 따져보라는 것.

그러나 이것은 간혹 마케팅커뮤니케이션이 정직하지 못하다는 평을 듣게 하는 요인이기도 하다. 소비자들의 가치와 **편익**[2]을 중심으로 생각한다는 것은 소비자들에게 '상품이 줄 수 있는 꿈'을 제시하는 것이며, 그것은 소비자들이 가지고 있지 않거나 적게 가지고 있는 욕망을 키워내는 일이기도 하다.

뒷골목의 이해타산도 무시해선 안 되는 요소

골목골목을 누비며 어르신들을 모아, 무대를 만들어놓고 현혹시키며 이런 저런 선물을 주고는 물건을 판매하는 사기행각이 있다. 그런 사기에 걸려들어 백만 원 가까이 하는 물건을 사들고 와서 며느리에게 타박을 받는 시어머니 말씀, '나도 이게 질도 형편없고 턱없이 비싸다는 건 안다. 그렇지만 니들은 그 사람들처럼 안 놀아주지 않냐?'

우스갯소리 같지만 이러한 유권자 인식은 선거 곳곳에서 나타난다. '시장에서 어렵게 일하고 계시는 어르신들의 경우, 재래시장 활성화나 어르신 복지에 매우 민감하게 반응할 것이다.'라는 가설을 세워볼 수 있겠다. 하지만 재래시장 어르신들은 평소에는 물론이고 선거철에도 삼삼오오 모여앉아 나라 걱정을 하신다. 자신의 처지 걱정보다 젊은이들의 철없음을 걱정하고, 나라가 어디로 갈지를 걱정한다는 것.

이명박 시장후보는 청계천공약을 제시한 바 있다. 겉으로는 환경이나 문화를 말했지만 이 공약이 선거에 영향을 미친 것은 청계천 복원 조감도가 준 부근의 지가상승 기대감, 나아가 서울시 전체의 주택가격 상승에 대한 기대감과 맞닿아 있었다는 분석이 있다.

통장에 단돈 백만 원이 없는 어르신들이 대기업을 걱정하고, 수출을 걱정하고, 부자들을 걱정한다. 그것을 논리로 돌파할 수 있다고 믿는 것은 순진한 생각이다. 6월 항쟁 당시 민주화운동의 정점에 섰던 넥타이부대들이 지난 대선에서 민주진영에 등을 돌린 것도 인식에 대한 이해와 배려 부족에 기인한 것이라 할 수 있다.

그들은 민주화운동세대이기는 하지만 이제는 안정 희구세력이 되어 있다. 그들의 이성은 정의를 말하지만 현실적 인식은 '내가 가진 주식이 오르고, 내가 가진 집값이 더 떨어지지 않아야 한다.'에 머물러 있다.

그러한 때에 던져진 '기회는 평등하고, 과정은 공정하며, 결과는 정의로울 것입니다.'의 편 가르기는 그들에게 오히려 불안감을 줬다는 것이다. 이 사회와 유권자 인식의 아이러니가 아닐 수 없다.

2002년 지방선거에서 이명박 시장후보는 청계천공약을 제시한 바 있다. 겉으로는 환경이나 문화를 말했지만 이 공약이 선거에 영향을 미친 것은 청계천 복원 조감도가 준 부근의 지가상승 기대감, 나아가 서울시 전체의 주택가격 상승에 대한 기대감과 맞닿아 있었다는 분석이 있다.

이명박 후보가 그것을 잘할 것이라는 인식, 그가 딱 맞는 공약을 내놓았다는 인식은 이명박 후보의 건설회사 경력이 탄탄하게 뒷받침했다. 한나라당의 성장–개발이미지와도 잘 맞았다. 이것이 그의 당선을 견인한 힘이다.

하지만 그것을 홍보물의 전면에 배치하지는 않았다. 홍보물의 표지와 벽보에는 '일 잘하는 경제시장'이라는 슬로건이 등장한다. 청계천이라는 상징공약을 든든한 배경으로 하고, 다시 이 '청계천'을 '일 잘하는'과 '경제시장'으로까지 끌어올려 활용한 것이라 할 수 있겠다.

그림 1-4-3 : 2002년 지방선거 당시 서울시장 이명박 후보의 벽보

그림 1-4-4 : 2002년 지방선거 당시 서울시장 이명박 후보의 홍보물 내용일부

이성적으로, 논리적으로, 사실관계를 따져보면 전혀 다를 수 있는 이 공약이 삽시간에 구도를 가른 것에는 바로 이처럼 유권자의 인식이라는 복병이 자리잡고 있었던 것이다. 유권자인식의 조사와 분석이 중요한 이유가 바로 여기에 있다.

우리 면적의 크기와 우리 면의 깊이가 선거의 결과로 나타난다는 사실을 잘 알게 되었을 것이다. 그렇다면 이런 면과 깊이를 만드는 도구는 무엇인가? 결국 '말'이다. 그리고 그 '말'의 우물인 '이슈'다. 이 말을 이용해서 선을 긋는 것이고, 사건이나 내용은 말을 만든다.

'코끼리를 생각하지 말라고 하면 오히려 그 사람의 머릿속에 코끼리가 더 떠오른다는 것'이 조지 레이코프의 주장이다. 상대편이 만들어서 제시한 프레임을 단순히 부정하는 것은 오히려 그 프레임을 강화한다. 그러니 다른 프레임을 구성하라고 그는 충고한다.

아젠다 세팅[1]의 재료는 '이슈'다. 우리말로 하면 '쟁점, 논쟁거리' 정도로 해석이 될 것이다. 이슈파이팅이란 논쟁거리를 세게 연속적으로 제시해서 싸움을 진행하는 것을 말한다.

편견에 호소하고 흥분을 활용하는 프레임

이때 프레임을 잘 잡아야 한다는 말이 있다. 프레임이란 보는 시각을 말한다. 그것을 잘 잡는다는 것은 여론의 시각을 '우리가 유리한 쪽으로 정리한다'는 말. 이렇게 하기 위해서는 '작명'이 매우 중요하다.

'코끼리를 생각하지 말라고 하면 오히려 그 사람의 머릿속에 코끼리가 더 떠오른다는 것'이 **조지 레이코프**[2]의 주장이다. 상대편이 만들어서 제시한 프

아젠다 세팅[1]

TV, 신문과 같은 매스미디어가 의식적 또는 무의식적으로 사람들의 생각 방향을 자신들의 의도대로 정리하기 위한 활동을 말함. 우리말로는 '의제설정'이라 함.

조지 레이코프[2]

조지레이코프(George Lakoff, 1941~). 미국의 인지언어학자. 그의 대표 저서로는 '코끼리는 생각하지 마.', '프레임전쟁'이 있음.

프레임이란 세상을 바라보는 인식의 구조물이다. 이 프레임은 '진실은 승리할 것이다.'라는 관념을 여지없이 깨뜨린다. 그것은 순진한 생각이다. '사실 그대로를 사람들에게 여과 없이 보여준다면 합리적인 사람들은 모두 올바른 결론에 도달할 것이다.'라는 믿음은 헛된 희망이다.

레임을 단순히 부정하는 것은 오히려 그 프레임을 강화한다. 그러니 다른 프레임을 구성하라고 그는 충고한다.

레크레이션강사들이 아이들과 하는 게임이 하나 있다. 일명 '토끼와 거북이 게임'. 두 사람이 서로 왼 손을 맞잡고 있다가 사회자가 '토끼'라고 하면 A가 B의 손등을 때리고, '거북이'라고 하면 B가 A를 때리는 식의 단순한 게임이다.

사회자는 토끼와 거북이의 우화를 활용해 게임 지시문을 만들었다. 처음 시작은 평범한 토끼와 거북이 이야기다. 양쪽 아이들은 번갈아가며 서로의 손등을 때리면서 재미있어 한다. 그러나 얘기가 뒤로 가면 원래의 내용과는 다르게 전개된다.

'토끼 친구들이 나와 토끼를 응원합니다. 토끼 이겨라. 토끼 이겨라. 토끼 이겨라.' 손등을 맞고 있는 아이는 '조금 있다가 거북이를 응원할 때가 되면 내가 많이 때리겠구나'라며 손등을 맞고 있다. 하지만 조금 이상한 응원이 펼쳐진다. '거북이 친구들도 응원을 합니다. 토끼 져라. 토끼 져라. 토끼 져라.' 계속 손등을 맞고 있던 아이는 울상이 된다. 이것이 바로 토끼프레임인 셈이다.

프레임이란 세상을 바라보는 인식의 구조물이다. 이 프레임은 '진실은 승리할 것이다.'라는 관념을 여지없이 깨뜨린다. 그것은 순진한 생각이다. '사실 그대로를 사람들에게 여과 없이 보여준다면 합리적인 사람들은 모두 올바른 결론에 도달할 것이다.'라는 믿음은 헛된 희망이다.

인간의 인식은 아주 단순하지만 공고한 잣대를 가지고 있다. 그리고 그 기준으로 사물과 사건을 본다. 일단 그 기준을 통과하고 나면 여간해서는 자기판단을 바꾸지 않는다. 그리고 그것은 앞서 말한 바와 같이 이성보다는 감성에 더 빨리 반응하고 행동한다.

때문에 프레임은 대체로 객관적으로 세상을 보는 것과는 다른 편에 서 있다. 편견에 호소하고, 사실에 범주를 적용하는 것 등이 그 기술이다. 여기에 흥분과 몰입이 프레임을 돕는다. 따라서 자주 적용되는 기술은 위협과 유혹이다.

'세금폭탄'이라는 말은 위협이다. 그 뒤에 버티고 있는 진실은 이 위협 앞에서 휘발되어 버린다. 다른 말이 귀에 들어오지 않는다는 것이다. '우리가 남이가?'라는 말은 유혹이다. 이 말 앞에서 합리적 판단은 여지없이 무너져버린다.

민주진영은 진정성 때문에 상대의 프레임에 잘 빠져든다. 저쪽에서 어떤 문제를 제기하면 그것을 자세히 설명하여 오해를 없애려 한다. 내 진정성을 보여주고 싶은 것이다. 오죽하면 조지 레이코프가 '코끼리는 생각하지 마.'라는 책을 썼겠는가?

우리에게 필요한 카드는 누가 만드는가?

그렇다면 어떻게 대응해야만 하는가? 우선은 우리가 선제적으로 프레임을 제시해야만 한다. 그리고 그 흐름 속에서 다양한 이슈들을 전개시켜 나가야 한다. 다른 이슈로 옮겨가는 것이 아니라, 그 프레임 속에 여러 사건들을 배치할 필요가 있다. 그러기 위해서는 다양한 카드가 미리 준비되어 있어야만 한다. 하지만 저들에 비해 다른 카드가 별로 없다는 것이 문제다.

만일 상대에 프레임 속에 갇혔다면 어떻게 해야 할까? 그때는 그들의 프레임에 대응할 것이 아니라, 빠르게 빠져나오는 것이 상수다. 간단히 정리해버리거나, 꼬리를 자르고 퇴장하는 방식이다. 그리고 미리 준비되어 있는 다른 프레임으로 승부를 내야한다. 역시 이때에도 다른 프레임을 짤 수 있는 다양한 카드들의 준비는 필수다.

이러한 카드들을 나오는 대로 써내버린다면 우리는 의도를 가질 수 없다. 예전 저들이 간첩단을 출몰시키며 여론을 이끌 때를 상기해보자. 그들은 미리 만들어놓고 필요할 때 내밀었다. 그런 측면에서 우리의 준비상태는 매우 미흡하다. 부족한대로 준비해야 할 대목이다.

그림 1-4-5 : 2007년 대통령 선거 당시 이명박 후보의 벽보

이명박 서울시장을 만들었던 '청계천', 이명박 대통령을 만들었던 '경제대통령과 747 공약', 증세정책에 대한 공포심을 극대화시켜 시민들에게 호도할 목적으로 사용한 '세금폭탄', 박근혜 대통령을 만드는데 일조한 '경제민주화'. 모두 선거구도에 단단히 한몫을 한 아주 강한 작명들이다.

반대편에도 강한 단어들이 있었다. 광우병보다 두 배쯤은 더 파괴력 있게 다가왔던 '미친 소', MB정부 초기에 정부의 인사를 비판했던 '강부자내각, 고소영내각', 언제부터인가 선거에 단골메뉴로 등장하는 '반값등록금', 오세훈 시장의 낙마를 촉발한 '나쁜 투표', 4대강사업이 환경에 미친 영향을 간파하게 해주었던 '녹조라떼' 등이 그것이다.

이명박 전 대통령과 관계해서는 앞서 말한 것 말고도 참으로 다양한 단어들이 등장한 바 있다. MB정부가 컨테이너로 시민들을 막으려 했던 소통부재의 상황을 비꼰 '명박산성', 이명박 전 대통령의 형 이상득 의원의 지역구 지원 예산을 빗대 '만사형통', MB의 정책기조를 뒷받침하기 위해 만들었던 복잡하고도 많은 법을 통틀어 일컫는 'MB악법' 등이 그것이다.

작명은 누가 하는 것일까? 보수진영은 주로 당과 언론이 이 일을 맡아왔다. 그렇다면 민주진영도 그러한가? 결론만 말하면 아니다. 민주진영이 내놓은 촌철살인의 작명들 대개는 시민들의 작품이다. 그래서 더 감성적이고, 그래서 더 자극적이다.

아젠다 세팅, 이곳에도 우리의 무기는 없다

대체 이런 작명은 누가 하는 것일까? 보수진영은 주로 당과 언론이 이 일을 맡아왔다. 그렇다면 민주진영도 그러한가? 결론만 말하면 아니다. 민주진영이 내놓은 촌철살인의 작명들 대개는 시민들의 작품이다. 그래서 더 감성적이고, 그래서 더 자극적이다. 그간 이 시민들을 일컫는 작명들 또한 적지 않았다.

노사모, 네티즌, 네티즌수사대, 촛불, 아고라, 아프리카, 유모차부대, 집단지성. 그래서 민주진영의 선거전략가들은 마이크로타깃팅보다는 마이크로리스닝에 더 주목해야만 한다고 말한다. 잘 들어야 한다는 것이다. 하지만 이 집단지성의 힘은 굳이 민주진영이 잘 듣지 않아도 언제나 스스로 작동되었고, 또 앞으로도 작동되어질 것이다. 만들어지고, 스스로 분출하고, 스스로 격동한다.

그림 1-4-6 : 2012년 대통령 선거 당시 여야 두 후보의 벽보

무언가 이상하다. 분명 당과 당이 맞부딪히고 있지 않다는 것이다. 그리고 보수진영의 작명들은 주로 선거 때에 이루어지고, 민주진영의 작명들은 주로 정국에 영향을 미친다. 여기에 더해 그간 보수진영이 선거 때마다 작동시켰던 '간첩단사건', '북풍', '북의 움직임', 최근의 'NLL' 등 안보관련 작명들까지 합쳐보면 더욱 선거 국면에서의 나타난 힘의 차이와 통제력의 차이를 느낄 수 있다.

매우 강력한 소수의 **엘리트집단 클러스터**[1]가 조직적으로 작업을 하고 있다는 느낌을 지울 수 없다는 것이다. 정국이 어수선해지거나, 선거에 불리해질 때마다 보수진영에선 구도를 흔드는, 혹은 구도를 덮는 이슈가 터져 나오곤 한다.

아젠다 세팅(Agenda setting)을 우리말로 풀면 '의제설정' 정도의 해석이 가능하다. 우리 사회의 얘기꺼리를 하나로 몰아간다는 의미다. 언론이 사람들의 생각과 토론을 통제한다는 무시무시한 의미를 내포하고 있기도 하다.

최근에는 보수진영이 자신들에게 불리한 이슈를 또 다른 불리한 이슈로 덮는 경향마저 생겨났다. 전문가들은 '털고 간다.'는 전문용어로 이를 설명한다. 정국의 어려움을 돌파하는 과정에서 그간 있었던 모든 과오들을 한 번에 해결하고 넘어간다는 의미다.

굵직한 사건이 터지고 난 뒤, 곧이어 터지는 연예계의 굵직한 스캔들이나 기업의 비리와 탈세, 한물간 이슈 되살리기 등이 따라붙는다. 그리고 보수언론의 아젠다 세팅이 여론을 주도한다. 촛불 일이만개쯤은 화면에서 지워버릴 수 있는 힘을 아직까지도 보수언론들은 쥐고 있다.

언론권력 뿐만이 아니다. 이런 전방위적인 여론작업을 위해서는 정보권력과 사법권력의 힘이 절대적으로 필요하다. 그리고 이를 관제하는 것은 이미 정치권력이 아니라 경제권력의 손으로 넘어갔다. '풀었다 조였다'를 반복하며 숨도 고르고, 필요할 때는 달려 나간다.

아젠다 세팅(Agenda setting)을 우리말로 풀면 '의제설정' 정도의 해석이 가능하다. 우리 사회의 얘기꺼리를 하나로 몰아간다는 의미다. 언론이 사람들의 생각과 토론을 통제한다는 무시무시한 의미를 내포하고 있기도 하다. 그것을 가능하게 하는 일은 의외로 쉽다.

여러 가지 이슈들 중에서 미디어가 특정 이슈를 선정해서 그것을 중심적으로 다루면 된다. 좋은 위치에 배치한다든지, 사이즈를 크게 하거나 길게 한다

엘리트집단 클러스터[1]
경제, 언론, 사법, 정보 권력이 각자 목적에 의해 연합하여 막강한 권력을 행사하는 것.

든지, 여러 번 내보낸다든지, 그것에 대해서 찬성 혹은 반대하는 의견을 자신들의 의도에 맞게 함께 낸다든지 하는 방식을 사용한다.

그러면 사람들은 언론이 제시하는 이슈에 집중하게 되고, 여타의 이슈는 무시하게 된다. 따라서 언론의 아젠다 세팅은 뉴스를 해석하는 힘이요, 사람들의 여론을 하나로 몰아가는 힘이다.

사람들은 자신의 의견이 여론과 다른 경우 선뜻 그 의견을 밖으로 표출하기 어려워한다. 전체적인 분위기가 자신의 뜻과 비슷하게 진행되어야만 비로소 나서게 된다는 것이다. 이러한 현상을 설명하는 것이 '**침묵의 나선이론**[1)]'이다. 이 침묵의 나선이 아젠다 세팅과 만나면 엄청난 시너지를 발생하게 된다.

침묵의 나선이론[1)]

독일의 노엘레-노이만이 제시한 이론으로 사람들은 자신의 의견이 타인에게 지지받고 자신의 생각이 다수를 이룬다는 판단이 들면 자신 있게 목소리를 내지만 그렇지 않다고 느끼는 경우는 침묵함으로서 여론이 어느 한 방향으로 쏠리게 되는 현상을 말함.

'맞아, 내 말이 바로 이 말이라니까.'식의 여론이 폭발력을 갖게 되면 상대의 주장이나 비판은 더 이상 힘을 쓰기 어렵다. 이러한 현상을 주도할 수 있는 것이 바로 언론이다. 그래서 권력을 잡은 자는 동서고금을 막론하고 모두 언론권력을 장악하려 하거나, 언론과 야합한다.

정치와 선거의 구조를 제대로 이해해야만 한다

인터넷이 발달하고, 스마트폰까지 등장한 지금 그것이 가능하냐고 반문할 수 있다. 하지만 그것은 순진한 생각이다. 물론 인터넷과 스마트폰 같은 문명의 이기가 시민세력의 힘과 만나 그나마 권력연합과 대응하고 있는 것이 사실이다. 그러나 소수 엘리트가 장악한 권력의 조직적 힘은 상상보다 훨씬 강하다.

그렇다. 당과 당의 싸움이 아니다. 본질은 권력연합과 시민세력의 싸움이다.

그렇다면 민주진영의 제 정당들은 무엇을 한다는 말인가? 그들은 무능한가? 결론부터 말하자면 그렇지는 않다. 하지만 태생적으로 가진 한계를 벗어날 만큼의 능력은 갖지 못했다.

당 이전에, 이것은 주류와 비주류의 싸움이며, 기득권과 기층의 싸움이며, 세력과 개인연합의 싸움이며, 관군과 의병의 싸움이다. 저쪽은 군량미를 쌓아놓고 싸우고, 이쪽은 군량미를 만들어가며 싸운다. 저쪽은 내놓을 카드를 쌓아놓고 싸우고, 우리는 저쪽이 패스미스를 해야만 공을 낚아채 달린다.

기다리면 상대는 꼭 자살골을 넣거나 패스미스를 한다. 민주진영은 지금껏 저들의 자살골을 기다리거나 패스미스를 기다려 주도권을 잡아왔다. 얼핏 주도권을 민주진영이 쥐고 있는 것처럼 보이지만 저들의 실수를 잡아채야하는 한계 속에서는 결코 주도권을 쥘 수 없다.

우리나라의 정치는 일명 '자살골 정치'다. 기다리면 상대는 꼭 자살골을 넣거나 패스미스를 한다. 민주진영은 지금껏 저들의 자살골을 기다리거나 패스미스를 기다려 주도권을 잡아왔다. 얼핏 주도권을 민주진영이 쥐고 있는 것처럼 보이지만 저들의 실수를 잡아채야하는 한계 속에서는 결코 주도권을 쥘 수 없다.

저들은 몇 개의 카드를 늘 손에 쥐고 있다. 카드가 없으면 만들어낸다. 카드를 만들어내는 것이 정보권력과 사법권력이요, 필요한 시기에 필요한 카드를 들이미는 것이 사법권력이요, 언론권력이다. 그리고 그렇게 내밀어진 카드는 언론권력을 통해 삽시간에 확산된다. 아주 특수한 경우를 빼고는 여론의 조정이 가능하다는 것이다.

선거를 제대로 치러내기 위해서는 앞서 설명한 우리 정치의 배경과 특성을 파악해야만 한다. 이것이 일반 기업들의 마케팅과 다른 점이다. 마케팅이 도입되어야 하지만 이런 정치와 선거의 속성을 간과한 마케팅이라면 잘못된 답을 낼 수밖에 없다.

물론 상품마케팅과 선거마케팅 사이에는 분명하게 다른 몇 가지가 존재한다. 그 중 첫째는 상품마케팅의 경우 점유율을 올리거나, 시장을 확대시키되, 그것을 통해 해당상품을 꼭 1등으로 만들어야만 하는 것은 아니다. 그러나 선거마케팅은 얘기가 다르다. 극단적 법칙(All or Nothing)이 작동되는 게임이기 때문이다. 당선이 아니면 의미가 없다는 것.

둘째는 상품마케팅의 경우, 자신에게 유리한 시기를 골라 캠페인을 전개할 수 있지만 선거는 선거일이 정해져 있어 그 시기의 결정을 캠프 스스로 할 수 없다는 점이다. 셋째는 상품마케팅은 필요한 모든 수단을 자의적으로 사용 가능하지만 선거의 경우에는 선거법의 테두리 안에서만 진행해야한다는 점이다.

권력연합의 입장에서는 정보·사법·언론 권력을 활용해서 이슈의 재료를 취득하고 가공하고 확산하는 타이밍을 어느 정도 조절하고 기획할 수 있다는 점도 민주개혁진보진영의 마케터들에게 주어진 한계일 수 있다.

마케터·커뮤니케이터들과 보다 협력적인 관계를 형성하자

그럼에도 불구하고 이기는 선거를 하기 위해서는 선거에 마케터와 커뮤니케이터들이 더 많이 투입되어야만 한다. 그리고 이렇게 투입되는 마케터와 커뮤니케이터들은 정치와 선거의 구조에 대해 철저히 이해하고 일을 시작해야만 한다. 많은 사람들이 선거가 마케팅커뮤니케이션과 같은 구조라고 말하지만 실제로 선거캠프에서 마케터를 찾아내기란 쉽지 않다.

마케터들이 혹은 커뮤니케이터들이 잘할 수 없는 여러 한계들도 분명히 있다. 첫째는 시간과 돈의 부족이다. 조사와 분석에 필요한 시간과 돈이 충분치 못하다. 그것이 기업과 다른 점이다. 특히 시간에 있어서는 완연히 다른 게임의 룰을 가지고 있다. 기업은 스스로에게 이로운 시기에 전략을 실행할 수 있지만 선거는 정해진 시간에 스스로를 맞춰야만 한다.

복잡한 요소들이 제각기 역할을 하는 정치판과 선거판에서의 이슈의 유동성은 규모면에서 기업마케팅과 비교할 수 없는 크기다. 그러니 입체적 마케팅을 경험해보지 못한 마케터들이 평면적 사고로 접근했다가는 전혀 엉뚱한 소리를 할 수밖에 없는 구조인 것이다.

둘째 **시즌성**[1]이다. 정규직을 보장받기 어렵다. 빨라도 2년에 한 번이다. 그렇다고 보상이 큰 것도 아니다. 갖추고 준비해야 할 것에 비해 너무나도 보잘 것 없는 보상이 갈 길을 막는다. 지속성이 보장되지 않는 것은 자료의 축적을 방해하는 요소이기도 하다.

시즌성[1]
교복이 연초에 집중적으로 팔리는 것처럼 지속적인 성격을 갖지 못하고 특정시기에 자원과 재원이 집중되는 것.

셋째 권한의 불합리한 구조이다. 단기간에 승부를 내야하는 캠프의 특성상 합리적 조직체계나 의사결정체계가 갖춰지기 어렵다. 따라서 판단의 근거가 대부분 권력관계에 의해 결정된다. 그것이 정치의 속성이기도 하다. 그러니 기업마케팅에 적응된 마케터들은 캠프에서 능력만큼의 권한을 갖기가 쉽지 않다. 또 그렇게 움직이는 캠프의 속성을 잘 파악하지 못하면 마케터들은 합리적 판단을 하기가 그리 쉽지 않은 것 또한 사실이다.

넷째는 롤러코스터와도 같은 흐름이다. '정치는 생물이다'라는 말이 있다. 복잡한 요소들이 제각기 역할을 하는 정치판과 선거판에서의 이슈의 유동성은 규모면에서 기업마케팅과 비교할 수 없는 크기다. 그러니 입체적 마케팅을 경험해보지 못한 마케터들이 평면적 사고로 접근했다가는 전혀 엉뚱한 소리를 할 수밖에 없는 구조인 것이다.

이러한 장애와 한계가 엄존하는 한 정치와 선거의 새로운 모색은 요원하다 할 것이다. 이런 이유들로 선거에는 마케터들의 접근이 매우 제한적이다. 같은 이유로 커뮤니케이터들 역시 자신들이 해야 할 일의 폭을 턱없이 좁혀버린다.

세 가지 방향의 노력이 필요할 것이다. 첫째는 정치권의 사람들이 보다 더 마케팅개념을 가져야만 한다. 둘째는 앞서 설명한 장애와 한계를 최대한 줄이려는 노력이 필요하다. 그리고 마지막으로는 정치권의 사람들이 마케터·커뮤니케이터들과 경쟁적 관계가 아닌 협력적 관계로서의 진정한 협업을 시도해야만 하겠다.

제5장. 진영의 한계와 과제

구도를 통한 산토끼전략, 과연 가능한가

대한민국 선거의 기본구도는 어느 진영에 더 유리할까? 당연히 보수 쪽에 유리하다. 남북이 분단되어 있는 현실, 그래서 안정을 희구하는 측면이 강한 환경이 그러하고, 상대적으로 인구가 많은 영남을 기반으로 해서 구축된 오랜 지역주의 구도 또한 보수 쪽에 유리하게 작동되고 있다.

그런 이유로 영남과 호남의 지역구도, 안보-성장-안정-법치 대 종북-사회주의-불안-독불장군 식의 색깔논리는 장구한 세월 동안 우리 선거를 지배해왔다. 그리고 이것은 현재까지도 유효한 보수진영 편 가르기의 기본 중 기본이다.

여기에 더해 이를 기반으로 오랜 기간 독점하다시피 해온 기호 1번의 상징성은 보수진영의 안정논리에 힘을 더 보태주었다. 언제든 불리할 때에는 총풍이다, 북풍이다 하는 대북문제를 들고 나왔고, 민주진영의 세력들에게는 색깔을 덧씌웠다. 지난 대선 막바지에 등장한 'NLL파동' 또한 같은 맥락이다.

기존구도를 강하게 자극해서 그 구도를 중심으로 선거를 이길 수 있다면 그것은 매우 유리한 구도다. 하지만 민주진영의 입장에서는 이 기존구도가 대부

민주진영은 기존구도를 잘 파악하여 선을 긋되, 보다 창의적이고도 새로운 이슈를 중심으로 기획해나가는 것이 필요하다. 기존의 선을 활용하되, 이를 좀 돌려놓는 수준으로 선을 긋는 방법과 아예 새로운 선을 강하게 내려 긋는 방법도 있다.

분 불리하게 작동된다. 지역구도도 불리하고, 보수와 진보의 구도도 불리하며, 계층 간 갈등구도 역시 계급배반투표를 감안할 때 불리하게 작동되며, 세대 간 갈등구도도 만만치는 않다.

그림 1-5-1 : 2012년 대통령선거 막바지에 불거진 몇 가지 사건들.
이 사건들은 종반 표심에 상당히 영향을 미쳤다는 평가다.

따라서 민주진영은 기존구도를 잘 파악하여 선을 긋되, 보다 창의적이고도 새로운 이슈를 중심으로 기획해나가는 것이 필요하다. 기존의 선을 활용하되,

이를 좀 돌려놓는 수준으로 선을 긋는 방법과 아예 새로운 선을 강하게 내려 긋는 방법도 있다.

이처럼 창의적 구도를 고민해야 하는 이유는 앞서 말한 대로 기존구도가 근본적으로 우리 진영에게 절대 불리하기 때문이다. 그것은 외부적 상황만이 아니다. 내부적인 문제도 적지 않다. 첫째는 **순혈주의적 도덕성**[1]과 진정성이고, 둘째는 조직력, 셋째는 배수진이다.

순혈주의적 도덕성[1]
모든 일을 함에 있어서 편법과 술수를 극도로 싫어하며, 구성원 스스로 자기 양심에 의해 사회의 규범과 준칙을 필사적으로 지키고자 하는 것.

저들의 좌클릭은 포용이고, 우리의 우클릭은 배신이다

첫째, 우리는 늘 스스로에게 엄격하다. 의병이고, 의병장이기 때문이다. '의병은 썩지 말아야한다.'가 늘 맨 앞에 선다. 그래서 우리는 '스타 만들기'가 쉽지 않다. 늘 발가벗겨지고 늘 심판받는다. 저들로부터가 아니라 우리들 스스로부터의 심판이다.

둘째, 조직력이다. 먼저 저들은 상황에 맞게 리더십을 스스로 생성해낸다. 한마디로 일사분란해지기 위해 진화한다는 것이다. 주류는 스스로가 쌓아놓은 성 밖으로 나가는 일을 매우 두려워한다. 따라서 겉으로는 일사분란함을, 속으로는 온갖 눈치 속에서 자신의 입장을 정리한다.

반면, 우리는 의병이다. 비주류다. 지금껏 민주개혁진보진영은 아(我)와 비아(非我)의 투쟁 속에서 성장해왔다. 오죽하면 시인 신동엽이 '사월도 알맹이만 남고 껍데기는 가라.'라고 외쳤겠는가? 이것이 의병의 속성이다. 성으로 숨는 것이 아니라, 성안에 갇히는 것을 두려워한다. 성은 깨야할 대상이지, 깃들어야 할 대상이 아니다. 이것이 바로 '의병본능'이다.

정치를 보는 국민들의 시각은 이미 너무나도 자극적인 것에 길들여져 있다. 저들이 만들어놓은 정치 혐오와 불신, 무관심과 양비론의 덫이 도처에 깔려 있다. 저들보다 자원이 너무나도 부족한 의병들이 이런 국민들의 상황과 요구를 담아내고 국민들을 이끌어낼 수 있을까?

혹자는 진보의 분열이 문제이고, 진보가 연합하면 보수를 이길 수 있을 것이라 말하기도 한다. 하지만 이 역시 순진한 생각이다. 진보의 결속만으로는 보수의 절대수를 결코 넘을 수 없다. 보수는 부패해서 망하고, 진보는 분열해서 망한다는 말이 있다. 하지만 진짜를 찾아 떠나는 길은 진짜 속의 진짜를 찾는 과정이다. 그러니 조직력의 한계는 늘 우리 진영의 숙제일 수밖에 없다.

셋째, 더 이상 물러날 곳이 없는 배수진이다. 하지만 저들은 ’따라 하기‘가 가능하다. 저들의 복지는 포용으로 포장된다. 하지만 우리는 따라 하기가 안 된다. 그것은 항복이기 때문이다. 저들의 좌클릭은 국민을 끌어안는 것이고 베푸는 것이다. 국민화합의 정치다. 그것은 용기로 칭송된다. 그래서 저들은 ‘me too 전략’이 통한다. 하지만 우리의 ‘me too 전략’은 포기다, 투항이다. 깃발을 내던지는 것이다.

의병의 장점은 몸이 가볍다는 것이다. 하지만 정책문제에 있어 우리 진영은 코끼리보다도 몸이 무겁다. 빠르고 날렵한 의병만의 장점을 제대로 발휘하기 힘들다는 것이다. 이러한 것들이 민주진영의 발목을 잡는 문제들이다.

스스로 대안을 만들고 그 대안을 중심으로 꿋꿋하게 나가면 되지 않느냐고도 말한다. 민주진영의 수권능력을 의심하기도 한다. 그렇다. 하지만 그러기에는 힘이 너무 부족하다. 설사 대안을 만들어내도 그것에는 관심을 주기 쉽지 않다.

정치를 보는 국민들의 시각은 이미 너무나도 자극적인 것에 길들여져 있다. 저들이 만들어놓은 정치 혐오와 불신, 무관심과 양비론의 덫이 도처에 깔려 있다. 저들보다 자원이 너무나도 부족한 의병들이 이런 국민들의 상황과 요구를 담아내고 국민들을 이끌어낼 수 있을까? 불가능에 가깝다.

그러니 다른 프로세스를 타야만 한다. 저들은 앞에서 끄는 방식을 택한 주류이고, 권력중심의 세력주의로 똘똘 뭉쳐져 있지만 우리는 철저히 뒤에서 밀고 가는 방식을 택해야만 하는 의병이다. 시민세력이 주인이다. 상향식 민주주의에 모든 것을 걸어야만 하며, 시민세력과 함께 해야만 한다.

시민세력을 믿는다. 그들의 주도에 맡겨야 한다

명실 공히 상향식 민주주의를 만들기 위한 토대로서의 정당개혁이 필요하다. **숙의민주주의**[1]도 도입해야만 한다. **마이크로 타깃팅**[2]이 아니라 **마이크로 리스닝**[3]을 할 수 있는 구조가 만들어져야만 한다. 열린 정당문화를 만들고 뿌리내려야만 한다.

시민세력 전체를 담을 수 있는 그릇을 만들고 시민들의 주도력으로 정치를 해야만 한다. 당이 그런 구조를 만들어야내야 한다. 선거도 마찬가지다. 2000년 이후 선거 중 우리가 의미 있는 성과를 거둬냈던 선거들을 돌이켜보자. 단 한 번이라도 시민세력의 주도 없이 이겨냈던 선거가 있었던가?

정당의 힘만으로 이겨냈던 선거가 있었던가? 이것이 바로 정당개혁의 범위와 방향을 새롭게 그려야만 하는 이유다. 선거전략과 구체적 선거운동 또한 시민들의 손에 맡겨야만 한다. 그들 스스로 의병에 지원입대해서 승리를 쟁취할 수 있는 구조로의 전환, 그리고 그것이 가능할 것이라는 믿음이 필요하다. 그러한 구조가 확립될 때 그리고 그 승리가 온전히 시민세력의 삶 속으로 투영될 때 우리는 한 발 더 나아갈 수 있을 것이라 믿는다.

숙의민주주의[1]

숙의(熟議)란 다수가 모여 원활한 의견교환의 결과로 어떠한 결정을 내리는 것을 말함. 고로 숙의민주주의는 단지 투표에서 나타나는 선호도의 총합이 아니라, 실제적인 숙의가 선행되는 것을 의미함.

마이크로 타깃팅[2]

보다 효과적인 커뮤니케이션을 위해 수집된 정보를 수백 가지 타입으로 분류하여 개개인의 취향에 맞는 메시지를 전달하는 것.

마이크로 리스닝[3]

개개인 취향에 맞는 메시지를 전달하기 전에 개개인의 목소리를 듣는 활동(자료수집).

'집토기전략이냐, 산토끼전략이냐'의 고민에 빠지기도 한다. 그 중 어느 것을 중심으로 선을 긋는 것이 유리한가? 하지만 선거에 있어 기본적으로 우리 진영의 입장에서는 산토끼전략을 위한 선긋기는 존재하지 않는다. 우리 진영의 공고함을 지키는 집토끼전략만이 유효하다.

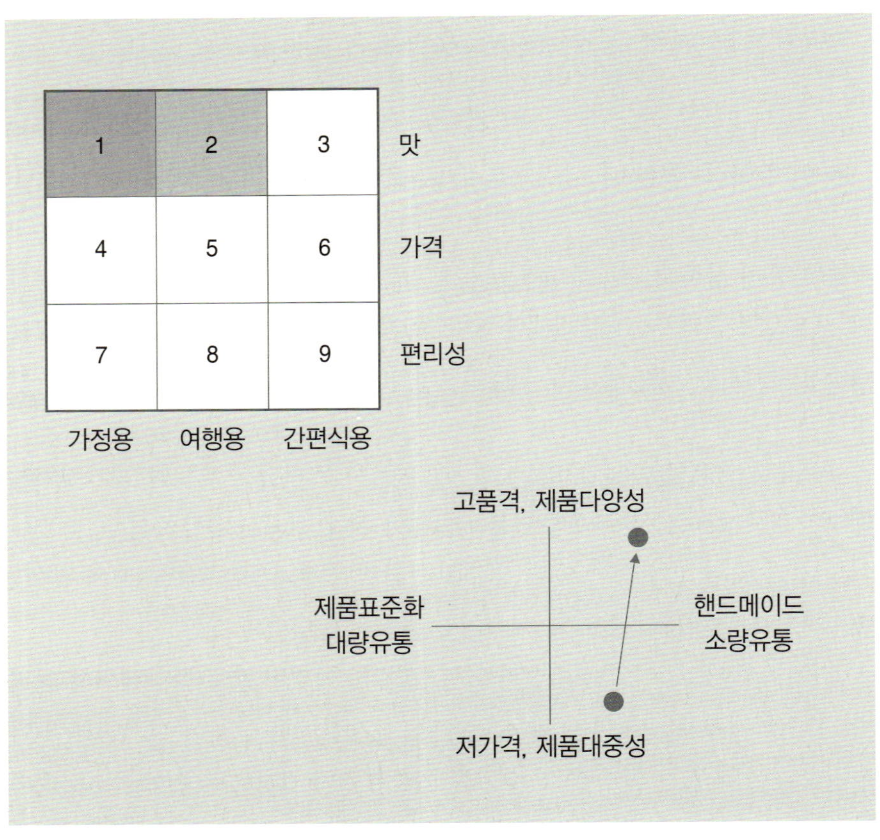

그림 1-5-2 : 어느 중소김치제조회사의 STP전략 도식화

산토끼전략을 위해서는 선긋기가 아닌 STP전략 정도를 쓸 수 있겠다. STP전략이란 시장을 세분화(Segmentation)하고, 그 중 하나의 시장만을 골라 타깃팅(Targeting)하여, 그 타깃팅에 맞도록 스스로를 포지셔닝(Positioning)하는 전략적 사고와 단계를 말한다. 기업의 마케팅은 소비자 전체를 향할 필요가 없다. 유효한 시장만을 공략해도 일정 이상의 효과를 기대할 수 있기 때문이다. 그래서 생겨난 것이 STP전략.

선거는 1등만이 살아남는 게임이다. 전부가 아니면 아무 것도 없다는 극단적 법칙(All or Nothing)이 작동된다는 것. 따라서 다른 시장을 포기하면서 어느 한 타깃에 집중한다는 것은 있을 수 없다는 얘기다.

묻지 마 지지층은 산토끼전략의 필수조건

하지만 앞서 말한 바와 같이 선거는 1등만이 살아남는 게임이다. 전부가 아니면 아무 것도 없다는 극단적 법칙(All or Nothing)이 작동된다는 것. 따라서 다른 시장을 포기하면서 어느 한 타깃에 집중한다는 것은 있을 수 없다는 얘기다.

집토끼를 선 안에 둔 채, 그 선의 경계를 특정 타깃에게까지 확장시키는 전략이라면 그것을 산토끼전략으로 한정지어 불러서는 곤란하다. 쟁점을 통해 선을 확장시키는 전략이다. 산토끼전략에 골몰하다보면 소탐대실(小貪大失)할 가능성이 크다. 집토끼들의 깊이가 낮아질 수 있다는 것이다. 메인이슈의 온도가 낮아진다는 것.

원수가 벼랑 끝에서 매달려 내 팔에 의존해 있다. 그대로 있으면 나도 같이 우리 진영과 상관없이 단순히 중도를 포괄하는 넓은 영역의 선을 긋고 후보가 그 속에 위치한다면 중도를 당겨올 수 있을지는 모르나, 우리 진영의 이탈 내지는 결속력 약화를 불러올 수 있다.

떨어져 죽을 판이다. 그래서 난 팔을 자른다. 내 팔을 내어주고 상대의 목숨을 취하는 전략이다. 산토끼전략을 잘못 구사할 경우에는 오히려 상대의 이런 전략에 말리기 쉽다.

하지만 보수진영에서는 이 전략을 비교적 용이하게 사용할 수 있다. 그들에게는 이미 많은 수의 '묻지 마 지지층'이 존재하기 때문이다. 이 '묻지 마 지지층'이 견고할 경우에는 산토끼전략이 기존세력에게 미치는 영향이 미미하기 때문에 얼마든지 새로운 타깃을 찾아나갈 수 있다는 것. 그래서 늘 보수의 좌클릭은 아름답게 받아들여진다.

앞서 살펴본 2004년 총선과 2010년 지선의 승리에서 우리는 몇 가지 교훈을 얻을 수 있다. 역시 중요한 것은 선긋기라는 것이 첫째요. 선을 긋되 환경을 잘 살펴 그어야 한다는 것이 둘째다. 그리고 더 중요한 것은 그 선 안에 기본적으로 우리 진영이 위치하도록 해야 한다는 것이다.

우리 진영과 상관없이 단순히 중도를 포괄하는 넓은 영역의 선을 긋고 후보가 그 속에 위치한다면 중도를 당겨올 수 있을지는 모르나, 우리 진영의 이탈 내지는 결속력 약화를 불러올 수 있다. 선거를 준비하는 캠프들이 간과하기 쉬운 점이 바로 이것이다.

이런 상황에 비춰볼 때 산토끼전략은 전략이 아닌 전술로 운용되어야만 한다. 특히 민주진영에서는 더욱 그러하다. **면대면전술**[1]이나 **입소문전술**[2] 같은 DTL(Drop The Line)[3]방식이 필요하다는 것. 이러한 전략에 대해서는 뒤에서 자세히 설명하도록 하겠다.

탄핵풍은 보수 vs 민주개혁진보의 선긋기가 아니었다. 보수 vs 반보수의 선긋기, 나아가 보수 중에서도 일부를 이쪽으로 끌고 왔기 때문에 가능했던 승

면대면전술[1]
한 명, 한 명 직접 만나 의사소통하는 것을 말함.

입소문전술[2]
사람들이 자발적으로 대상에 대한 긍정적 입소문을 내게 하는 것. 다른 말로 버즈 마케팅, 바이럴 마케팅이라 함.

DTL(Drop The Line)[3]
특정 메시지나 공약을 모든 사람들에게 전달하기보다는 목표 대상들에게만 전략적으로 투입하여 메시지를 퍼 나르는 전략. 일명 공수부대 전략이라고도 함.

리다. 탄핵풍 자체가 민주개혁진보진영을 격동시켰고, 중도 내지는 보수 중 일부 또한 이에 찬동해서 만들어진 결과.

무상급식 또한 마찬가지다. 혹자는 이후 정책선거가 가능해지지 않겠느냐며 흥분했지만 이후 치러진 두 번의 선거는 정책선거가 아니었다. 2010년 무상급식은 그냥 무상급식이 아니었고, MB정부에 대한 반발이 최고조에 이른 상황 속에서 유권자들의 대부분이 느끼고 있던 사회양극화라는 환경이 '무상급식'이라는 하나의 개별적 사안으로 폭발하며 선긋기를 만들어낸 것이다.

즉, 무상급식은 단순히 무상급식이 아니었다는 것. 그것은 성장신화로는 더 이상 묘안이 없으며, '양극화'라는 새로 만난 괴물을 어찌할 수 없다는 절박감 속에서 '보편적 복지'가 지향하는 방향을 하나의 단어, 즉 무상급식이라는 말로 받아 선을 그었기 때문에 만들어진 전선이었다. 이 또한 기본적으로는 민주개혁진보진영을 격동시켰고, 그 외에도 중도 일부를 끌어와 승리한 선거다.

산토끼전략을 가능하게 하는 시대적 요구

그럼에도 불구하고 성공한 산토끼전략이 있었다. 이른바 'DJP연합'이 그것이고, '노무현과 정몽준의 단일화'가 그것이다. 그토록 분열해서 진다는 민주개혁진보진영이 어떻게 이 같은 산토끼전략을 펼쳐냈을까? 그리고 마침내 승리했을가?

그것은 우리 진영이 가지고 있던 승리에 대한 갈구의 결과다. 위기와 절박성이 이러한 산토끼전략에도 불구하고, 우리 스스로를 흩어지지 않게 한다. 거센 시대적 요구가 뒷받침되는 상황, 즉 집토끼들이 알아서 하나로 똘똘 뭉친

시대정신은 집토끼전략도 아니요, 산토끼전략도 아니다. 이 모두를 아우르는 국민 모두의 결핍이기 때문이다. 따라서 이러한 시대정신을 잘 간파하는 것이 매우 중요한 일이라 하겠다.

상황 속에서는 중도층을 끌어안는 이른바 산토끼 전략이 먹혀들더라는 것이다.

그렇다면 거센 시대적 요구를 만들어내는 힘은 어디로부터 나오는가? 그것은 국민들의 결핍에서 나온다. 국민들 대다수가 같은 결핍을 느끼고, 그것을 중심으로 선거가 운용되는 상황. 그 결핍을 바로 짚은 후보나 정당이 국민들의 결핍을 해결하겠노라고 정면승부를 펼치면 그때 시대적 요구가 폭발하게 된다. 이때 후보나 정당이 내세운 것의 다른 이름은 '시대정신'이다.

이 시대정신은 집토끼전략도 아니요, 산토끼전략도 아니다. 이 모두를 아우르는 국민 모두의 결핍이기 때문이다. 따라서 이러한 시대정신을 잘 간파하는 것이 매우 중요한 일이라 하겠다. 하지만 이런 모든 것들을 잘 고려하여 구도를 잡았다고 해도 이 목표구도대로 판이 갈라진다는 보장은 그 어디에도 없다.

앞서 설명한대로 기존의 구도가 엄존하고 있고, 상대 또한 목표구도를 가지고 열심히 구도전략을 펼칠 것이기 때문이다. 이뿐만이 아니다. 우리 내부에서조차 하나의 구도를 통해 선거 전체를 운용하기 어렵다. 캠프에서 훌륭한 목표구도를 잡았다고 하자. 하지만 중앙구도가 캠프의 목표구도와 다를 경우 목표구도는 실현될 수 있을까?

선거 때마다 각 정당이 긋고 싶은 선이 있다. 그리고 환경이 그어서 정당을 위치시킨 선이 존재하기도 한다. 후보의 입장에서 보면 이 선긋기를 두 가지 경우의 수로 살펴볼 수 있겠다. 정당이 그은 선이 자신에게 유리한 경우가 첫째고, 정당이 혹은 환경에 의해 그어진 선이 자신에게 불리한 경우가 둘째다.

첫째의 경우에는 정당이 그은 선에 스스로 잘 올라타는 것이 중요하다. 그

선에 맞는 자신의 정체성을 드러내며, 쟁점을 흐트러뜨리지 않고, 한 목소리를 내면 대부분의 선거에서 승리할 수 있다. 정당이 그은 선이 유리함에도 불구하고, 후보 스스로의 선을 따로 긋기 위해 엉뚱한 쟁점을 제기하면 오히려 불리해지는 경우가 생길 수도 있다.

문제는 두 번째의 경우다. '환경에 의해 그어진 선이 정당과 후보에게 불리하게 작동될 때 어떻게 대처하는가.'이다. 후보가 주도권을 행사할 수 있는 선거라면 정당과는 조금 다른 선으로 대응해가는 방법이 있다. 인물론 등이 대표적. 하지만 후보가 주도권을 행사할 수 없는 선거라면 쟁점선거가 아닌 조직선거를 치르거나, 우리 편의 결집에 기대를 걸어야만 한다.

유일하게 지역주도권이 작동하는 광역단체장선거

각 선거단위마다 우리 내부의 구도 주도권에 대해 살펴보자. 총선의 사령탑은 중앙이다. 그리고 250여 개의 캠프가 각기 자기 목소리를 낸다. 중앙의 마이크를 중심으로 일치단결해야 할까? 아니면 각 캠프의 사정에 따라 각기 구도를 짜야 할까?

각 캠프들은 대부분 각자의 특성을 살려 구도목표를 정하고, 이를 중심으로 선거를 치른다. 이른바 '제 팔 제가 흔든다.'식의 선거다. 선거라는 것이 워낙 긴박한 상황의 연속이다보니 선거가 다 끝난 뒤에야 '아 이번 선거의 구도는 이랬구나.'라고 복기하는 경우도 적지 않다. 캠프전력을 객관적으로 판단할 수 있는 캠프 또한 많지 않다.

총선 후보 한 사람만으로는 마이크가 작기 때문에 가장 무난한 방법은 중앙

각 지역의 광역후보가 주도권을 쥐고 선거를 치러나간 경우 그렇지 않은 곳과는 완연히 선거의 양상을 달리할 수 있다는 것. 지역이슈와 후보의 구도주도권이 살아 있는 선거가 바로 지방선거라는 것이다.

구도를 지역에서 더욱 세게 갈라내거나, 중앙구도에 잇닿는 구도전략으로 연계해나가는 것이다. 설사 우리 지역만의 특수성을 반영해서 새로운 구도전략을 세웠다하더라도 캠프 혼자 그 구도전략을 이끌기보다는 주변지역의 후보들과 연대하여 마이크를 잡거나, 광역권 단위로 구도전략을 실현해나갈 필요가 있다.

구분	대통령 선거			국회의원 선거			지방 선거		
	2002년	2007년	2012년	2004년	2008년	2012년	2002년	2006년	2010년
평균	70.8%	63.0%	75.8%	60.6%	46.1%	54.2%	48.8%	51.6%	54.5%
최고	광주	경북	광주	전남	제주	경남	제주	제주	제주
	78.1%	68.5%	80.4%	63.4%	53.5%	57.2%	68.9%	67.3%	65.1%
최저	충남	인천	충남	충남	광주	인천	인천	인천	대구
	66.0%	60.3%	72.9%	56.0%	42.4%	51.4%	39.4%	44.3%	45.9%
격차	12.1%	8.2%	7.5%	7.4%	11.1%	5.8%	29.5%	23.0%	19.2%

표 1-5-1 : 지역별 투표율 격차 선거단위별 비교

특히, 대통령선거는 중앙캠프와 더불어 광역단위의 선대위가 각기 최선을 다해 싸움을 펼쳐나가는 장이다. 역시 같은 목소리를 내야 할까? 아니면 각기 다른 목소리로 선거를 치러나가야 할까? 지방선거는 더 복잡해진다. 그나마 대통령선거는 중앙캠프를 중심으로 잘 정돈될 수 있는 선거다.

가장 문제는 지방선거다. 광역단체장, 광역의원비례, 지역구광역의원, 기초단체장, 기초의원비례, 지역구기초의원, 여기에 더해 교육감선거까지 함께 치러진다. 지선을 치르면서 열어야할 캠프의 숫자는 각당 모두 4,000여개씩이다. 이 경우에는 어떻게 구도를 관리해야 할까?

2000년 이후 선거에서 대선의 경우는 2002년 12.1%로 가장 높은 지역 간 투표율 차를 보였다. 총선의 경우에는 최대 11.1%, 지선의 경우에는 29.5%의 지역 간 투표율 차를 보였다. 이러한 차이가 의미하는 바는 무엇일까?

대선과 총선의 구도는 중앙의 것이 크게 작용하는데 반해, 지선의 경우는 지역의 구도가 크게 작동된다는 것. 물론 지선이라고 해서 중앙의 구도가 없는 것은 아니나, 그 구도 외에 각 지역의 광역후보가 주도권을 쥐고 선거를 치러나간 경우 그렇지 않은 곳과는 완연히 선거의 양상을 달리할 수 있다는 것. 지역이슈와 후보의 구도주도권이 살아 있는 선거가 바로 지방선거라는 것이다.

그림 1-5-3 : 2011년 서울시장 재보궐 당시 박원순 후보의 정치광고

지방선거야말로 광역 내 자당 후보들끼리의 연대전략이 매우 주효하게 작동되는 선거다. 미리 대책을 세워 광역단체장과 광역 내 각급 선거캠프가 유기적으로 연결되고 협력할 수 있도록 한다면 훨씬 더 센 마이크의 선거를 치를 수 있을 것이다.

지방선거 중에서도 특히 광역단체장의 주도권이 센데, 이것은 언론노출의 영향이 가장 크다. 거의 매일 언론에 후보의 행보가 노출되고, 잦은 TV토론, TV연설, TV광고, 신문광고 등으로 유권자들에게 선긋기를 할 수 있는 스피커가 크기 때문이다.

그림 1-5-4 : 2010년 서울시장 선거에 출마한 한명숙 후보의 정치광고

따라서 지방선거야말로 광역 내 자당 후보들끼리의 연대전략이 매우 주효하게 작동되는 선거다. 미리 대책을 세워 광역단체장과 광역 내 각급 선거캠프가 유기적으로 연결되고 협력할 수 있도록 한다면 훨씬 더 센 마이크의 선거를 치를 수 있을 것이다.

그림 1-5-5 : 2010년 서울시장 선거에 출마한 오세훈, 한명숙 후보의 벽보

이른 바 '줄투표'의 영향도 무시할 수 없다. 광역단체장투표에서 1번을 찍은 유권자는 광역의원이나 기초단체장, 기초의원, 정당투표 등의 투표에서도 모두 1번을 찍을 확률이 높는다는 것. 하지만 2010년 서울에서는 전혀 다른 상황이 벌어졌다.

시장선거와 그 외 선거가 다른 구도로 치러지다

당시 구청장 선거에서 받은 한나라당 득표 총수는 1,824,996표(41.23%)였고, 당시 민주당 기초단체장 후보들 중 정치구도를 외친 이는 11명이었고,

당시 민주당 기초단체장 후보들 중 정치구도를 외친 이는 11명이었고, 14명은 각자 인물론이나 지역발전론으로 승부했다. 만약 민주당의 기초단체장 후보들 25명이 모두 한 목소리로 정치구도를 외쳤더라면 혹시 광역단체장 선거의 결과가 달라지지는 않았을까?

14명은 각자 인물론이나 지역발전론으로 승부했다. 만약 민주당의 기초단체장 후보들 25명이 모두 한 목소리로 정치구도를 외쳤더라면 혹시 광역단체장 선거의 결과가 달라지지는 않았을까? 민주당의 득표 총수는 2,101,670표(47.48%)였다. 민주당의 압승. 하지만 구도가 불리함을 안 오세훈 후보는 지선 전체 구도로부터 비껴나가 인물론의 자체 구도를 짰고, 이것이 먹혀들어 결국 승리를 거머쥐었다.

시장선거에서 오세훈을 찍은 유권자 중 최소 261,131명이 구청장선거에서는 한나라당 구청장에게 투표하지 않은 것. 반대로 보면 구청장선거에서 민주당을 찍은 유권자 중 41,955명이 시장선거에서 한명숙을 찍지 않았다는 것. 결국 한명숙 후보는 26,412표 차로 석패하고 만다.

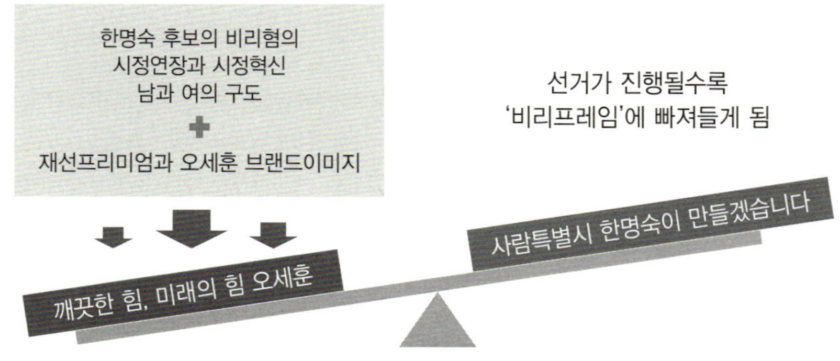

그림 1-5-6 : 2010년 지방선거 당시 서울시 시장후보의 구도

당시 구청장 선거와 광역의원 정당비례의 투표경향은 매우 비슷하게 나타났다. 즉, 구청장 선거와 광역의원 정당비례 선거는 무상급식이라는 선긋기의 결과이고, 광역단체장선거는 이 선긋기 위에 인물론이 얹혀졌던 것.

구청장 선거의 한나라당 후보 득표 합계와 광역의원 정당비례의 득표 차는 불과 17,277표였다. 또 구청장 선거에서 민주당 후보 득표 합계와 광역의원 정당비례 중 시장후보를 내지 않았던 민주노동당, 국민참여당, 사회당, 평화민주당과 민주당의 득표의 합계 사이의 차이 또한 86,518표에 불과했다. 4% 정도의 오차밖에는 없었다는 것.

구도 60, 인물 30, 정책 10의 속설을 증명하다

이 선거에서 광역단체장과 기초단체장에 대한 선긋기가 분명히 다르게 진행되었음을 알 수 있다. 오세훈에게 투표한 2,086,127표 중 261,131명은 12.52%가 이탈한 것으로, 역대 지방선거 사상 그 차이가 가장 큰 것이었다. 결국 선거판에서 흔히 들었던 구도 60, 인물 30, 정책 10이라는 속설 중 인물론이 최소 10% 이상 표 색깔을 바꿀 수 있음을 증명했다 하겠다.

구분	정치구도	인물론	지역발전론
민주당	11명	10명	4명
한나라당	–	15명	10명

표 1-5-2 : 2010년 지방선거 당시 서울시 구청장 후보들의 슬로건 분석

앞서 우리는 광역단체장 선거가 광역의 선거를 주도한다는 점을 알게 되었다. 하지만 이 선거의 경우는 그렇지 않았다. 광역단체장 선거와 나머지 선거가 동시에 치러졌지만 이 둘은 전혀 다른 구도로 치러졌던 것.

이쯤에서 재미있는 상상을 하나 해보자. 당시 민주당 기초단체장 후보들 중 정치구도를 외친 이는 11명이었고, 14명은 각자 인물론이나 지역발전론으로 승부했다. 만약 민주당의 기초단체장 후보들 25명이 모두 한 목소리로 정치구도를 외쳤더라면 혹시 광역단체장 선거의 결과가 달라지지는 않았을까?

그런 상황 속에서도 오세훈의 인물론이 실제만큼 큰 힘을 발휘했을까? 다시 선거를 치러볼 수 없으니 그 답에 확신할 수는 없겠으나, 당시 표차는 26,412표, 득표율차는 0.6%에 불과했으니 한 번쯤 해볼 수 있을법한 상상이라 할 것이다.

2부. 컨셉과 문제의 도출

문제를 알아야 문제를 푼다!

제1장. 선거전략과 후보컨셉 : 구도와 맞닿아야 힘센 컨셉이다

제2장. 후보의 선거리더십 : 모두가 주인 되어야 강한 캠프다

제3장. 정책컨셉과 공약 : 정책공약을 유통시켜 상상력을 자극하라

제4장. 조직컨셉과 조직 : 손에 잡히는 조직, 말하는 조직이 필요하다

제5장. 로드맵의 완성과 운용 : 로드맵에 프로세스와 시스템을 더하라

컨셉과 문제의 도출을 다뤘다.
구도로부터 파생된 컨셉과 컨셉의 구체적 실현과정을 위한
과제의 설정과 프로그램 기획, 여기에 조직, 예산, 일정을 더한
로드맵 구축과정을 설명했다.

제1장. 선거전략과 후보컨셉

구도와 맞닿아야 힘센 컨셉이다

기획(planning)이란 무엇인가? 기획은 목표를 정하고, 그 목표를 달성하기 위해 가장 적합한 행동을 설계하는 것이다. 따라서 선거기획은 선거에서 이기기 위해 필요한 최소목표를 정하는 것. 목표를 달성하기 위해 필요한 최적의 프로그램을 수립하는 것. 그 프로그램들을 운영하기 위해 필요한 구체적 방안－조직, 예산, 일정－을 마련하는 것이라 하겠다.

갈 곳을 정하고, 그곳까지 가기 위해 필요한 가장 적합한 길과 가장 적합한 방법을 설계하는 것이 기획이라는 것. 건축과 비교하자면 기획은 집 지을 땅에 대한 조사, 그곳에 살 사람들에 대한 파악에서부터 집의 쓰임새와 모양을 결정하는 일련의 과정. 즉, 건축디자인에 해당한다.

이에 반해 계획은 설계도와 시방서－설계·제조·시공 등 도면으로 나타낼 수 없는 사용재료의 재질·품질·소용성능·시공정밀도·시공법 등의 사항을 문서로 적어 규정한 것－이다. 기획의 결과가 바로 계획이라는 것.

그러나 선거전략이라는 말은 선거기획이나 선거계획과는 다르다. 그리고 보다 상위의 개념이라 할 수 있겠다. 전략이란 무엇인가? 그리스어인 장사술

(將師術:strategla)에서 기원했다는 이 용어는 전쟁에서 적을 속이는 술책이라는 뜻을 가지고 있다. 이러한 의미는 18세기 말까지의 전쟁에서 주로 통용되었다.

시대의 변천에 따라 무기기술이 변화하고 발전했듯이 전략의 개념도 변화하고 발전했다. 그리고 이것은 점차 전쟁 이외의 것들에 적용되기 시작한다. 마케팅이나 커뮤니케이션에서도 전략이라는 개념을 도입해 쓰고 있다.

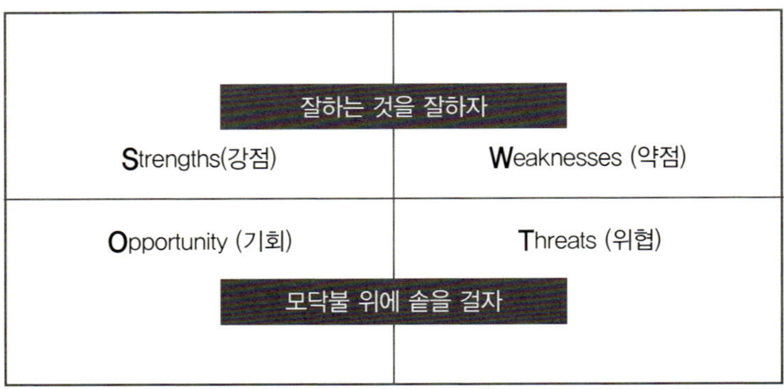

그림 2-1-1 : 경쟁우위에 기반을 둔 전략도출을 위한 SWOT분석 표

SWOT분석을 통해 '잘하는 것을 잘하자'와 '모닥불 피어오른 곳에 솥을 걸자'는 원칙하에 내가 해야 할 것을 정하자는 것이 전략마케팅의 원리다. SWOT분석을 하는 이유는 결국 경쟁우위에 기반을 두고 핵심역량을 찾아서 이를 적극적으로 활용하기 위한 것이다.

마케팅에서는 이 전략 개념을 'SWOT분석에 기초한 비대칭전략으로서의 포지셔닝전략'이라는 좁은 의미로 사용한다. SWOT분석이란 상대와 나를 비교해서, 나의 강점과 약점을 찾아내는 것이다. 그리고 환경적 측면에서 나의 기회와 위협요인을 찾아내는 것이다.

이 SWOT분석을 통해 '잘하는 것을 잘하자'와

‘모닥불 피어오른 곳에 솥을 걸자’는 원칙하에 내가 해야 할 것을 정하자는 것이 전략마케팅의 원리다. SWOT분석을 하는 이유는 결국 경쟁우위에 기반을 두고 핵심역량을 찾아서 이를 적극적으로 활용하기 위한 것이다.

포지셔닝전략은 비대칭을 기반으로 구축된다

포지셔닝전략이란 말 그대로 위치잡기다. 시장 속에, 혹은 소비자의 인식 속에 ‘나’의 위치를 잡는다는 것. 이를 비대칭적으로 한다는 것은 ‘남’과 같은 자리에 서지 않고, 다른 자리에 서는 것을 의미한다. 남과 같은 자리에 설 경우에는 물량에 의해 승부가 결정된다.

마치 로마시대의 전쟁과 같은 양상이다. 너른 벌판에 양쪽의 군사들이 대치하고 서서, 서로 비슷한 무기로 서로에게 달려드는 것. 이 경우 대개는 군사 숫자에 의해 승부가 결정될 것이다. 그렇다면 군사의 숫자가 적은 군대는 이길 수 없는 것인가? 꼭 그렇지는 않다.

비록 군사의 숫자는 반도 되지 않지만 기동성이 좋은 말로 무장한 군대라면 얘기는 달라진다. 서로 다른 전력이 전략을 탄생시켰다. 골리앗을 이긴 다윗의 이야기도 전략에 의한 것이었다. 골리앗과는 다른 순발력과 정교한 돌팔매 솜씨를 이용해 다윗은 골리앗을 이긴다. 골리앗과 힘으로 겨루지 않았다는 얘기다.

‘동물학교’이야기가 있다. 세상의 수많은 동물들이 동물학교에서 수업을 받고 있다. 이 학교의 교육목표는 세상의 모든 동물들이 날기도 하고, 뛰기도 하고, 헤엄도 칠 수 있는 동물로 거듭나게 하는 것이다.

이 학교에는 오리, 독수리, 호랑이, 상어가 함께 공부하고 있다. 이 학교의 1등은 누가 차지했을까? 오리였단다. 독수리는 하늘에서 벌어지는 모든 수업들에서는 일등이었으나 땅과 물에서는 성적이 형편없었고, 호랑이와 상어 또한 땅과 물에서의 수업들에서는 각기 일등이었으나 나머지는 성적이 형편없었던 것.

하지만 오리는 그 어떤 것도 일등을 할 수는 없었지만 이것저것 나름 뒤뚱거리며 해내더라는 것이다. 이 우화는 오히려 '자신의 재능이 무엇인지를 잘 알고, 이를 개발해서 뾰족하게 해나가야 한다.'는 말을 역설적으로 담고 있다. 이 우화 속에 포지셔닝전략의 숨은 뜻이 들어 있다.

남들의 흉내를 내지 말고 잘하는 것을 찾아 잘하라는 것. 환경을 잘 활용하라는 것. 그것이 포지셔닝전략의 원리다. 선거전략 또한 그 기본은 포지셔닝전략이다. 선긋기라는 것이다. '유권자 전체를 어떤 기준에 의해 두 편으로 가를 것인가? 그리고 나는 그 중 어느 편에 설 것인가?'의 기본방향을 설정하는 것이 바로 선거전략이다.

그러나 이러한 선긋기와 위치하기는 나의 주도 하에 이루어지기도 하고, 환경에 의해 혹은 상대에 의해 진행되기도 한다. 나와 상대, 그리고 환경을 살펴 주도적으로 나에게 적합한 위치하기, 이기는 선긋기를 하기 위한 방향을 설정하는 것. 그것이 바로 전략이다.

그러니 선거전략은 방향의 설정이다. 선을 어떻게 긋느냐에 따라 모이는 사람들이 달라진다. 할 말도 달라지고, 해야 할 일도 달라진다. 선거와 관련된 모든 일들의 결정이 이 방향 설정에 의해 좌우된다. 따라서 선거전략이란 승부의 핵심이다.

바위의 '결'과 '모양'을 보고 어느 부분을 어떤 모양으로 쪼갤 것인가를 궁리해야 한다. 바로 이것이 구도전략이다. 그리고 그것을 유권자들의 인식 속에 제대로 그어내는 것이 필요한데, 정과 망치로 바위를 두들기기 위한 계획이 기조전략이다.

구도전략과 기조전략을 합한 것이 선거전략이다

선거전략을 말할 때 캠프에서는 구도전략이라는 말을 쓰기도 하고, 기조전략이라는 말을 쓰기도 한다. 구도(構圖)란 그림에서 보이는 짜임새를 말한다. 반면 기조(基調)란 일관해서 흐르는 기본적인 경향이나 방향을 말한다. 그러니 구도전략이란 '어떤 선을 그을 것인가.'를 결정하는 것이고, 기조전략이란 선을 긋기 위해 '어떤 말을 어떻게 퍼뜨려 나갈 것인가'이다.

선거를 바위 쪼개기에 비유해보자. 바위를 둘로 쪼개기 위해서는 먼저 바위의 '결'과 '모양'을 보고 어느 부분을 어떤 모양으로 쪼갤 것인가를 궁리해야 한다. 바로 이것이 구도전략이다. 그리고 그것을 유권자들의 인식 속에 제대로 그어내는 것이 필요한데, 정과 망치로 바위를 두들기기 위한 계획이 기조전략이다. 이때 '정'은 '말'이고, '망치'는 '경로'다. 이처럼 선을 긋기 위해서는 '말'이 필요하고, 모든 유권자들을 후보가 직접 만날 수 없으니, 이 말을 퍼뜨리기 위한 '경로'가 필요하게 된다.

선거판의 짜임새—선을 그어 만들어진 판의 모양—를 설계하고, 그 방향을 향해 일관성 있게 나아가는 것. 그 속에 구도전략과 기조전략을 합친 선거전략의 의미가 들어 있다. 그리고 이 전략을 달성하기 위해 갖가지 전술들이 준비되어야 할 것이다.

앞서 우리는 기획이 '목적을 확인하고, 그 목적을 성취하는데 가장 적합한 행동을 설계하는 것이다'라고 살핀 바 있다. 그러니 선거기획이란 선거전략의 첫머리다. 달리 말하면 선거기획이란 선거전략에 맞추어 구체적인 계획을 수립하는 과정이라 할 수 있겠다.

그리고 선거기획 안에 속한 각각의 프로그램들은 '전술'로 정의될 수 있을 것이다. 여러 단계, 여러 형식, 여러 내용들이 프로그램으로 만들어지며, 이들은 모두 전략에 복무한다. 이러한 프로그램들이 잘 진행되어 각기 목표에 기여할 때, 승리하는 전략이 완성되게 된다.

전략을 잘 짜고, 이를 잘 수행하기 위해서는 어떤 과정이 필요할까? 먼저 내가 이길 수 있는 선긋기에는 어떤 것들이 있는지를 찾는다. 이를 위해서는 상대와의 분명한 경계가 필요하다. 즉, 상대적이라는 말이다. 절대적 기준으로서의 나는 존재하지 않는다는 것. 앞서 말한 바와 같이 이것이 이번 선거에 선을 긋는 선거의 의미다.

'심판받아야 할 세력과 심판해야 할 세력', '국가안보를 지킬 세력과 종북세력'. '경제를 책임질 세력과 경제무능세력', '깨끗한 정치세력과 부패비리세력' 등이 최종적으로 그어진 선긋기와 그로 말미암아 만들어진 선거구도다.

그들이 제시한 것보다 훨씬 충격적이고도 선명한, 그러면서도 강한 이슈로 우리에게 유리한 선긋기를 해야 한다. 그러니 비대칭전략이다. 저들이 '경제대통령'을 들고 나왔을 때, 우리가 그들보다 더 '경제에 대해 자신 있다'는 얘기를 하는 것은 비대칭전략이 아니다.

그렇다면 내가 심판받아야 할 세력으로 저쪽을 몰고, 나를 심판해야 할 세력으로 몰면 상대는 그 프레임 안으로 들어올까? 아니다. 상대는 '국가안보를 지킬 세력과 종북세력'쯤의 선긋기를 하고 나설 것이다. 누가 이길까?

국민들의 인식이 어느 쪽을 더 받아들이기 좋은 구조인가? 어느 쪽이 더 뜨거워질 수 있는 이슈인가? 누가 더 충격적이고도 선명하게 그리고 강하게 말할 수 있는가? 기존의 지형이 누구에게 유리한가? 등의 변수가 선긋기의 승패를 가를 것이다.

저쪽에서 이쪽을 종북세력으로 몰았다 치자. 이 경우에 우리는 어떻게 해야 할 것인가? 그것이 아니라는 사실을 하나하나 내보이며 '그렇지 않음'을 강조하면 되는가? 아니다. 그럼 그들의 프레임으로 들어가는 것이다.

세 가지 컨셉은 개연성으로 연결되어야 한다

그렇다면 어떻게 해야 할 것인가? 그들이 제시한 것보다 훨씬 충격적이고도 선명한, 그러면서도 강한 이슈로 우리에게 유리한 선긋기를 해야 한다. 그러니 비대칭전략이다. 저들이 '경제대통령'을 들고 나왔을 때, 우리가 그들보다 더 '경제에 대해 자신 있다'는 얘기를 하는 것은 비대칭전략이 아니다. 그저 그들에게 말려드는 것이다.

여기에서 중요한 것은 '누구의 마이크가 더 성능이 좋은가.'이다. '마이크'란 주목도를 높일 수 있는 인물·사건 등을 말한다. 그리고 그 마이크에 담아낼 메시지의 강도가 중요하다. 이러한 일련의 방향을 잡는 것이 전략이다. 이러한 구도전략이 잡혔다면 다음은 기조전략의 문제들이다.

그러한 속에서 각종 컨셉이 확정된다. 구도전략을 중심으로 후보컨셉이 확정됐다면 그 다음은 정책컨셉과 조직컨셉이다. 이 세 가지 컨셉은 하나로 모아지는 것이 좋을까? 아니면 보다 전술적으로 활용하기 위해 각기 자기 색깔을 갖는 것이 좋을까?

전체적인 구도는 전국적 상황 속에서 잡았지만 후보컨셉과 정책컨셉은 우리 지역 실정에 맞도록 잡는 것이 좋지 않을까 하는 의문도 들 수 있다. 결론부터 말하자면 그것은 상황에 따라 모두 다르다. 하지만 분명한 것은 그 세 가지가 각기 개연성을 갖고 연결되어야 한다는 것.

따로따로 노는 것은 힘이 떨어지기 마련이다. 전국적 구도는 보수진영의

'경제유능세력 vs 경제무능세력'과 민주진영의 '깨끗한 정치세력 vs 부정부패 세력'의 싸움인데, 민주진영 후보가 자기 지역구에서 '지역토박이'컨셉으로 진행한다면 그 컨셉은 힘을 받기 어렵다는 것.

앞에서 설명한 바대로 상황에 따라 모두 다르게 적용될 수 있지만 전국적 구도가 선명해져 있는 상태라면 전국적 구도의 흐름에 맞춰 후보의 컨셉과 정책의 컨셉을 맞춰나가는 것이 좋고, 전국적 구도가 선명하지 않거나 전국적 구도가 우리 진영에게 매우 불리한 상황으로 전개된다면 그 구도와는 전혀 다른 각도로 구도를 짜고, 그 구도에 맞게 후보와 정책의 컨셉을 잡아보는 것도 방법이 된다.

후보컨셉 잡기에 있어 가장 먼저 고려해야 할 것은 '정체성'이다. 아무리 좋은 구도와 컨셉이라 하더라도 그것이 자신과 동떨어져 있는 것이라면 부합해낼 수 없다. 우리 진영은 '부패척결'을 내세우고 있는데 자신이 온갖 부패의 대명사라면 우리 진영의 파도를 함께 탈 수 있겠는가?

단, 이럴 경우에도 자기 선거구의 정치지형과 유권자인식에 잘 부합하는 것으로 구도를 짜야한다. 환경분석이 없는 직관적 전략은 성공하기 어렵다. 더불어 구도를 만들 만큼 쟁점, 마이크, 스피커가 제대로 갖춰졌는지를 살펴야 한다.

우리의 스피커가 제대로 갖춰져 있지 않은 상태에서 독자적인 구도를 구사하는 것은 밑 빠진 독에 물 붓기다. 아무리 떠들어도 유권자들에게는 확산되지 못할 것이다. 그런 경우에는 차라리 전국적 구도에 몸을 싣는 것이 훨씬 유리하다. 무엇엔가 기대지 못한 우리만의 목소리는 그저 잡음 정도로 끝날 수 있기 때문이다.

먼저 후보컨셉에 대해 살펴보자. 후보컨셉 잡기에 있어 가장 먼저 고려해야 할 것은 '정체성'이다. 아무리 좋은 구도와 컨셉이라 하더라도 그것이 자신과 동떨어져 있는 것이라면 부합해낼 수 없다. 우리 진영은 '부패척결'을 내세우고 있는데 자신이 온갖 부패의 대명사라면 우리 진영의 파도를 함께 탈 수 있겠는가?

컨셉은 정체성을 기반으로 만들어져야 한다

자신의 정체성을 보다 구도에 부합하도록 포장하는 것이 후보컨셉이요, 이를 위한 노력들이 이미지메이킹이다. 마치 이미지메이킹이 배우처럼 변장하고 다른 삶을 내보이는 것처럼 호도되는 것은 잘못이다. 이미지메이킹은 없는 이미지를 만드는 것이 아니다. 잘된 화장처럼 자신의 부각시킬 부분을 잘 부각시키고, 약점을 보완하는 것이 이미지메이킹이다. 그리고 이 이미지메이킹은 어울리는 머리모양이나 옷을 잘 차려입는 것으로 해결하는 것이 아니라, 말과 행동으로 완성된다.

따라서 정체성을 잘 정리하고, 그것이 유권자들의 인식과 호흡을 같이 할 수 있도록 스스로를 다듬고 보여주어야 할 부분 중심으로 보여주기 위한 노력. 그것이 진정한 의미에서의 이미지메이킹이요, 컨셉을 완성하는 방편이다.

선출직은 유권자를 대변하는 자리다. 그러니 내 이익을 대변해줄 사람, 이익까지는 아니더라도 나와 생각이 같아서, 내가 생각하는 바와 같은 것을 추구하는 사람이 당선되기를 원한다. 내 이익을 대변해줄 사람들 중에서도 가장 내 생각을 잘 대변해줄 사람을 찾을 수 있는 상황이라면 최선이다.

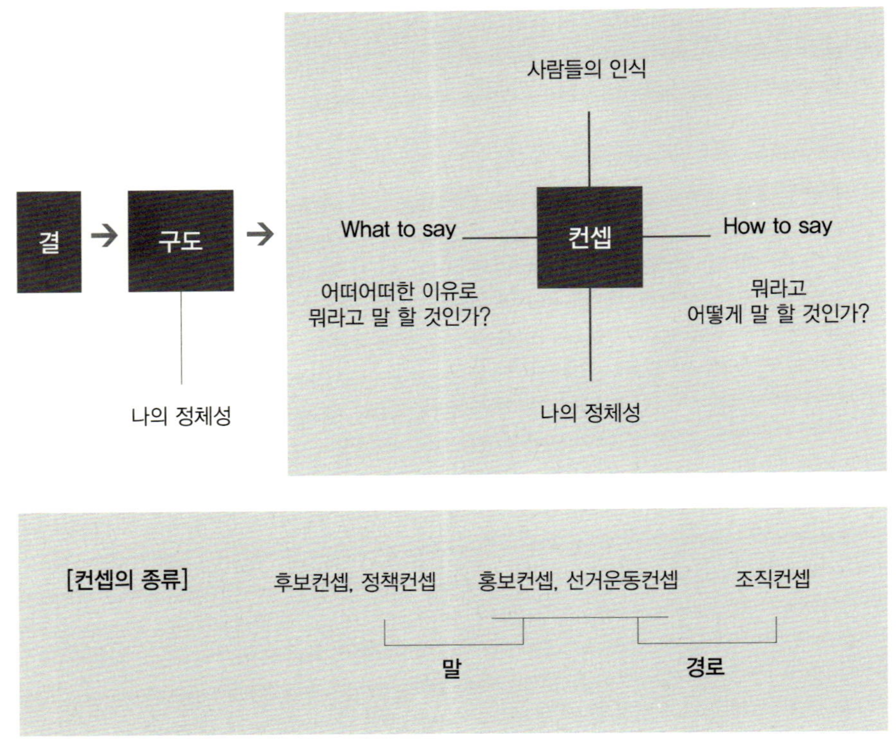

그림 2-1-2 : 컨셉의 도출과정과 컨셉의 종류

컨셉은 이미 사람들이 잘 알고 있는 것과의 결합이다. '나는 돼지 같다.' '저 아이는 돼지다.' 사람이 돼지일수는 없지 않은가? 그렇다. '돼지 같다.'는 말은 '뚱뚱하다.'거나 '먹성이 좋다.'거나 '아무 생각이 없다.'는 말의 대변이다.

하지만 대개는 내 이익을 대변해줄 것 같은 사람과 내 이익에 반하는 사람의 결전장이 선거다. 더 좋지 않은 상황은 내 마음에 들지 않는 사람과 더 내 마음에 들지 않는 사람의 대결장이다. 그 중 그나마 마음에 드는 사람을 찍는 것이 인지상정이다. 구분이 잘 가지 않으면 투표장에 가지 않기도 한다.

대개의 경우, 선거에 나온 후보에 대해 유권자들은 잘 모른다. 그래서 많은 유권자들은 '어느 정당의 후보냐'로 지지를 결정한다. 사람을 보고 찍었다는 유권자들 중에서도 다수는 후보의 학력이나 경력, 그가 내세운 슬로건 한 줄, 혹은 몇 가지 공약으로 그에게 표를 던진다.

후보에 대해 잘 알고 표를 찍는 사람은 매우 적다. 스스로는 잘 안다고 생각하지만 그것 또한 착각이다. 한 사람의 됨됨이란 그리 옹색한 것이 아니다. 넓디넓고 깊고 깊은 사람 속을 어찌 단박에 알아차린단 말인가? 결국 찍어놓고 후회하는 일이 다반사다.

대통령처럼 스포트라이트를 한 몸에 받는 사람이라면 찍어 놓고 호·불호(好 · 不好)가 생길 수 있다. 하지만 국회의원 선거만 하더라도 내가 찍을 후보가 무엇을 하고 돌아다니는지를 도통 알 길이 없다. 그러니 구의원 선거는 더 말해서 무엇 하겠는가?

인식에 각인되는 컨셉은 말보다 행동이다

그래서 컨셉이 필요하다. 컨셉은 이미 사람들이 잘 알고 있는 것과의 결합이다. '나는 돼지 같다.' '저 아이는 돼지다.' 사람이 돼지일수는 없지 않은가? 그렇다. '돼지 같다.'는 말은 '뚱뚱하다.'거나 '먹성이 좋다.'거나 '아무 생각이 없다.'는 말의 대변이다. 구구절절 길게 설명할 수 없으니 간단명료하나 함축적인 것으로 이번 선거에 도움이 될 만한 개념을 잡는 것이 바로 컨셉이다.

후보컨셉이란 후보를 한 마디로 전달할 수 있는 '무엇'이고, 조직컨셉, 정책

간혹 선거를 준비하려는 이들로부터 질문을 받게 된다. '선거준비는 언제부터 하면 됩니까?' 나는 이 질문에 늘 이렇게 답하곤 한다. '엄마 뱃속에서부터요.' 우스갯소리가 아니다. 태어난 가문이나 집안도 선거에 영향을 미칠 수 있다.

컨셉 역시 같은 의미다. 컨셉이라는 말을 우리말로 직역하면 '개념' 정도로 풀이될 수 있겠다.

'남들에게 나를 어떻게 보일 것인가.' 정도로 이해하면 된다.

후보컨셉이 잡혔다면 늘 자신을 그것이라고 외치고 다니고, 현수막에도 대문짝만하게 그것을 써놓기 마련이다. 하지만 그것만으로는 유권자들의 인식 속에 내가 원하는 의지대로 그것을 각인시키기 쉽지 않다.

그래서 애초에 그것과 부합하는 정체성을 가져야만 한다. 학력이나 경력도 컨셉과 관계가 있고, 지금까지 살아온 삶의 모습들도 컨셉과 관계가 있다. 나의 표되는 것이다.

간혹 선거를 준비하려는 이들로부터 질문을 받게 된다. '선거준비는 언제부터 하면 됩니까?' 나는 이 질문에 늘 이렇게 답하곤 한다. '엄마 뱃속에서부터요.' 우스갯소리가 아니다. 태어난 가문이나 집안도 선거에 영향을 미칠 수 있다.

유년시절, 청년시절, 장년시절의 모든 행동과 경험들이 선거에 영향을 미친다. 그렇다고 좋은 가문이나 좋은 집안에서 태어난 사람들만이 선거에 도움이 된다는 것은 아니다. 오히려 좋지 않은 환경에서 자수성가한 사람도 컨셉을 어떻게 가져가고, 그 구도가 어떠한가에 따라 훨씬 유리한 환경을 맞이할 수 있다.

아니 오히려 감성적 측면에서는 그것 자체가 유복한 가정에서 자라난 후보보다는 더 나을 수 있다. 컨셉을 무조건 거창한 '무엇'으로 잡을 필요도 없다. 더불어 컨셉을 꼭 한마디 말로 정의해야만 하는 것도 아니다. 중요한 것은 '내가 무엇을 말했느냐.'가 아니라 '그들이 무엇을 떠올리느냐.'다.

가난했던 집안형편이 감성적으론 더 유리할 수도 있다

남부민동 산동네에서 씩씩하게 자라난 아이. / 노점 하는 아버지가 단속에 걸려 파출소에 잡혀 갔을 때, / 아버지를 왜 가두냐며 떼를 써서 아버지를 데리고 나왔던 아이. / 유난히 잘 뛰었던 아이. / 팔 하나가 부러져 깁스를 한 채로도 체육대회에서 1등을 했던 아이. / 그 통에 반 친구들의 헹가래를 타다 팔을 하나 더 부러뜨렸던 아이.

돈가스를 처음 먹으러 갔던 날, / 스프만 먹고 돈을 주고 나왔던 순진무구한 촌놈. / 경남상고 3년 내내 반장을 한 번도 놓치지 않았던 골목대장 고등학생. / 농협과 평화은행을 다니며, 밤에는 야간대학을 다녔던 촉망받는 젊은이.

철밥통이라던 은행을 팽개치고, 어느 국회의원 후보 선거사무소에 찾아가 달랑 이력서 한 장 내밀고 자원봉사를 자청했던 무모한 젊은이. 당시 선거에 출마했던 국회의원 후보는 지금 대통령이 되어 있고, 은행을 그만두고 자원봉사에 나섰던 젊은이는 2006년 지방선거에서 ○○○의 구의원에 출마했습니다.

선거가 한창이던 때, 당시 국회의원 후보였던 노무현 대통령은 그 자원봉사자에게 이런 얘기를 했습니다. "정치란 권력도 지위도 아니다. 일이다. 지금 자네가 하는 것처럼 박스를 나르는 일, 벽보를 붙이는 일보다 훨씬 더 힘들고 어려운 일이다. 일할 마음의 각오가 되어 있는가?" 그 말뜻을 ○○○은 지금도 곱씹곤 합니다. ○○○, 일 하려고 나섰습니다.

첫째, 구도전략에 맞는 것은 물론 후보의 정체성(Identity)에서 도출 가능한 컨셉을 찾는다. 둘째, 컨셉을 사람들이 잘 알고 있는 어떤 단어와 연결시켜 확정 짓는다. 셋째, 컨셉을 잘 드러낼 수 있는 과거의 경력이나 행적을 찾는다. 넷째, 이후 컨셉을 보다 뚜렷하게 하기 위한 행보를 계획한다.

위의 글을 읽고 어떤 단어를 떠올리게 되는가? 물론 그것은 읽는 사람마다 다를 수 있다. 하지만 이 글을 쓴 이가 스스로 세운 컨셉은 '단단함'이었다.

'야무지게 해내겠다. 똑 부러지게 해내겠다. 마음먹은 일이라면 그것이 힘든 일일지라도 싸워 이겨내겠다.'는 의지가 포함되어 있다.

집안이 가난했던 것은 오히려 그의 '단단함'에 더욱 진정성을 부여한다. 결코 그를 동네 어디에서나 볼 수 있는 필남필부 중 한 사람으로 평가 절하시키지 않는다. 오히려 그런 환경속에서 자라나 지금 이렇게 출마한 이 후보를 보다 돋보이게 하는 요소가 된다.

이처럼 중요한 것은 행동이다. 어떤 일을 했느냐는 것이다. 아직 선거까지 시간이 남아 있다면 행동에 주목할 필요가 있다. 이미지를 만들어내는 것. 컨셉을 표현해내는 것은 사실 '말'보다 '행동'이 훨씬 중요하다.

이러한 후보의 행동을 '행보'라고 한다. 경력을 갖는 것도 행보요. 정책을 알려내기 위한 일련의 행동들도 행보다. 이러한 행보를 일찍부터 기획하고 착실하게 진행해나가는 것은 선거에 큰 도움이 된다. 이러한 '행보'들이 입소문이 되어 후보의 말을 든든하게 지원하기 때문이다.

컨셉을 강화시키기 위해서는 이 행보의 일관성이 무엇보다 중요하다. 여러 가지 사건과 행동들이 모두 한 가지 컨셉을 나타내기 위해 준비되는 것이 필요하다는 것. 그래야만 비로소 사건과 행동들은 각각의 것에서 하나의 커다란 컨셉으로 재탄생하게 될 것이다.

컨셉에 영향을 줄 말거리 만들기가 후보행보

정리해보면 후보의 컨셉 도출과 전개방법은 다음과 같다. 첫째, 구도전략에 맞는 것은 물론 후보의 정체성(Identity)에서 도출 가능한 컨셉을 찾는다. 둘째, 컨셉을 사람들이 잘 알고 있는 어떤 단어와 연결시켜 확정짓는다. 셋째, 컨셉을 잘 드러낼 수 있는 과거의 경력이나 행적을 찾는다. 넷째, 이후 컨셉을 보다 뚜렷하게 하기 위한 행보를 계획한다.

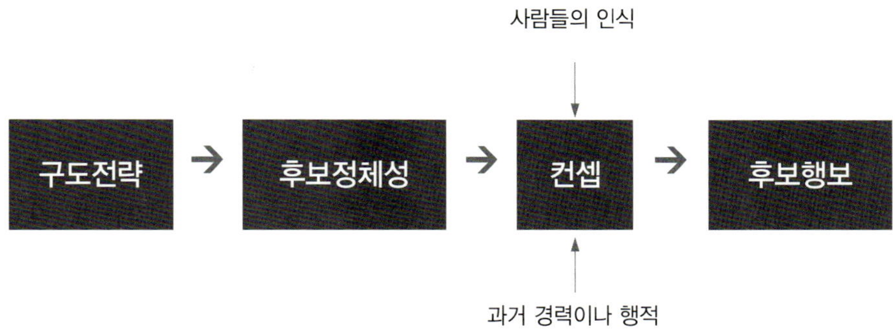

그림 2-1-3 : 후보 컨셉도출 과정

선거 단위와 처해 있는 환경에 따라 모두 다르겠지만 선거 일 년 전까지는 누구도 선거 구도를 알기 어렵다. 따라서 컨셉을 잡는 것 또한 불가능하다. 그렇다면 이러한 때의 후보행보는 어떠해야만 할까? '나'의 여러 부분을 극대화시켜놓는 것이 필요하다. '기본'을 탄탄히 해놓는 것이 중요하다는 것이다.

하지만 선거를 일 년을 채 못 둔 시점부터는 얘기가 다르다. 이 시기는

'말거리'들을 찾고 행하는 것이 '후보행보'다. '후보일정'과 다른 점이 바로 이것이다. 후보일정이란 선거에 임해 진행하는 후보의 활동들이다. 하지만 후보행보란 후보일정보다 큰 개념이며, '후보컨셉'의 근거를 만드는 일이다.

구도에 대한 예측을 통해 구도와 컨셉을 찾아나가는 노력을 해야 하는 시기다. 따라서 이때에는 컨셉을 찾고, 그 컨셉에 맞춰 행보를 준비하는 것이 필요하다.

선거 1년 전		선거 1년을 채 못 둔 시점
구도가 어떻게 잡힐지 모르는 상황 ▼ 나의 여러 부분을 극대화 시켜놓을 필요 있음 즉, 기본을 탄탄히 해놓아야 하는 시기		구도 예측을 통해 구도와 컨셉을 잡아야 함 ▼ 구도와 컨셉이 도출되고 나면 부족한 지점을 채우기 위한 후보행보 기획이 필요함 ▼ 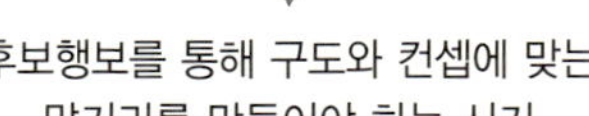후보행보를 통해 구도와 컨셉에 맞는 말거리를 만들어야 하는 시기

그림 2-1-4 : 후보 컨셉의 시기별 구현방안

컨셉을 확정하고 나면 스스로 그 컨셉에 부합하지 않거나 부족한 부분을 살펴볼 수 있게 된다. 컨셉에 정확히 부합한다하더라도 이를 유권자들에게 확산시켜나가기 위한 노력이 필요할 것이다. 이를 유권자들에게 잘 확산시키는 방법은 무엇일까? 유권자들을 찾아다니며 '나는 이런 사람입니다'를 외치는 것일까?

그렇지 않다. 내가 한 어떤 행동을 통해 유권자들 스스로 '저 후보는 저런 사람이구나.'를 알아차리도록 하는 것이 중요하다. 따라서 행동을 기획해야 하는 것이다. 어떤 행동을 하면 사람들의 입에서 나에게 유리한 '컨셉'이 자연스럽게 흘러나올 것인가?

말거리란 사건과 행위, 말거리로 무엇을 말할 것인가?

'말거리'들을 찾고 행하는 것이 '후보행보'다. '후보일정'과 다른 점이 바로 이것이다. 후보일정이란 선거에 임해 진행하는 후보의 활동들이다. 하지만 후보행보란 후보일정보다 큰 개념이며, '후보컨셉'의 근거를 만드는 일이다. 이전부터 꾸준히 해서 사람들의 입에 오르내리게 할 말거리들을 만드는 과정이라 하겠다.

말거리란 어떤 사건과 행위다. '어느 곳에 가서 누구에게 어떤 말을 하는가.'도 말거리가 될 수 있고, 어떤 사건에 대한 후보의 대처도 말거리가 될 수 있다. 새로운 일거리를 찾아 그것을 전개해나가는 것도 말거리가 되곤 한다. 가까운 사람과의 관계에서 있었던 오래된 이야기도 말거리일 수 있다.

중요한 것은 이 말거리로 말미암아 후보의 컨셉이 새롭게 만들어지거나 보다 강화될 수 있어야 한다는 점이다. 이를 위해서는 유권자들의 기대반응을 염두에 두고 말거리를 기획해야만 한다. 따라서 이런 사건이 회자되면 '유권자들은 어떤 기대반응을 가질 것인가.'를 생각해야만 할 것이다.

또 이 말이 어떻게 퍼져나갈 것인지에 대해서도 생각해야만 한다. 언론이 받아줄 것인지, 아니면 입소문으로 퍼져나갈 것인지도 기획과정에 있어서 매우 중요한 대목이다. 이처럼 말거리를 기획하고, 그것을 퍼뜨려나가는 일련의 과정을 기획하는 것이야말로 표의 획득과정을 기획하는 것이다.

제2장. 후보의 선거리더십

모두가 주인 되어야 강한 캠프다

생각이 표정을 만들고, 철학이 행동을 만든다. 남이 써준 원고, 혹은 자신이 다듬은 원고를 들고 아무리 열정적인 연설을 한다 해도 가슴 속에 담긴 정치철학이 없다면 그 연설은 감동적일 수 없다. 뛰어난 연기력으로 잠시 유권자들의 눈물을 자아낼 수 있었다 하더라도, 일상에서까지 남들을 속이는 일은 그리 쉽지 않을 것이다.

때문에 선거에 출마하는 후보라면 기본적인 정치철학과 리더십을 점검해보아야만 한다. 매 선거마다 유권자들이 선거를 통해 얻고자하는 것은 달라진다. 그리고 그와는 별도로 유권자들이 그리고 있는 '진정한 리더십'이라는 것이 있다. 그것이야말로 후보가 가져야 할 진정한 매력이라 할 것이다. 그렇다면 이 시대가 요구하는 정치철학이란 어떤 것일까?

첫째, 가슴 뛰는 삶을 살아라. 그런 후보에게서 사람들은 매력을 느낀다. 가슴 뛰는 삶을 사는 사람은 자기가 좋아하는 일을 하면서도 그 일에 책임을 지는 사람이다. 그런 사람만이 일을 치러갈 수 있다. 그런 사람은 남에게 지시만 하지 않는다. 입으로 해결하기보다 몸으로 부딪쳐 깨나가는 사람이다.

유권자들은 매 순간 스스로 열정을 만들고, 발산하는 사람을 원한다. 그런 사람이야말로 낭만적 열정을 가진 사람이다. 가슴 뛰는 일은 방종이나 무질서가 아니다. 가슴이 뛰기 때문에 누구 하나 시키는 사람이 없지만 그는 스스로 밤을 새워 그 일을 할 것이다.

둘째, 대의와 원칙에 충실해라. 이것은 정치인이라면 누구나 가져야할 자질이다. 하지만 행보 중에 이것을 실현하기는 그리 쉽지 않다. 대의와 원칙을 말하는 것은 쉽지만 자기 스스로 이 대의와 원칙을 지키는 일은 쉽지 않기 때문이다. 이 대의와 원칙에는 공정성과 형평성, 정의, 성실과 정직, 신뢰 등 인간사회에 필수적인 기본원칙들이 들어 있다.

그렇기 때문에 비록 작은 것이라 하더라도 대의와 원칙을 버린 것이라면 유권자들은 용서하지 않는다. 지금까지 세금을 제대로 내지 않은 것, 군대를 가지 않거나 보내지 않은 것 등 자기 처신의 부적절함 때문에 눈물을 흘린 정치인들이 얼마나 많은가? 그런 작은 것들부터, 나아가 큰 것에 이르기까지 대의와 원칙을 지키는 것은 정치인들의 기본이라 하겠다.

셋째, 비전과 꿈을 만들고 그 비전과 꿈을 제시하라. 꿈을 가진 자만이 꿈을 이룰 수 있다. 유권자들이 원하는 것 또한 당장 꿈같은 현실을 보여 달라는 것이 아니다. 후보를 통해서 이 힘든 현실을 바꿔내고 싶다는 것. 그러므로 후보는 비전과 꿈을 가져야 한다. 그리고 꿈이 실현되었을 때 만나게 될 세상을 미리 보여줄 수 있어야만 한다.

꿈을 현실화하는 것은 프로그램이다. '가장 철저한 이상주의자는 가장 철저한 현실주의자다.'라는 말이 있다. 꿈을 현실화하기 위해서는 문제의 구조를 파악하고, 해결의 프로세스를 찾는 노력이 필요하다.

비전과 꿈은 유권자들의 피부에 와 닿는 것이어야 한다. 후보의 비전과 꿈을 통해 유권자들이 자신의 미래를 꿈꿀 수 있게 해야 한다는 것. 후보의 꿈이 현실화된다 해도 유권자들이 행복할 수 없다면 그것은 후보만의 꿈이다. 유권자들의 비전과 꿈이 후보의 비전과 꿈이 되도록 하라.

가장 철저한 이상주의자가 가장 철저한 현실주의자다

넷째, 새로운 모범사례와 대안을 창조하라. 비전과 꿈을 현실화시키기 위한 실행능력이 없다면 비전과 꿈은 그저 꿈일 뿐이다. 비전과 꿈을 현실화시키기 위해 필요한 구체적 마스터플랜을 제시하라. '이것저것을 바꾸겠다.'가 아니라, '비전과 꿈을 현실화하기 위해 이렇게 하겠다.'가 그 내용이어야 한다.

결국 꿈을 현실화하는 것은 프로그램이다. '가장 철저한 이상주의자는 가장 철저한 현실주의자다.'라는 말이 있다. 꿈을 현실화하기 위해서는 문제의 구조를 파악하고, 해결의 프로세스를 찾는 노력이 필요하다. 이렇게 될 때, 비로소 빛나는 아이디어들도 꿈을 현실화하는데 기여하게 된다.

하지만 이 모든 것들을 혼자서 해결하는 것은 불가능에 가깝다. 결국 정치란 혼자서 문제를 푸는 것이 아니라, 문제를 풀기 위해 사람들을 모으고, 그 사람들로 하여금 문제를 풀 수 있도록 해결의 장을 펼쳐내는 것이다.

다섯째, 늘 그들과 함께 하라. 어깨를 걸고 함께 나아가지 못하는 사람이 해낼 수 있는 일은 그리 많지 않다. 단지 선거를 위해 힘을 모았다면 선거가 끝난 뒤에는 그들을 잊게 될 것이다. 후보의 철학을 실현해내기 위해, 아니 우리의 철학을 실현해내기 위해 힘을 모으라. 그리고 그 힘을 더욱 공고히 해내기 위해 노력하라.

그들과 함께 해나가다 보면 후보가 지도자가 아님을 깨닫게 된다. 우리 모두를 지도자로 이끌어라. '나'는 '우리'를 지도자로 만들어가는 사람이다. 우리 모두가 주인이 되도록 하겠다는 생각이야말로 승리를 견인하는 원천임을 명심하라. 지금의 이 선거는 '후보의 선거'가 아니다. '우리 모두의 선거'다.

그러기 위해 늘 이름을 불러라. 김춘수의 시 '꽃'을 기억할 것이다. '내가 그의 이름을 불러주었을 때, 그는 나에게로 와서 꽃이 되었다.' 그들로 하여금 후보의 이름을 마음 놓고 부를 수 있게 해야 한다. 우리를 보다 행복하게 해줄 프로젝트들에도 하나하나 애정이 담긴 이름을 짓고, 그 이름을 함께 부르도록 노력해보자. 그러는 사이에 한 사람 한 사람의 마음이 모이고, 그 마음들이야말로 프로젝트들을 성공시키게 하는 가장 큰 동력이 되어줄 것이다.

그러기 위해서라도 일을 해나가는 동안 늘 함께 하는 사람들의 전문성을 인정해야만 한다. 후보는 그들을 통합하고, 기조를 움직여가는 사람이다. 그들의 전문성을 인정하지 않는 순간부터 후보의 정치력 또한 불신을 받게 될 것이다.

여섯째, 지역과 현장에 뿌리내리고, 지역과 현장을 뛰어넘어라. 결국 후보가 말하게 될 정치는 지역과 현장을 반영하는 것이다. 지역과 현장을 행복하게 하지 못하는 것이라면 그것은 정치가 아니다. 때문에 정치는 지역과 현장을 뛰어넘는 혁신이 함께 할 때, 비로소 가능해진다.

용기를 갖고 자기혁신에 매진하라. 모든 일에 용기를 가지고 부딪쳐라. 행동하는 양심이야말로 진정한 용기다. '해보지 않은 일은 감히 말할 수 없다.'고 했다. 체험적 진리야말로 살아있는 지식이다.

늘 지역과 현장을 살피고, 문제를 찾고, 문제 해결을 위한 의지를 재충전하되, 후보가 먼저 변해야 세상을 변화시킬 수 있다는 생각으로 늘 외부의 변화에 귀를 기울여야만 한다. 문제의 안으로 파고들려는 노력도 중요하지만 문제의 밖에서 그 구조적 이해관계를 살피는 노력 또한 게을리 해서는 안 될 것이다.

일곱째, 용기를 갖고 자기혁신에 매진하라. 모든 일에 용기를 가지고 부딪쳐라. 행동하는 양심이야말로 진정한 용기다. '해보지 않은 일은 감히 말할 수 없다.'고 했다. 체험적 진리야말로 살아있는 지식이다. 처음이기 때문에 주저하는 게 아니라, 처음이기 때문에 기쁘게 즐길 수 있어야 한다.

정말 닮고 싶은 사람, 푸른 희망을 가진 사람이 되라

자기혁신을 위해서는 특히 많은 용기가 필요하다. 남과의 싸움보다는 자기 자신과의 싸움이 더 어렵다는 것. 내가 먼저 변해야 세상을 변화시킬 수 있다는 마음가짐을 갖자. 그 마음으로 주위를 변화시킬 수 있다면 그것이 바로 자기혁신이다. 성공과 실패를 예단하지 말고, 방법을 고민하자. 늘 문제 속에는 답이 있기 마련이다.

여덟째, 소수자와 약자를 배려하라. 이 세상에는 너무나도 많은 소수자와 약자들이 우리와 함께 살아가고 있다. 그들의 입장을 배려하지 않고는 행복한 세상을 만들 수 없다. 크게는 여성·장애자·생활보호대상자·차상위계층·독거노인·결손가정·결식아동의 문제에서부터 작게는 동성애자들의 문제에 이르기까지 그들 모두를 꼼꼼하게 챙기고 배려할 수 있어야 한다.

커다란 문제만을 염두에 두고 불도저처럼 밀어붙이는 것으로는 세상 모두를 행복하게 할 수 없다. 큰 문제를 풀어가기 위해 몰두하다보면 자칫 이처럼 소수자와 약자들의 아픔을 챙기지 못하는 경우가 생기곤 한다. 늘 그들의 입장이 되어 생각하고, 그들의 입장을 대변할 수 있어야 한다. 그리고 그런 생각을 다수자와 강자들에게도 퍼뜨려나가야만 할 것이다.

아홉째, 마음의 여유를 가지고 세상을 보라. 정치를 하다보면 알지만 못하는 것보다는 몰라서 못하는 것이 훨씬 더 많음을 알 수 있다. 지금까지 내가 가진 것만으로 세상을 보려는 사람에게는 내일이 없다. 그래서 마음의 여유가 필요한 것이다.

마음의 여유를 가지고 세상을 둘러보다보면 새로운 지식도 얻을 수 있고, 다양하게 살아가는 사람들의 입장도 볼 수 있게 된다. '불처럼 살지 말고, 물이 흐르는 이치대로 살아라.'라는 말이 있다. 물론 불처럼 타올라야 할 때가 있다. 하지만 매번 불처럼 타오르기만 해서는 이치를 깨닫기도 어려울뿐더러, 세상 사람들의 삶을 제대로 이해하기도 쉽지 않을 것이다.

열째, 좋은 세상을 창조하는 좋은 사람이 되라. 비평가가 되어서는 결코 좋은 세상을 창조할 수 없다. 남들이 만들어 놓은 것을 평가하는 입장에 놓여서는 결코 좋은 세상을 창조할 수가 없다는 것이다. 언제나 길을 안내하는 길잡이가 되어야 한다. 험한 산길을 안내하는 등산안내자가 되어야만 한다.

그래서 정말 닮고 싶은 사람, 푸른 희망을 가진 사람이 되어야 한다. 그런 사람이 좋은 세상을 창조할 수 있는 좋은 사람이다. 옳은 사람, 필요한 사람이 되는 일도 중요하지만, 정치인이란 모름지기 좋은 사람이어야 한다. 그래서 누구나 닮고 싶은 '큰 바위 얼굴'로 기억될 때 좋은 정치가 가능해진다는 것.

선거에 앞서 스스로가 희망을 만드는 사람, 꿈과 비전을 간직한 사람, 희망을 실천해가는 사람, 희망을 함께 나눌 수 있는 사람인지를 살펴야 한다. 만약 그것들 중 가지지 못한 것이 하나라도 있다

눈속임은 안 된다. 그렇다고 그 모든 것을 다 잘해낼 완벽한 사람은 없다. 완벽해지려고 노력하면 된다. 가능하면 철저하게 완벽해질 것. 나의 이런 점을 사람들이 몰라준다고 조급해할 필요도 없다. 철저히 완벽해지려고 노력하는 모습만으로도 후보는 얼마든지 거듭날 수 있다.

면 더 늦기 전에 희망을 되찾기 위한 노력을 기울여라.

열정과 배려는 가슴으로 기억된다

앞에서 우리는 후보의 열 가지 자질과 자세에 대해 살펴보았다. 하지만 이런 모든 자질과 자세를 가진 후보가 과연 있겠는가? 물론 이런 모습을 가진 후보가 있다면 가장 이상적인 정치인이라 할 것이다. 그러나 설사 평소 이러한 삶의 철학을 가지고 살아가는 사람이 있다하더라도, 그 사람 역시 사람인 탓에 살아가다보면 긴장을 놓칠 수가 있고, 불가피하게 철학의 끈을 놓는 경우도 있을 것이다. 그렇다. 실수가 있으니 인간이다.

뿐만 아니라, 지금껏 얘기한 것들 중에는 서로 배치되는 항목들도 적지 않다. 하지만 유권자가 원하는 것은 바로 이런 모습의 후보이다. 때문에 후보가 된 사람은 유권자의 기대를 충족시켜주기 위해서라도 이러한 모습들로 자신을 바꿔가야만 한다.

눈속임은 안 된다. 그렇다고 그 모든 것을 다 잘해낼 완벽한 사람은 없다. 완벽해지려고 노력하면 된다. 가능하면 철저하게 완벽해질 것. 나의 이런 점을 사람들이 몰라준다고 조급해할 필요도 없다. 철저히 완벽해지려고 노력하는 모습만으로도 후보는 얼마든지 거듭날 수 있다.

이쯤에서 후보가 유권자들을 설득해가기 위해 풀어낼 얘기들을 생각해보자. 과연 후보는 유권자들에게 어떤 약속을 할 것이며, 어떤 사람으로 인식되려 하는가? 후보는 후에 약속을 정할 것이고, '약속을 잘 지킬 사람'이라는 컨셉을 결정하게 될 것이다. 하지만 그 컨셉 이전에 바로 위에서 말한 열 가지 덕목들이야말로 그 인식의 기초가 되는 것이다.

그렇다면 그 열 가지를 토대로 자신의 과거를 돌이켜보라. 기억을 더듬다 보면 위에서 말한 열 가지에 해당되는 기억의 조각들을 하나둘 정리할 수 있을 것이다. 평소 저 열 가지를 지속적으로 실천하며 살아오지는 못했다하더라도, 자신이 한 행위들 중에는 열 가지 항목 중 몇 가지의 사례들이 꼭 끼어 있기 마련이다.

자신을 바꾸기 위해 애썼던 기억, 약한 사람을 위해 용기 냈던 기억, 부정한 선물을 거부했던 기억, 이 모든 기억들의 조각을 꺼내 하나하나 대입해가다 보면 열 가지 덕목을 모두 갖춘 후보 자신의 과거를 만나게 된다. 비록 그렇지 않았던 시간이 더 많다하더라도 말이다.

그리고 지금부터라도 최대한 위의 열 가지 덕목을 지키는 사람으로 변신하라. 선거가 끝난 뒤에도 그 모습을 지켜가야만 한다. 사람들은 바보가 아니다. 때문에 설사 후보가 저 열 가지 덕목으로 당선되었다 하더라도, 당선 후 당선 전과 다른 모습으로 그들을 대한다면 그들은 후보의 위선을 기억할 것이다.

후보는 자신의 일처럼 선거를 함께 치러줄 동지들을 만날 수 있을까? 그리고 최종적으로는 유권자들의 표를 어떻게 후보에게 가져올 수 있을까? 그 정답은 열정과 배려다. '지식과 재능은 사람들의 머릿속에 기억되지만, 열정과 배려는 사람들 가슴속에 기억된다.'는 말이 있다.

당신은 지금 무엇으로 선거를 치르려 하는가? 지식과 재능으로 선거를 치르려 해서는 쉽지 않은 싸움이 될 것이다. 그간 스스로가 겪어왔던 경력만을 밑천으로 선거를 치르려 한다면 더더욱 그들을 움직이기 어려울 것이다.

백 명의 머리를 이해시키는 것보다는 한 사람의 가슴을 울리는 것이 더 큰 밑천이 된다. 그 사람은 후보로부터 받은 감동을 여러 사람들에게 전파하게 될 것이다. 후보자와 후보자 측근의 입이 아닌 타인의 입으로 전파된 후보의 평판이야말로 이기는 선거를 약속해준다.

백 명의 머리를 이해시키는 것보다는 한 사람의 가슴을 울리는 것이 더 큰 밑천이 된다. 그 사람은 후보로부터 받은 감동을 여러 사람들에게 전파하게 될 것이다. 후보자와 후보자 측근의 입이 아닌 타인의 입으로 전파된 후보의 평판이야말로 이기는 선거를 약속해준다.

때문에 길거리를 지나는 사람들에게 악수를 청하는 선거가 아니라, 한 자리에서 깊이 점을 찍는 선거를 해야만 한다. 그 감동의 점이 깊어지면 그 점은 점점 퍼져나가 사람들 모두에게로 전파된다. 후보는 그들과 내가 다르지 않다는 동질감을 바탕으로 진정성을 퍼뜨려나가야 한다.

자신감과 겸손함이 선거를 이기게 하는 원동력

여러 사람을 만나기 위한 노력보다는 만나는 한 사람 한 사람에게 내가 그들과 다르지 않음을 보여주어야 한다. 그리고 내가 하려는 일이 진정으로 주민들, 나아가 나라와 국민들을 위해 필요한 일임을 느끼게 해주어야만 한다. 그들과 한 편이 되는 것이 가장 중요하다.

'합리적이고 똑똑한 사람'만으로는 매력이 없다. 정책현장에서의 일들을 가정해보자. 그곳에서 주도면밀하게 내용과 법규를 살피고, 그것에 의존해서 합리적인 판단을 해 똑 부러지게 설명하는 후보와, 주민들의 편에서 함께 기뻐하고, 함께 힘들어하고, 함께 해결해나가는 모습을 보이는 후보 중 누가 더 주민들에게 감동을 주겠는가?

아내가 몰던 차의 조수석에 남편이 타고 있었다. 그런데 아내가 앞에서 오던 차와 쌍방과실로 사고를 냈다. 그때 남편은 제3자적 관점에서 사건현장을 쌍방과실비율까지 잘 계산해 합리적으로 판단하고, 처리했다. 그런데 한편 같은 사고를 당한 다른 남편의 경우는 우선 아내를 안심시키고, 아내의 입장을 변호하며 상대와 이야기를 나눠 일을 처리했다고 치자.

당신이 아내라면 어떤 남편으로부터 감동을 받겠는가? 전자의 경우는 보험처리반의 이미지다. 하지만 후자의 경우는 그야말로 남편의 이미지가 아닌가? 정치에는 이런 측면이 있다. 아무리 좋은 정책이라도 국민들의 박수를 받지 못하면 그 정책은 성공할 수 없다. 하지만 좀 모자라는 점이 있다하더라도 국민들이 지지하는 정책은 내용 이상의 성과를 낼 수도 있다.

선거에 임하는 후보는 이러한 점을 유념하여야만 한다. '그건 국민들이 잘 몰라서 하는 소리다. 정치가 국민들 좋아하는 것만 할 수는 없는 것 아니냐.'는 후보의 항변이 경우에 따라서는 국민들의 마음을 잘 읽지 못했거나, 국민을 너무나도 우매한 대상으로 보는 데에서 비롯된 오만이 아닌지 살펴볼 일이다.

> 초반의 행보는 선거 내내 살을 섞고 지낼 참모들을 모시는 일과 지역의 영향력 있는 인사들을 모아내는 과정이다. 중반의 행보는 지지자들과 자신을 알려나갈 '입'을 모으는 과정이며, 종반의 행보는 그렇게 모아진 '입'들로 표를 모아나가는 과정이다.

모두가 사고하고, 말하고, 움직이고, 평가하게 하라

후보의 일이란 하나부터 열까지 모두 '사람 모시기'다. 초반의 행보는 선거 내내 살을 섞고 지낼 참모들을 모시는 일과 지역의 영향력 있는 인사들을 모아내는 과정이다. 중반의 행보는 지지자들과 자신을 알려나갈 '입'을 모으는 과정이며, 종반의 행보는 그렇게 모아진 '입'들로 표를 모아나가는 과정이다.

그들 중 어떤 사람도 '내가 이러이러한 사람이니 나를 따르라.'로는 설득이 되지 않는다는 점을 명심하라. 후보는 선거기간 내내 스트레스에 시달린다. 조바심도 들 것이고, 답답함도 느낄 것이다. 다른 사람들의 행동이 내 마음 같지 않음을 느끼기도 하고, 마음만 급해서 발을 동동 구르게 될지도 모른다. 그렇다고 인상을 찌푸리고, 짜증을 내서는 도움이 되질 않는다.

선거가 불리하게 돌아가면 후보의 조바심은 커지기 마련이다. 그렇다고 만만한 사람들에게 스트레스를 풀어가며 선거를 치르겠다고 생각하는 후보가 있다면, 그 결과는 뻔한 것이다. 모든 사람들에게 웃음을 잃지 말아야 한다. 모든 사람들에게 고개를 숙여야 한다. 겸손을 최대의 무기로 생각하고 사람들을 만나야 한다.

그렇다고 자신감을 내던지라는 말은 아니다. 승리를 확신하는 후보, 설사 패배하더라도 그 뒤가 보장된 후보, 그 뒤가 보장되지 않는다 하더라도 결코 그냥은 쓰러지지 않을 후보라야 사람들이 모인다. 성공을 눈앞에 둔 사람, 그런데 딱 물 한 바가지가 부족해서 그 물 한 바가지를 구하는 사람에게는 돈도 붙고, 사람도 붙는다. 성공을 눈앞에 두고 있다는 자신감, 설사 이번엔 성공하지 못해도 그 다음 길이 열려 있다는 자신감이 필요하다. 그 자신감을 잃는 순간 후보 주변에는 돈도 사람도 떨어져 나가게 될 것이다.

이처럼 자신감은 사람들의 머리를 자극한다. 그러나 그런 자신감에 비례하는 겸손함이야말로 사람들을 가슴을 움직인다. 머리를 자극해서는 부하 밖에 얻을 수 없지만, 겸손함은 동지를 얻게 한다.

때문에 선거를 앞둔 후보에게 있어 자신감과 겸손함은 돈보다도 소중한 자산이 된다. 그것은 비단 후보에게만 해당되는 것이 아니다. 후보 주변의 참모, 지지자들 모두가 자신감과 겸손함을 지녀야 한다. 그리고 그들은 후보에 의해 좌우된다.

궁정의 바이러스, 즉 자신감과 겸손함으로 만들어지는 긍정바이러스는 후보로부터 시작된다. 후보가 먼저 자신감과 겸손함을 가지고, 그것을 전파해가야만 한다는 것. 그렇게 퍼진 자신감과 겸손함의 바이러스는 캠프 전체로 퍼져나가고, 그런 분위기는 캠프 밖 유권자들에게까지 승리의 확신으로 전해질 것이다.

자신을 찾아온 손님들에게 물 한 잔을 직접 대접하는 후보가 이기는 후보다. 시대가 변했다. 고생한 자원봉사자들을 위해 환한 미소를 띄우며 어깨를 두드려주는 후보, 커피 한 잔도 직접 타서 사람들을 대접하는 후보가 승리의 조건을 갖춘 후보다.

지금까지의 낡은 리더십으로는 조직을 이끌어 갈 수 없다. 사람들이 달라지고, 사람들의 생각이 달라지고 있다. 모든 사람들이 스스로 주체가 되어 자기실현을 위해 내달린다. 어느 누구도 객체이고 싶어 하지 않는다. 각자의 개성이 다양하고, 스타일도 다르다. 올바른 리더십은 먼저 그들의 스타일을 제대로 알고, 그 지점에서부터 시작하는 리더십이다.

사람들은 현대를 '지도력의 위기시대'라 일컫는다. 모두가 주체가 되려 하고, 혹은 모두가 객체가 되려 하는 시대. 그 시대를 윈-윈(win-win)으로 이끌기 위한 리더십은 무엇일까? 결론적으로 그러한 리더십은 '수평적 리더십'이다. 수평적 리더십은 권위적 리더십의 상대어가 아니다. 나이에 따라, 경력에 따라 만들어지는 기존의 리더십을 보다 부드럽게 하자는 뜻도 아니다.

신참도 리더가 되고, 동네 아주머니도 리더가 되는, 아니 그 모두를 리더로 만들어야 승리하는 열

선거에서 이길 수 있도록 생각을 모으고, 캠프를 활성화해가는 사람이라면 언제는 그는 그 자리에서 리더가 되는 것이다. 이른바 '셀프리더십'이다. 그리고 이것이 바로 수평적 리더십의 다른 이름이다.

린 구조로 선거문화가 변화해 가고 있다. 선거에서 이길 수 있도록 생각을 모으고, 캠프를 활성화해가는 사람이라면 언제든 그는 그 자리에서 리더가 되는 것이다. 이른바 '셀프리더십'이다. 그리고 이것이 바로 수평적 리더십의 다른 이름이다.

후보가 리더인 캠프는 지는 캠프다

그렇다면 오늘날에 있어 후보는 어떤 리더가 되어야 하는가? 캠프사람들 모두를 리더가 되게 하는 후보야말로 진정한 리더라 할 것이다. 자신이 목적지를 지목하고, 부하들을 목적지로 독려하는 식의 리더십으로는 좋은 리더가 되기 어렵다. 그렇다면 좋은 리더가 되기 위해 필요한 구체적 덕목에는 어떤 것들이 있을까?

첫째, 판을 잘 펼쳐라. 캠프 내 사람들에게 후보와 캠프, 그리고 스스로에 대한 자긍심을 가질 수 있게 해주고, 주체적으로 일할 수 있는 동기를 부여해야 한다. 캠프 사람들을 몰아가는 것이 아니라 스스로가 기쁜 마음으로, 사명감을 가지고 일하게 해야 한다는 것.

둘째, 먼저 캠프 내 어떤 사람도 손발로 쓰려고 들지 마라. 후보가 머리를 쓰고, 동지들 모두를 후보의 조력자로 묶어둔다면 일의 성과는 언제나 후보가 가지고 있는 능력 이상을 뛰어넘지 못한다. 그들 모두가 각자 하나의 주체가 되도록 해서 스스로의 역량을 모을 수 있도록 해야 한다.

셋째, 먼저 답을 내지 마라. 나의 답은 확신할 수 있는가? 경험이 정보를 뛰어넘지 못하는 사회다. 내가 가지고 있는 정보와 지식의 양에 의존하지 말고,

캠프 내 사람들 모두의 정보와 지식에 기대야 한다. 그들 모두가 머리를 모아 답을 내도록 해야 한다는 것이다. 그러는 사이 자연스레 사람들은 목표를 공유할 것이며, 가야 할 길 또한 명확하게 그릴 수 있을 것이다.

넷째, 귀를 열어라. 부하가 아닌 동지들로부터 이야기를 듣고, 외부환경에서 들려오는 소리들에도 귀를 기울여야 한다. 그래서 모든 사람들이 후보에게 말하고 싶도록 해야 한다. 잘 들어주는 사람이 되는 것, 그것이 바로 좋은 리더십의 중요한 조건 중 하나다.

캠프 내 모든 사람들은 사고하며, 말하고, 움직이며, 평가하게 된다. 그리고 부족한 부분을 알아채고 그것을 보충해갈 것이며, 다른 사람들의 부족한 부분까지 채워주기 위해 애쓰게 될 것이다. 이런 캠프야말로 능동적이고도 주체적인 조직이다.

다섯째, 그들 스스로가 강해질 수 있도록 만들라. 후보 스스로 훈련교관을 자청하여 훈련시키려 들지 말고, 캠프 내 사람들 각자가 스스로 부족한 곳을 알아차리게 해야 한다. 일에 대한 평가 역시 후보가 내려서는 안 된다. 동지들 스스로 깨닫고 각자 최선의 방법으로 노력을 경주할 때 캠프는 더욱 강해진다.

이렇게 되면 캠프 내 모든 사람들은 사고하며, 말하고, 움직이며, 평가하게 된다. 그리고 부족한 부분을 알아채고 그것을 보충해갈 것이며, 다른 사람들의 부족한 부분까지 채워주기 위해 애쓰게 될 것이다. 이런 캠프야말로 능동적이고도 주체적인 조직이다. 그리고 이런 캠프를 이끄는 후보야말로 진정한 리더로 인정받을 수 있을 것이다.

전략과 시스템은 '교구'해야 하지만 선거는 '졸속'이다

리더란 결국 그 일의 주인이다. 적극적으로 길을 열고, 방향을 이끄는 사람이 리더다. 그런 리더는 누가 되어도 괜찮다. 전체 과정에 대한 이해를 가지고 설계하고, 공유하고, 실행·지도하고, 측정과 평가를 하고, 이와 같은 과정을 통해 일을 조정해나가며 전술의 변화를 꾀할 수 있는 사람이 있다면 그를 리더로 내세워 구심점을 만들어라.

그 구심점을 만드는 헤게모니는 당연히 후보가 갖는다. 후보가 하는 말과 표정 하나하나가 캠프 내의 구심점을 지목하는 역할을 하게 되는 것이다. 이렇게 구심점을 만드는 이유는 후보 혼자서 선거를 치를 수 없기 때문이다. 후보는 든든한 리더와 함께 '혼자가 아닌 우리의 선거'를 승리로 이끌 수 있을 것이다.

그리고 '손자요결'에 재미있는 대목이 눈에 띈다. '임금이 근심거리가 되는 세 가지 이유'가 그것. 첫째는 잘 모르면서 작전에 개입하는 것이요, 둘째는 잘 모르면서 인사에 개입하는 것이요, 셋째는 명령계통을 어지럽히는 것이다.

선거에 있어 후보가 저지르기 쉬운 오류와 다르지 않다. 후보는 선거의 전부라고 해도 과언이 아니다. 사실 캠프 내에서 선거를 가장 잘 아는 사람이 후보인 경우가 많다. 하지만 그 상태로는 이기는 선거를 치르기가 쉽지 않다. 해야 할 일도 가장 많은 후보가 작은 일 하나하나까지를 모두 결정하고 집행하고 체크해야 한다면 그 캠프는 지는 캠프다.

일단 위임하고 나면 앞의 세 가지 원칙을 지켜야 한다. 전략적 판단을 인정해야 하고, 캠프 내부의 명령계통을 인정해야 하며, 이에 따라 진행되는 인사에 대해서는 개입하지 말아야만 한다.

'손자병법'에는 '교구(巧久 : 공교할 교, 오랠 구)보다는 졸속(拙速 : 졸할 졸, 빠를 속)이다.'라는 말이 나온다. '싸움터에서는 고민하지 마라. 교묘한 작전이라고 오래 끄느니, 어설프더라도 서두르는 것이 낫다'는 뜻. 느린 정교함보다는 거칠더라도 빠른 것이 승리를 이끈다는 것.

후보는 조급하기 마련이다. 하루에도 열두 번씩 마음이 바뀌곤 한다. 될 것 같다는 마음도 들었다가 이대로는 지겠다는 마음도 들 수 있다. 이 일을 하는 것이 맞는다는 생각이 들었다가도 어느새 해서는 안 될 것 같은 마음도 든다. 하지만 그래서는 아무 것도 할 수가 없다.

이런 이유로 시스템이 중요한 것이다. 그리고 이왕 '주워 담을 수 없게 된 물'에 대해서는 후회를 하지 않는 것이 캠프의 사기를 위해 도움이 된다. 그렇다. 선거는 대체로 '졸속(拙速)'이다. 준비과정에서의 전략과 시스템은 '교구(巧久)'해야 하지만 선거가 진행되는 상황에서의 모든 일들은 '졸속'이 기본일 수밖에 없다.

시스템에 맡기고 캠프에 맡겨야만 이길 수 있다. 따라서 믿을만한 시스템과 캠프를 꾸리는 과정이 그만큼 더 중요하다 하겠다. 예상되어지는 모든 일들의 프로세스를 잘 마련하고, 이에 사람을 더해 시스템을 짜는 일. 그리고 그들이 매뉴얼에 의해서 필요한 일들을 무리 없이 해낼 수 있도록 하는 일은 선거개시 최소 1개월 이전까지는 마무리되어야 할 필수사항이라 하겠다.

> 후보가 제일 잘 알고, 후보가 모두 결정하는 선거는 이기기 어렵다. 선거를 기획하는 단계에서는 오히려 효율적일 수도 있을 것이다. 하지만 후보가 유권자들을 만나기 위해 밖으로 돌아야하는 시점이 되면 후보가 출타 중인 캠프는 일시에 혼란에 빠지곤 한다.

체계적 조직의 제1조건, 전략과 정보의 공유

정리하여 말하자면 후보자 중심의 선거는 경계해야 한다. 많은 전문가들이 후보는 배우여야 하며, 참모들이 혹은 한 사람의 참모가 감독의 역할을 수행해야 한다고 조언한다. 하지만 현실도 그러한가? 대개의 캠프들은 중요한 사안에 대한 결정의 대부분을 후보에게 맡기고 있다. 후보 스스로 독단을 행사하기도 한다.

캠프 내에서 후보자가 선거를 가장 많이 알고 있는 것도 문제다. 물론 그렇지 않은 캠프도 있겠지만 상당수 지역선거 캠프에는 후보보다 선거에 대해 잘 아는 사람이 존재하기 어렵다. 그리고 후보가 그 캠프 안에서 그나마 선거를 경험해본 사람인 경우가 다반사다.

후보가 제일 잘 알고, 후보가 모두 결정하는 선거는 이기기 어렵다. 선거를 기획하는 단계에서는 오히려 효율적일 수도 있을 것이다. 하지만 후보가 유권자들을 만나기 위해 밖으로 돌아야하는 시점이 되면 후보가 출타 중인 캠프는 일시에 혼란에 빠지곤 한다.

후보가 빠진 캠프가 앙꼬 없는 찐빵이요, 오아시스 없는 사막이 되어버리는 캠프에는 비전이 없다. 그런 상황이라면 선거기간 내내 캠프는 어떠한 결정도 내릴 수 없다. 또 결정을 내린다 해도 그것은 잘못된 결정이기 쉽다. 이를 해결하기 위해서는 전략과 정보의 공유가 필수다.

여기에 더해 프로세스와 시스템 또한 충분히 공유되어야만 한다. 이를 통해 결정권을 각 책임자들에게 분산시켜 각자의 소신과 책임 하에 일을 할 수 있게 해야 한다는 것이다. 이렇게 될 때, 비로소 그 조직은 순발력 있고, 체계적인 조직으로 거듭날 수 있다. 이러한 조직을 만드는 중심에 후보가 있음을 명심하자.

제3장. 정책컨셉과 공약

정책공약을 유통시켜 상상력을 자극하라

선거에서 정책과 공약의 비중을 보다 높이겠다는 취지에서 매니페스토가 운영되고 있다. 그러나 많은 사람들이 매니페스토 운동의 실효성에 의문을 제기한다. 매니페스토 운동의 가장 중요한 취지는 후보가 제시한 공약이 지켜질 수 있는가 인데, 많은 후보들이 실현가능성보다는 선정성에 치우친 공약을 남발하곤 하기 때문이다.

당선된 후보라 할지라도 선거 때, 호언장담을 했던 공약을 채 반도 지키지 못하는 것이 현실이다. 실현가능성이 아무리 높다하더라도 후보 스스로 의지가 없거나, 추진력이 없으면 공약은 실천될 수 없다. 이러한 이유들로 공약을 검증하는 과정 역시 매니페스토 운동의 본 취지를 살리기 어렵다는 게 중론이다.

많은 후보들이 정책전문가나 교수들을 초빙해서 정책을 준비하곤 하지만 그렇게 급조된 공약들을 선거기간 중에 검토하고, 검증하는 일은 한계를 가질 수밖에 없다. 검증은 고사하고 후보조차 그 정책의 실효성에 대해 관심이 없는 경우도 허다하다.

특히 지역선거의 경우에는 이러한 양상이 더욱 심할 수밖에 없다. TV토론이나 매니페스토로 좀 나아졌다고는 해도 홍보물용으로 만든 정책공약들은 대개가 '해묵은 숙원사업 몇 가지를 이번에는 꼭 해결하겠노라.'식의 수준이기 때문이다.

유권자 대상의 구체적 공약을 간단명료하게 다듬자

그렇다면 정책은 선거에 영향을 주지 못하는 것일까? 물론 꼭 그렇지만은 않다. 선거 전체의 이슈를 정책으로 가져가 당선된 경우도 적지 않게 찾아볼 수 있기 때문이다. 특히 2002년 서울시장 선거 당시 이명박 후보의 '청계천공약'의 폭발력은 가히 대단했다고 할 수 있겠다.

물론 모든 지역선거에서 공약 하나가 판 전체를 뒤흔드는 것은 드문 경우이기도 하거니와 여러 가지 한계도 많다. 방송토론이나 연설 등과 함께 언론을 적극적으로 활용할 수 있는 선거에서나 가능한 일이라는 것. 그렇다면 청계천공약이 표심에 직접적인 영향을 준 이유는 무엇이었을까?

첫째, 백화점식 공약이 아니었다는 점이다. 선거 때가 되면 각 후보들은 몇십 가지나 되는 공약들을 들고 나와 흔들어댄다. 소위 백화점식 공약이다. 그러나 그런 공약들은 선거 때마다 늘 등장해왔고, 지금까지도 해결되지 않고 있는 것이 대부분이다. 때문에 그 공약들은 여간해서 유권자들의 신뢰를 받기 어렵다.

둘째, 유권자들의 피부에 와 닿는 직접적 공약이었다는 것이다. 듣기에는 거창한 것 같은데, 그것이 나와는 직접적 상관이 없다고 판단된다면 유권자들은 반응하지 않는다. 좋은 주거환경이 필요하다고 생각하는 유권자들에게 이 지역의 산업을 보다 고도화시키겠다는 공약은 잘 먹혀들기 어렵다는 것.

이를 위해서는 유권자들의 관심사를 잘 이해하고 있어야 하며, 그들의 요구에 부응해야만 한다. 그리고 공약은 유권자들의 실제적 이익에 영향을 끼치거나, 끼칠 수 있을 것이라는 믿음을 줄 수 있어야 한다. 되도록 유권자들의 이익에 직접 다가설 수 있는 공약이 좋다.

셋째, 추상적이지 않고 구체적이었다는 점이다. 말만 번드르르하거나 관념적인 공약으로는 유권자들에게 다가설 수 없다. 이에 반해 청계천공약은 듣는 순간 바로 머릿속에 그림이 그려지는 공약이었다. 이처럼 공약은 유권자들이 쉽게 이해할 수 있어야 한다.

공약이 실천된 뒤에 생길 여러 가지 기대효과들 또한 선명한 것이 좋다. 특히 공약의 경우에는 선명할 뿐만 아니라, 각기 이해관계자들마다 다른 상상력을 발동시켰다는 점에 주목할 필요가 있다. 청계천이라는 프리즘을 제시했을 때, 유권자들은 제각기 자신의 시선으로 이 공약을 바라보게 되었다는 것이다.

앞서 말한 세 가지가 청계천공약을 스타공약으로 만든 주요한 이유들이라 하겠다. 결국 유권자들의 관심을 읽어, 그들의 직접적 이익이나 눈에 보이는 이익에 부합할 수 있는 강력한 중심공약을 세우고, 이것을 보다 유권자들의 언어로 구체성 있게 내세워야 한다는 것.

그러나 막상 그렇게 하기가 쉽지만은 않다. 당신뿐만이 아니라 상대후보 또한 유권자들의 관심을 읽고 그들에게 부합하는 공약을 만들어내기 위해 최선을 다할 것이기 때문이다. 후보들을 만나 정

> 많은 후보들은 '가치와 철학'을 중심으로 사고한다. 그리고 그것을 토대로 정책을 생각한다. 장기적 비전을 중심으로 너무나도 당연한 '무엇'을 생각하고, 이를 유권자들에게 설득하기 위해 애쓴다. 하지만 이런 프로세스로는 쟁점 있는 선거, 정책선거를 치르기 어렵다.

책과 관련한 얘기를 들어보면 '어떤 후보들이 내가 안낸 공약을 내놓으면 아차 싶고, 내가 내놓은 것을 상대가 안내놓으면 내가 오버한 건가싶더라.'고 어려움을 토로한다.

쟁점(爭點)이 되지 못하는 정책은 교과서에 불과하다

민주개혁진보진영의 많은 후보들은 '가치와 철학'을 중심으로 사고한다. 그리고 그것을 토대로 정책을 생각한다. 장기적 비전을 중심으로 너무나도 당연한 '무엇'을 생각하고, 이를 유권자들에게 설득하기 위해 애쓴다. 하지만 이런 프로세스로는 쟁점 있는 선거, 정책선거를 치르기 어렵다.

쟁점이 되지 않기 때문이다. 쟁점이 되지 않는다면 후보가 만들어낸 정책은 두툼한 교과서에 불과하다. 너무나도 당연한 이야기를 너무나도 진부하게 풀어낸 '옳은 말씀'이라는 것. 중요한 것은 정책으로 말미암아 쟁점을 촉발시키는 것이다.

그렇다면 쟁점은 어떻게 만들어지는가? 먼저 모두가 고개를 끄덕일만한 것은 쟁점이 되기 어렵다. 쟁점이란 말 그대로 싸움이 되어야 한다. 편이 나눠져야만 한다. 찬성하는 사람도 있지만 반대하는 사람도 있어야 쟁점이다. 만일 모든 사람들이 다 찬성할만한 일이라면 상대후보도 같은 정책을 내놓을 것이고, 양자 모두가 내놓은 정책으로는 구도가 갈라지지 않는다.

다시 말해, 정책쟁점 형성의 첫 번째 원칙은 상대적으로 우리 편이 더 많은 쟁점을 제시하라는 것. 편이 나눠지는 문제를 중심으로 쟁점을 제시했지만 상대편이 훨씬 많고, 우리 편이 적은 문제라면 역효과가 일어날 것이다. 그러니 기왕이면 우리 편이 많아질 수 있는 쟁점을 제시해야 한다. 그러니 핵심쟁점은 하나의 직능이나 단체의 것보다는 국민들 모두가 관심을 갖는 것으로 잡아야 할 것이다.

경우에 따라서 우리편이 좀 적기는 하지만 상대편도 반대하기 힘든 쟁점, 혹은 우리 편이 매우 절박하게 생각하는 쟁점이 있다면 그것을 핵심쟁점으로 가져갈 수도 있겠다. 앞서 살펴본 것처럼 '면의 면적'만큼 중요한 것이 '면의 깊이'이기 때문이다.

두 번째 원칙은 우리의 가치와 철학을 대표하는 쟁점을 제시하라는 것. 가치와 철학을 직접 설명하는 것은 쉽지도 않을 뿐만 아니라, 선명해지기 어렵다. 많은 이야기를 하다보면 두루뭉술해질 가능성이 크다. 따라서 가치와 철학을 대표할만한 쟁점을 내세워, 가치와 철학을 대표하게 하는 것이 필요하다.

예를 들어, '사람중심의 교육'같은 관념적이고 추상적인 말은 선거의 판을 가르기가 쉽지 않다. 하지만 '무상급식'은 상대적으로 선명하며, 이 무상급식을 중심으로 '사람중심의 교육'을 설명할 수 있다는 것. 따라서 쟁점은 구체적이고도 손에 잡히는 것의 제시를 통해 형성하는 것이 좋다.

이렇게 우리의 가치와 철학을 반영한 쟁점은 상대방이 따라오기 쉽지 않다. 따라서 쟁점에 의해 선거판이 요동치더라도 상대방은 늘 우리 정책의 반대편에 설 수밖에 없다. 이 경우 상대가 취할 수 있는 최선의 방법은 다른 쟁점으로 옮겨가는 것.

세 번째 원칙은 핵심쟁점과는 별도로 직능이나 단체, 특정 지역이나 이해관계자들을 중심으로 한 개별쟁점들을 가급적 많이 기획하라는 것이다. 하지만 이 쟁점들은 홍보물용이 아니다. 이해관계자

쟁점이 있는 정책들을 챙기고, 그것을 밖으로 확산시켜나가는 선거가 바로 정책선거다. 하지만 이러한 정책선거는 짧은 준비기간으로는 운영하기가 쉽지 않다. 따라서 선거가 닥치지 않은 시기에 현장에서 많은 이야기들을 듣고 많은 것들을 보아야만 한다.

들과의 면대면 접촉이나 입소문전략을 통해 쟁점화를 시도해야만 한다. 이것이 바로 정책소비자운동의 흐름이다.

이러한 원칙에 의해 쟁점이 있는 정책들을 챙기고, 그것을 밖으로 확산시켜 나가는 선거가 바로 정책선거다. 하지만 이러한 정책선거는 짧은 준비기간으로는 운영하기가 쉽지 않다. 따라서 선거가 닥치지 않은 시기에 현장에서 많은 이야기들을 듣고 많은 것들을 보며, 이런 정보를 스스로의 가치와 철학에 기대어 평가하고, 판단하는 일이 필요하다 하겠다.

디펜스형(Defence) 공약을 오펜스형(Offence) 공약으로

공약은 선거를 통해 유권자들에게 하는 약속이다. 이 공약은 그 성격에 따라 크게 세 가지로 나뉜다. 첫째는 '상징공약'이고, 둘째는 '킬링콘텐츠'이며, 셋째는 '디펜스형공약'이다.

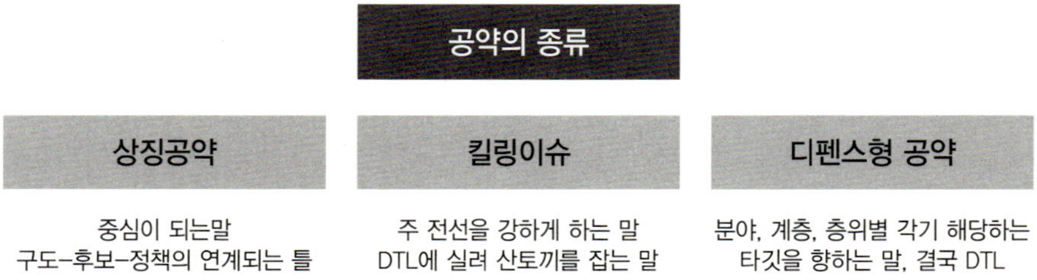

공약의 종류		
상징공약	킬링이슈	디펜스형 공약
중심이 되는말 구도-후보-정책의 연계되는 틀	주 전선을 강하게 하는 말 DTL에 실려 산토끼를 잡는 말	분야, 계층, 층위별 각기 해당하는 타깃을 향하는 말, 결국 DTL

그림 2-3-1 : 공약의 종류

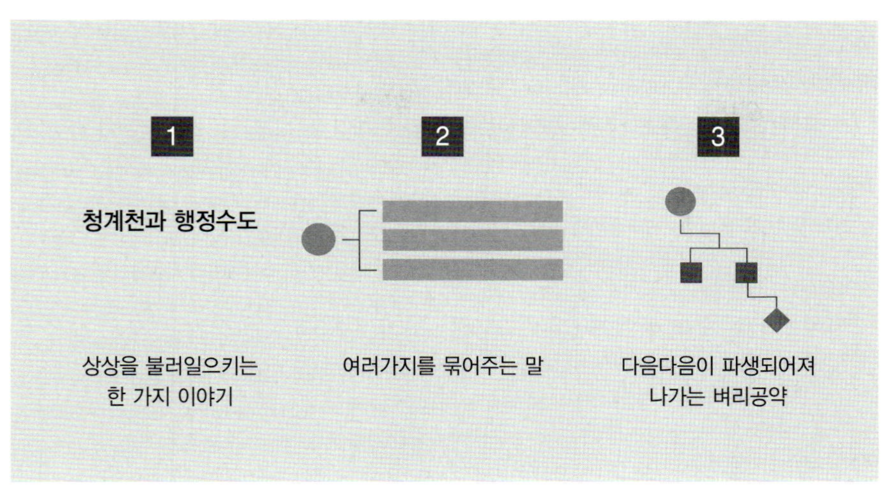

그림 2-3-2 : 상징공약의 종류

상징공약은 앞서 설명한 '핵심쟁점'이다. 이 선거에서 후보가 생각하는 가장 핵심적인 공약일 수도 있고, 그런 공약들을 대표하는 가치일 수도 있다. 이 상징공약은 다시 성격에 따라 세 가지로 구분된다. 첫째, 앞서 설명한 청계천과 같은 것이다. '행정수도', '무상급식'도 이러한 경우에 해당된다.

둘째, 가치와 철학에 의해 도출된 여러 정책들을 하나의 워딩으로 묶어주는 말이다. 2010년 서울시장 선거에서 한명숙 후보가 내세웠던 '사람특별시'가 이 경우에 해당된다. 만약 고리원전 폐기와 관련한 공약이 나왔다고 상상해보자. 그러면 고리원전 문제뿐만 아니라 대체에너지에 대한 문제, 일

디펜스형공약이 공격형공약으로 활용되기 위해서는 앞서 설명한 정책소비자 운동, 혹은 입소문조직을 확실히 갖추는 노력이 병행되어야만 한다. 입소문을 낼 수 있는 조직이 있고, 이 조직이 정확한 이해관계자들을 대상으로 공약들을 잘 설파할 수 있어야만 한다.

자리 감소에 대한 문제 등이 차례로 이야기 될 수 있다. 이와 같은 경우가 여기에 해당되며 이런 공약을 벼리공약이라 한다.

이제 킬링콘텐츠에 대해 알아보자. 킬링콘텐츠는 구도의 반전이 가능할 정도로 파괴력이 큰 단일쟁점이다. 경우에 따라서는 상징공약 중 첫째, 행정수도와 무상급식 공약과 같은 의미로도 사용된다. 이 킬링콘텐츠는 특히 구도가 우리에게 불리하게 작동될 때, 아주 유용하게 활용할 수 있다. 하지만 이러한 킬링콘텐츠를 준비하고, 이것을 필요한 시기에 제때 작동시키는 것은 많은 준비가 필요한 일이다.

킬링콘텐츠를 상징공약화 할 수도 있다

킬링콘텐츠는 만들어내기도 쉽지 않지만 마이크와 스피커의 한계가 가장 큰 문제다. 선거 초중반에 이러한 킬링콘텐츠를 제시한다고 해도 다른 쟁점에 가려 유권자에게까지 전달되기가 쉽지 않다는 것이다. 따라서 이러한 킬링콘텐츠는 주로 대선에서 많이 기획되며, 지방선거의 광역단체장, 혹은 총선에서 후보들의 지역연대 등에서 활용해볼 수 있겠다.

마지막으로 디펜스형공약은 지역별, 분야별, 계층별 공약을 통틀어 일컫는 말이다. 굳이 이것을 디펜스형공약이라고 부른 이유는 이러한 공약들이 구도를 가른다거나 공격적으로 활용되기 어렵기 때문이다.

그렇다면 디펜스형공약은 굳이 필요 없는 것인가? 그렇지 않다. 그럼에도 불구하고, 꼼꼼하게 선거구 내의 모든 문제들을 하나의 가치체계 하에서 준비하고, 이를 홍보물에 제시하는 것은 유권자들에 대한 예의이자, 후보의 준비

정도를 알리는 중요한 근거다. 현장을 꼼꼼하게 살펴 소외되는 부분이 없도록 노력해야 할 것이다.

이렇게 만들어진 디펜스형공약이 오펜스형공약, 즉 공격형공약, 적극성을 갖는 공약으로 활용되기 위해서는 앞서 설명한 정책소비자운동, 혹은 입소문 조직을 확실히 갖추는 노력이 병행되어야만 한다. 입소문을 낼 수 있는 조직이 있고, 이 조직이 정확한 이해관계자들을 대상으로 공약들을 잘 설파할 수 있다면 얘기가 달라진다는 것이다.

그것이 바로, 정책쟁점이다. 이렇게 전파되어진 공약들은 더 이상 디펜스형 공약이 아닌 정책쟁점으로서 직접적 표로 연결되는 힘을 갖는다. 하지만 그저 홍보물에 기재되는 것으로 그친다면 그것은 '구색'으로 전락할 가능성이 크다는 것이다. 정책과 조직은 그런 측면 때문에 연계해서 기획할 필요가 있다.

정책공약이 파괴력을 갖기 위해서는 몇 가지 필요한 조건이 있다. 첫째, 우리가 잡은 구도, 가치와 철학, 후보의 정체성과 잘 부합해야한다는 것이다. 그래서 누가보아도 '이 사람은 이 일을 하는 것이 당연하며, 할 수밖에 없고, 해낼 것이다.'라는 확신을 주어야만 한다. 더불어 상대후보는 따라 할 수 없도록 해야 한다.

둘째, 한 번에 한 가지씩만 말해야 한다는 것이다. 한 가지만 말해도 그 정책공약이 선거기간 동안 충분히 확산될 지는 미지수다. 그런데 여러 가지를 말해서는 그 어느 것도 충분히 확산될 수 없다. 그러므로 욕심을 내서는 안 된다는 것.

셋째, 유권자들의 주머니에 현찰이 상상되는 공약을 해야 한다는 것이다. 그 문제가 나와는 직접 이해관계가 없다고 느껴서는 선거에 도움이 되지

정책컨셉의 구축과정 역시 후보컨셉과 크게 다르지 않다. 우리 정책을 규정짓는 '무엇'을 찾되, 그것이 전체 구도전략과 연결되어야만 한다. 그리고 그러한 규정이 캠프사람들은 물론 유권자 전체에게 쉽게 알려질 수 있도록 구조화시켜야만 한다.

않는다. 직접적 이해관계가 있는 문제를 매우 구체적으로 제시할 때 파괴력은 배가된다.

'몇몇 구간의 통행료 폐지를 약속하겠다.'보다는 '몇몇 구간의 통행료 폐지를 통해 어느 지역에서 어느 지역으로 출퇴근하는 주민에게 월 얼마의 지출을 줄여주겠다.'는 등의 구체적 제시가 훨씬 선거에 영향을 끼친다는 것이다. 이에 더불어 그들이 변화 이후를 꿈꾸게 하라. 그래야만 애써 만든 정책과 공약들이 비로소 유권자들의 마음을 흔들어놓게 될 것이다.

이러한 정책컨셉의 구축과정 역시 후보컨셉과 크게 다르지 않다. 우리 정책을 규정짓는 '무엇'을 찾되, 그것이 전체 구도전략과 연결되어야만 한다. 그리고 그러한 규정이 캠프사람들은 물론 유권자 전체에게 쉽게 알려질 수 있도록 구조화시켜야만 한다. 이렇게 만들어진 정책컨셉이 상징공약에 반영되거나, 아예 정책컨셉과 상징공약을 하나로 만드는 경우도 있다.

세일즈역량을 극대화해서 해결할 수 있는 일을 찾아라

정책과 공약 문제에 있어 정치신인들은 현역들에 비해 더욱 큰 애로를 경험한다. 우선 주요정보가 대부분 현직에 있다는 것이 가장 주되고 중요한 문제다. 뿐만 아니라 현역들은 많은 정책인력들을 보유하고 있다. 지방자치단체의 장들은 물론이거니와 국회의원이나 지방의원들도 현역프리미엄을 활용하고, 정책보좌관들을 동원해 고급정보에 보다 가까이 접근할 수 있다.

그러니 정치신인들이 이러한 한계를 극복하고 '좋은 일을 생각해내는 것'까지는 어떻게 해낸다 해도, '프로세스와 예산문제'를 해결하기 위한 역량이 상대적으로 약해서 실효성 있는 정책개발을 하기가 힘들다는 것이다. 그렇다 보니 이들이 내놓는 참신한 공약들 대부분이 매니페스토의 논란거리가 되곤 한다.

어찌됐든 간에 큰 선거들에 비해 확산이 어렵고, 선거에 영향을 크게 미치지도 못하는 '정책과 공약'은 지역선거에 나서는 후보들에게 있어 정말 계륵(鷄肋)이 아닐 수 없다. 특히 정치신인들은 손 한 번 제대로 써보지 못한 채 그저 이런저런 공약사항들을 누더기처럼 꿰매들고 선거를 마치기 일쑤다. 때문에 공약들을 선거의 공격적 측면으로 활용하기보다는 질문에 대응하는 수준에서 수비적으로 집중할 수밖에 없었다.

그래서 자조적으로 '공약(公約)은 공약(空約)일 뿐'이라는 말도 한다. 하지만 앞으로의 선거에서는 점점 더 정책과 공약의 힘이 커져갈 것이다. 홍보물에 몇 줄 넣거나, TV토론에서 사회자나 상대후보의 질문에 또박또박 모범생처럼 대꾸하는 것 정도로는 제대로 된 선거를 치를 수 없게 될 것이다. 선거를 치르면 치를수록 정책과 공약을 보다 공격적으로 사용하는 추세로 선거문화가 변화해가고 있다.

특히 지역구도로 치러지는 선거에서 이길 수 있는 유일한 방법은 강력한 인물론과 그에 더해 제대로 된 정책과 공약의 제시다. '기울어진 운동장'이라 표현되는 지역구도는 전국적 구도전략만으로는 돌파하기가 만만치 않기 때문이다.

물론 이마저도 앞서 설명한 것처럼 조직이 없으면 소용이 없겠지만 전국적 구도를 받아 안으면서 한편으로는 캠프만의 분명한 정책을 추진해갈 때, 오히려 조직 구축과 확산이 쉬워질 수 있다. 정책을 중심으로 그 이해관계자들을 조직화할 수 있기 때문이다.

광역단체장급 이상 선거에서는 언론을 위한 용도로 정책소비자운동을 자주 활용한다. 그러나 그 이하 급의 선거에서는 정책소비자운동을 하더라도 언론에 의해 확산되기가 쉽지 않다. 따라서 정당명의의 정책공청회 등을 고려해보는 것도 하나의 방법이다. 정당 내에 특별위원회를 설치하고, 그 위원회로 하여금 정책의 특정 파트를 지속적으로 관리하게 하는 방법도 있다.

지역개발공약이야말로 직능과 단체 조직에 영향을 미칠 수 있는 좋은 재료다. 직능조직을 돌며 그들의 문제를 듣고, 의견을 청취하는 것만으로도 직능조직의 결집에 영향을 줄 수 있다. 정책특보나 정책팀을 가동하는 것도 같은 이유이며, 큰 선거에서 각종위원회를 두는 것도 마찬가지다. 정책지향의 선명성을 강조하기 위해 선거대책본부 자체를 ○○위원회로 이름붙이는 것도 좋은 방법이다.

하지만 많은 후보들이 정책모니터링활동에 적극적이지 않다. '어차피 우리 편이 아니다.' '가봐야 할 말이 없다.' '그쪽과 연락할 사람이 없다.' 등 이유도 각양각색이다. 그럼에도 불구하고, 찾아가고, 만나고, 듣는 것이 중요하다. 내가 무슨 말을 하는 것보다 그들이 놓인 상황과 필요한 일들을 들어주는 것만으로도 지금까지와는 다른 상황을 만들 수 있다.

관심사의 끝에는 결핍이, 결핍에 주목하라

그렇게 만나서 이야기를 나누는 사이, 서로에 대한 이해도 높아지고, 요구도 분명해지게 될 것이다. 그런 만남이 잦아질수록 그들은 캠프의 조직이 된다. 따라서 어느 모임이나 단체를 통한 정책소비자운동은 후보나 캠프에게 있어서 정책사업이라기보다 조직사업이라 할 수 있겠다.

돈을 들이지 않고 만드는 조직의 매우 중요한 축이 바로 이 정책소비자운동이다. 선진국의 선거운동방식은 이미 이 방향으로 나아가고 있다. 따라서 이것은 정책파트보다는 조직파트와 연계해서 운용하는 것이 옳다.

이러한 과정들을 통해 정책이 온전히 후보의 것이 되도록 만들 필요가 있다. 이렇게 될 때, 비로소 상대가 따라할 수 없는 '선점효과(先占效果)'가 나타나게 된다. 그저 홍보물에 적는 것만으로는 어떤 우리 편도 만들어내기가 쉽지 않다. 정책은 생산보다는 유통이 훨씬 더 중요하기 때문이다.

정책과 공약을 만들고, 이를 확산시켜 득표로 연결할 수 있는 프로세스는 무엇일까? 이슈를 생성하기 위한 조사와 그랜드플랜(Grand Plan)의 구성 및 정책공약의 개발과정, 각종 단체구성이나 집회 등을 통한 붐업(Boom Up), 조직을 대상으로 한 캠페인의 진행, 조직을 통한 캠페인의 확산 등 다섯 가지로 나누어 살펴볼 수 있다.

첫째는 이슈의 생성을 위한 조사과정이다. 이는 선거구 내의 지역특성과 선거구 내의 유권자 특성에 대한 조사를 진행함으로써 시작된다. 앞에서 설명한 정치지형조사와 병행해서 실시할 수 있다. 집을 짓기 위해서는 땅의 특성을 잘 알아야 하는 것처럼, 선거에 있어서도 선거구의 지리적 특성과 환경 그리고 현황을 제대로 이해하지 못한 채로는 정책을 구상할 수 없다. 그리고 여기에 더해 중요한 것은 유권자들의 관심과 요구를 파악하는 것이다.

공통된 관심사뿐만이 아니라 지역 유권자들의 특성화된 관심사에도 주의를 기울여야만 한다. 혐오시설문제, 교육환경에 대한 문제, 주거편의나 교통 환경에 대한 문제, 지역경기와 관련된 문제 등이 지역의 유권자가 가질 수 있는 개별적인 관심들

유권자들의 결핍에 주목할 필요가 있다. 유권자들의 결핍은 구도전략을 짜는 데에 있어서도 직접적인 고려사항이 된다. 하지만 많은 후보들은 유권자들의 결핍보다는 자신의 가치와 철학에 더 매몰되곤 한다.

이며, 지역선거에 바라는 정책이다.

그렇기 때문에 후보나 캠프는 지역주민들의 삶의 질 향상에 도움이 되는 것들을 잘 살펴야 한다. 큰 그림도 중요하지만 결국 자기 피부에 와 닿는 문제가 훨씬 더 큰 공감을 불러일으키기 때문이다. 여기에 더해 자신이 관심을 가져야 하는 문제의 한계를 어디로 두는가 하는 것도 중요한 판단기준이 된다.

이를 잘 이끌어내기 위해서는 유권자들의 결핍에 주목할 필요가 있다. 관심사가 곧 결핍에서 비롯됨을 기억하자. 정책에 있어서도 중요한 대목이지만 유권자들의 결핍은 구도전략을 짜는 데에 있어서도 직접적인 고려사항이 된다. 하지만 많은 후보들은 유권자들의 결핍보다는 자신의 가치와 철학에 더 매몰되곤 한다.

그래서 후보는 더더욱 일찍부터 현장을 돌아야 한다. 사람들과 악수를 하며 돌아다니라는 것이 아니다. 상가지역을 돌며 얼굴을 비추는 것으로는 이러한 결핍의 문제에 다가설 수 없다. 현장의 문제들을 둘러보고, 그와 관련된 사람들을 만나고 이야기를 들어봐야 한다.

어디에서 시작할까? 현찰은 무엇인가?

이러한 만남이 진행되면 그 소문은 자연스레 선거구 전체에 퍼져나간다. 얇고 넓게 펴나가서는 진척이 없다. 깊게 점을 찍어야 한다. 물론 점을 찍자마자 소문이 퍼져나가지는 않는다. 하지만 반복적인 행보로 그 점이 깊어지면 그 점은 입과 입을 통해 삽시간에 번져나간다.

그리고 선거단위에 맞는 정책을 제시하는 것도 매우 중요하다. 구청장후보가 특별한 정치쟁점 없이 '통일문제에 기여하겠다.'고 얘기하면 그것은 코미디이다. 반대로, 국회의원 후보가 '동네 치안과 편안한 밤길보행을 위해 가로등을 보강하겠다.', '보도블록 주저앉은 것을 해결해주겠다.'고 얘기하는 것도 코미디이다.

각급 선거단위에서 가장 역점을 두고 해야 할 일들은 따로 있다는 것이다. 하지만 이슈를 선점하기 위해서는 각급 선거단위 별로 가급적 스케일을 크게 가져가야 한다. 그리고 그것을 해결해가는 프로세스에서 잊지 말아야 할 것은 자신의 세일즈역량을 극대화해서 자신이 해결가능한 일이어야만 한다는 것이다. 특히 지방의 자치단체들이 가지고 있는 예산 범위 내에서 해결할 수 있는 일은 그리 많지 않지 않다. 지방 자치단체의 일이야 말로 지역 주민들의 힘을 모으고, 보다 큰 단위의 지원이 이루어져야만 가능하다. 그러므로 이를 실현 하기위한 대안도 제시할 수 있어야 할 것이다.

정치지형조사를 할 때, 이러한 내용들을 포함해서 지역의 관심사와 시급한 현안을 토대로 그랜드플랜을 구성하고, 프로세스를 개발해야만 한다. 이때 주의해야 할 것은 백화점식으로 나열되지 않도록 하는 것이다.

세상의 모든 문제들은 꼬리에 꼬리를 물고 얽혀 있다. 지역균형발전의 문제를 그 예로 살펴보자. 수도권 외의 지역이 날로 피폐해진다는 문제가 제기 되었다. 그것의 원인은 경제적인 열악성 때문이었으며, 지방에 기업이 없는 것이 핵심내용이었다.

수도권으로 산업인프라가 집중되어 있어 기업들이 모두 서울로 올라가고 있기 때문. 사람들 또한 모두 일자리를 찾아 서울로 올라가고, 그럴수록 지역의 산업은 더욱 어려워지고 동시에 지역의

그랜드플랜과 프로세스가 개발되면 유권자들과 공유할 수 있도록 여론을 만들어야만 한다. 지역 유권자들 스스로 그 방향에 대해 합의할 수 있도록 여건을 조성하는 것이다. 이것은 지역의 각 단체가 주도할 수도 있고, 캠프가 주도할 수도 있다.

대학들도 경쟁력을 잃게 되었다는 식이다. 그리고 이처럼 어려운 지방의 환경은 부동산 등 각종 경기에 영향을 주고, 자영업의 몰락을 가져오며, 그것이 더욱 유권자들의 체감경기를 어렵게 하고 있는 것.

그것들 모두를 각각 잘하겠다는 공약으로는 유권자들의 설득을 이끌어내지 못한다. 문제는 그 해법을 어디에서 시작할 것인가이다. 그리고 그 해법을 어떻게 유권자들의 직접적 이익과 결부시키는가 하는 것이 관건이라는 것.

정책생산이 아니라, 정책유통에 주목하라

너무 크게 잡거나 기존의 것을 인정해버리는 식도 문제다. '무엇을 해결할 것이며, 그것을 해결하기 위해 가장 중점을 둘 고리를 무엇으로 할 것인가'를 결정하는 것이 바로 정책이다. 그리고 그렇게 시작된 해결 고리는 다른 문제들로 확산되어 자연스레 해결책을 도출할 수 있게 한다.

그러나 이러한 일은 후보 혼자서, 혹은 참모들 선에서 해결하기가 매우 어려운 일이다. 따라서 전문가들과의 협력이 필수적인 부문이다. 그들의 조언을 통해 정책과 전략과정의 새로운 패러다임을 만들 수 있다면 당신은 매우 훌륭한 무기를 얻는 셈이다.

이처럼 그랜드플랜과 프로세스가 개발되면 유권자들과 공유할 수 있도록 여론을 만들어야만 한다. 지역 유권자들 스스로 그 방향에 대해 합의할 수 있도록 여건을 조성하는 것이다. 이것은 지역의 각 단체가 주도할 수도 있고, 캠프가 주도할 수도 있다.

각급의 단체들이 직접 발 벗고 나서 캠프와 결합하거나 연대할 수 있다면 훨씬 더 큰 동력을 얻을 수 있게 된다. 그리고 그 단체는 이러한 내용을 주민들에게 홍보하는 과정으로 공청회나 서명운동 등을 벌여갈 수 있고, 지지선언을 할 수도 있으며, 직접적으로 선거운동에 나설 수도 있다.

캠프는 그와 연계해서 콘텐츠 제공 등 정책적 지원을 하고, 그 단체는 캠프의 선거를 적극적으로 지원하게 된다는 것. 이때 유의할 것은 '더 잘해보자'로는 쉽지 않다는 점이다. '이것이 문제다. 그러니 개선하자.'의 형태로 메시지를 구성해야만 훨씬 더 파괴력을 가질 수 있다.

이와 더불어 캠프는 이처럼 구성된 정책대안을 통해 당원교육 등 조직 활동 활성화에 기여해야 한다. 특히 정치신인의 경우에는 선거구 내의 현안과 문제점들을 제기하는 것만으로도 현역과의 차별성을 확보할 수 있다. 문제를 정확히 이해하고 있다는 사실만으로도 주민들은 후보의 유능함을 인정할 수 있기 때문이다.

그러나 이때에는 고도의 정책적인 문제나 이론을 제시하기보다는 생활 주변의 매우 현실적인 문제, 하지만 유권자들에게는 가장 중요한 생존의 문제들을 지적하는 것이 좋다. 주변에 있는 혐오시설, 교육시설이나 보육시설, 환경문제 등 주변의 문제점들과 그 원인을 진단하고, 그 처방으로서 우리의 정책을 얹어야 한다는 것.

해법을 제시하는 것도 중요하지만 우리 후보, 혹은 후보가 속한 정당이 왜 그 문제를 잘 해결할 수 있는지가 명확해야 한다는 것이다. 상대적으로 상대후보는 그 일에 적합하지 않다는 점이 드러나야 한다. 흔히 이를 '이슈를 선점한다.'고 말한다.

교육프로그램도 매우 중요한 영향을 미친다. 이를테면 강사가 나와서 '이러이러한 문제가 있습니다.'하고 설명하는 것보다 동영상에 주민들이 나와서 각 문제들을 얘기하는 것이 효과가 크다는 것. 사진이나, 그래프 등을 활용해 문제를 보다 극명하게 드러내는 기법을 동원한다든가, 권위 있는 전문가들의 해박하면서도 쉬운 설명을 곁들인다든가, TV프로그램의 한 장면을 활용한다든가 하는 것도 청중들의 이해와 호응을 이끌어내는 좋은 방법들이다.

이런 과정에서 꼭 명심할 것은 문제를 드러내고, 해법을 제시하는 것도 중요하지만 우리 후보, 혹은 후보가 속한 정당이 왜 그 문제를 잘 해결할 수 있는지가 명확해야 한다는 것이다. 상대적으로 상대후보는 그 일에 적합하지 않다는 점이 드러나야 한다. 흔히 이를 '이슈를 선점한다.'고 말한다.

그러나 이슈의 선점이란 먼저 말하는 것만으로는 해결되지 않는다. 설사 내가 먼저 말했다하더라도 그것이 확산되지 않으면 아무 소용이 없는 것. 공약에 저작권이 있는 것도 아닌 터에 상대후보도 모른 척 한줄 적어 넣으면 그만인 것이다. 중요한 것은 왜 나는 할 수 있고, 상대후보는 못하는가를 분명히 할 때, 그 이슈는 나의 것이 된다는 점이다.

이러한 이슈선점에 성공할 수 있다면 다음의 과정은 이것을 보다 빨리, 그리고 효과적으로 전달되게 하기 위한 작업이다. 그리고 그것은 홍보와 조직으로 해결하게 된다. 아무리 좋은 정책을 생산했다 하더라도 유통이 되지 않으면 소용이 없다. 그리고 유통이 잘되는 정책이란 결국 소비자들의 결핍을 제대로 이해하고 만든 정책이다. 정리하면, 정책은 '만나자, 듣자, 정리하자, 연대하자, 전파하자'의 과정을 통해 표로 연결된다고 할 수 있다.

제4장. 조직컨셉과 조직

손에 잡히는 조직, 말하는 조직이 필요하다

우리 편이 많으면 이긴다. 실제 우리 편은 많지 않더라도 단지 주변에 사람들이 많다는 것만으로도 마음이 든든하다. 후보 주변 사람들의 많고 적음은 실제 선거에도 영향을 미친다. 앞서 말한 '침묵의 나선이론'을 활용하는 데에도 도움이 되고, '밴드웨건 효과(Band Wagon Effect)' 또한 누릴 수 있다.

후보의 행사나 캠프 행사에 사람들이 많이 모이는 것 역시 좋은 분위기를 만드는데 영향을 미친다. 미디어선거시대 이전, 합동연설회나 필승결의대회가 그 좋은 예다. 자기 후보의 연설이 끝난 뒤 썰물처럼 빠져나가는 인파의 수로 승리를 점치기도 했고, 체육관 같은 곳에 몇 명의 사람을 동원했는지가 선거 승부에 매우 큰 영향을 미치기도 했다.

그래서 각 캠프와 후보들은 인원을 모으기 위해 조직을 총동원했고, 모인 사람들에게는 교통편이며, 식사, 심지어 봉투까지 쥐어주곤 했다. 그렇게 해서라도 사람들을 모았던 이유는 세를 과시하기 위해서이며, '먹은 놈이 물 켠다.'를 실현하기 위해서였다. 그리 오래되지 않은 이야기이다.

하지만 지금 이런 선거를 치른다면 그 후보는 투표일 이전에 이미 후보자격을 잃게 될 것이다. 필자가 본 조직선거의 실체를 소개해볼까 한다. 1996년 총선을 준비하던 어느 날이었다. 조직선거에 필수적인 프로그램을 소개하겠다며 어떤 이가 찾아왔다. 그는 노트북을 꺼내 프로그램 하나를 열었다.

돈으로 만드는 조직은 이미 철 지난 유행가

그 안에는 총선 선거구 한 곳의 판세가 분석되어 있었다. 하지만 그 분석은 대략 몇 퍼센트의 유권자들이 누구를 지지한다가 아니었다. 선거구 내에 거주하는 유권자 한 명 한 명의 지지성향이 기록되어 있는 자료였다. 더불어 유권자 각각의 성별, 생년월일, 주소가 빠짐없이 들어 있었다.

당시 이 프로그램을 파는 사람은 프로그램 가격으로 이천만 원을 제시했다. 그래서 필자는 물었다. '이천만 원만 주면 원하는 선거구의 이런 데이터를 모두 구입할 수 있는 것인가?' 상대의 답은 '그렇다.'였다. 선거인명부를 구할 수 있고, 그 명부 속의 사람들을 모두 입력한 프로그램을 주겠다는 것이다.

'그렇다면 지지성향까지 다 기록되어 있는 것인가?' 그러자 그 사람은 고개를 저었다. '그건 캠프에서 입력하셔야 합니다.' 그것이 가능한 일인가? 그 사람의 설명은 이어졌다. 그런데 그 이야기는 데이터선거가 아니라 조직선거의 실체를 담고 있었다.

선거구 내 각 동마다 동 책임자를 정하고, 그 동 책임자는 다시 통 책임자를 구하고, 그 통 책임자는 다시 반 책임자를 구한다. 하나의 반은 삼사십 가구 남짓이다. 각 반 책임자는 자기 반 내에 있는 모든 가구의 유권자 성향을 파악한다. 이것은 캠프로 전달되고, 캠프에서는 이 성향자료를 컴퓨터에 입력한다는 것이다.

그렇게 입력이 마무리되는 시점은 선거 이틀 전쯤. 캠프에서는 입력이 끝난 데이터를 합산한다. '동그라미'는 우리 후보에게 표를 찍을 사람, '세모'는 결정하지 못했거나 투표를 안 할 사람, '엑스'는 상대 후보에게 표를 찍을 사람이다. 그 수를 보고 선거의 당락을 예측한다.

예측 결과, 우리 후보에게 표를 찍을 사람이 많아 이기는 것이 확실하면 더 이상의 조직활동은 없다. 그러나 우리 후보에게 표를 찍을 사람이 부족하다면 그때부터는 대대적인 작전에 돌입하게 된다. 부족한 표가 만 표라면 그 만 표를 '반'의 크기와 개수대로 분배한다.

그리고 저녁 무렵 야산의 몇 몇 공터에는 수십 명의 사람들이 웅성이며 차 한 대를 기다린다. 그때 검은 승용차 한 대가 다가와 멈추고, 트렁크를 열면 그 트렁크 안에는 돈 봉투가 들어 있는 박스가 나온다. 여기 모인 사람들이 반 책임자이며, 이 책임자들은 각기 할당받은 세모의 숫자만큼 돈 봉투를 받아 든다.

이른바 '중도'를 공략하는 것이다. 반 책임자들은 자기 반을 돌아다니며 세모표를 쳤던 유권자들에게 돈 봉투를 건네며, 후보에게 한 표를 부탁한다. 이것이 조직선거의 실체다. 하지만 여기서 끝나는 것이 아니다. 선거 당일이 되면 각 개표소마다에서 반 책임자들은 자기 반 사람들의 투표여부를 확인한다.

그러다가 오전 열시쯤이 되면 동그라미나 세모인 사람들 중 아직 투표하지 않은 사람들 집에 전화를 걸어 투표를 독려 내지 종용(?)한다. 투표소를 찾은 사람들에게는 반갑게 인사하며, '누구 찍

동그라미나 세모인 사람들 중 아직 투표하지 않은 사람들 집에 전화를 걸어 투표를 독려 내지 종용(?)한다. 투표소를 찾은 사람들에게는 반갑게 인사하며, '누구 찍는지 뒤에서 보면 다 보이더라. 알지?'라며 우리 후보에게 투표할 것을 재차 다짐한다.

는지 뒤에서 보면 다 보이더라. 알지?'라며 우리 후보에게 투표할 것을 재차 다짐한다.

이것이 이른바 '조직선거'다. 과연 이런 조직선거가 지금 시대에 가능하겠는가? 법적으로도 불가능하지만 이 정도 규모의 조직선거라면 선거 한 번 치르는데 얼마나 큰 비용이 투입되어야 할 것인가?

자발성이 없다면 그 조직은 사상누각

국회의원 선거구의 경우 동, 통, 반 책임자까지 모두 구성한다면 그 조직의 규모는 최소 오백 명에서 많으면 천명을 넘을 수도 있을 것이다. 이 책임자들 역시 그냥 일해주지는 않는다. 매월 활동비를 받아가며 선거운동에 동원된다. 과연 그 비용은 얼마나 될까?

더 이상 선거조직은 불필요한 것인가? 그렇지는 않다. 조직이 선거에 미치는 영향은 아직도 적지 않다. 하지만 그 목적이 달라졌다. 예전에는 돈으로 매수해서 거대한 피라미드 조직을 구축하는 선거였다면 지금의 선거는 입을 위한 조직으로 목적이 달라졌다는 것이다.

선거는 커뮤니케이션이다. 하지만 언론만으로, 혹은 홍보물만으로는 충분한 커뮤니케이션이 이루어지기 어렵다. 그래서 입에서 입으로 커뮤니케이션이 진행되어야 하며, 바로 이 입이 조직의 다른 이름인 것이다.

아직도 선거하면 '산악회'를 떠올리는 사람들이 있다. 한때는 '산악회'가 대표적 조직사업이던 시절도 있었다. '산악회'는 예전 선거에서 사조직을 활성화시키는데 활용했던 선거조직의 대표적인 방법이다. 한마디로 말하면 몇몇 사람들을 중심으로 지인들을 모아 버스 빌려서 산에 가는 것이다.

등산을 하며 땀도 흘리고, 오가는 길에 혹은 등산장소에서 먹고 마시며, 친목을 도모한다. 그러는 데에 드는 비용은 물론 후보가 댄다. 그러니 버스 열대가 움직이면 한 번에 천만 원 쓰는 것은 일도 아니다. 더구나 그 일을 매달, 몇 년에 걸쳐 한다면 비용은 억대에 달하게 될 것이다.

가는 사람 입장에서는 공짜로 구경시켜주고, 밥 주고, 술 주고, 사람들과의 관계도 넓힐 기회를 제공하니 그야말로 '꿩 먹고 알 먹고'가 아닐 수 없다. 그리고 이렇게 운영되던 산악회 조직이 선거 때가 되면 열렬한 선거운동원으로 바뀐다는 것이다.

하지만 이런 산악회는 절대 안 된다. 그 이유는 모두 알고 있다시피 불법이다. 쌍방 모두가 처벌받게 되는 중대범죄다. 향응을 제공받은 사람 역시 50배 금액을 물어내야만 한다. 알고 받았든 모르고 받았든 상관없다.

뿐만 아니라, 이런 조직이 선거 때가 되면 발 벗고 나설 것이라는 기대 역시 요즘의 이해관계로는 쉽지 않다. 설사 그렇다고 하더라도 투자한 것에 비해 얻는 것이 적다. 그리고 이렇게 까지는 하지 않더라도 각자 회비를 각출하되, 이곳저곳에서 후원의 형태로 부족한 경비를 보충하는 것 또한 불법이다. 제3자에 의한 기부행위가 바로 이런 경우다.

물론 자발적으로 산악회가 구성되는 경우도 많다. 선거캠프가 끝난 뒤 뜻을 함께 모았던 이들이 후보의 다음 선거를 위해 산악회를 구성하고, 그들 사이의 친목과 결의를 다져나가는 산악회도 적지 않다. 이러한 진정성과 자발성으로 구성된 산악회라면 그것까지 나쁘다고 할 수는 없겠다.

그러나 이렇게 시작된 모임이라 하더라도 그 취

더 이상 선거조직은 불필요한 것인가? 그렇지는 않다. 조직이 선거에 미치는 영향은 아직도 적지 않다. 하지만 그 목적이 달라졌다. 예전에는 돈으로 매수해서 거대한 피라미드 조직을 구축하는 선거였다면 지금의 선거는 입을 위한 조직으로 목적이 달라졌다는 것이다.

지가 변질되어 후보가 경제적 부담을 진거나, 후보 주변의 독지가(?)들이 이들을 돕는 형태로 변하는 것은 안 된다. 이럴 때 후보는 단호해야만 한다. 그렇지 않으면 당선된 뒤에라도 당선이 취소될 수 있음을 명심하자.

입장 바꿔 생각해보면 그 속이 빤히 보인다

산악회행사에서 후보가 한 '사전선거운동성 발언'을 녹취하거나, 제공된 향응 등을 신고해서 포상금을 받는 내부고발이 점점 더 늘어나고 있다. 밤말은 쥐가 듣고, 낮말은 새가 듣는다. '다들 하던데'식의 느슨한 생각은 절대 금물이다.

예전에 성행하던 '사랑방좌담회'나 '집들이' 등이 아직까지도 편법적으로 운영되는 경우가 있다고 한다. 그것 역시 안 된다. 산악회와 같은 이유다. 이러한 방식들은 점점 더 효과 또한 줄어들고 있음을 기억하자. 설사 향응을 베풀고, 어깨를 걸었다 하더라도 그렇게 만들어진 조직은 '확산성'에 있어 매우 취약하다. 그냥 흉내만 낸다는 것이다.

그렇다면 제대로 된 조직은 무엇이고, 조직의 목표는 무엇인가? 먼저 한 사람을 내 편으로 만든다는 것은 무슨 의미인가? 내 편이 된 사람들은 나에게 어떤 도움을 줄까? 우선은 본인이 나에게 한 표를 줄 것이다. 그리고 나아가서 선거운동을 도와줄 것이다.

그렇다면 선거운동을 도와준다는 것은 어떤 것인가? 남들에게 알리는 것이다. 알리기만 해야 하는가? 아니다. 설득해야 한다. 어떤 설득인가? 나를 찍도록 설득 해야 한다. 나아가 선거운동을 하게 만들어야 한다. 그런데 몇 가지 문제가 있을 수 있다.

첫째, 지지자가 밖에 나가 내 이야기를 하기 어려운 경우다. 그 사람의 주변에 상대후보를 지지하는 사람들이 많을 경우, 그 사람은 나에 대해 좋은 이야기를 하기 쉽지 않을 것이다. 이야기를 꺼내면 오히려 그 사람이 좋은 관계들을 잃게 될 수도 있다. '변절자', '배신자'가 될 수도 있다는 것이다.

그러니 평소 성향이 잘 맞거나, 다른 성향의 사람도 잘 설득할 수 있는 사람이 아니라면 시도하기 어려운 일이다. 그럼에도 불구하고 선거에 들어가면 평소 상대측 사람으로 알려진 이들이 후보를 만나자고 청하기도 한다. 후보는 망설여질 수밖에 없다.

하지만 상대측 사람을 만나는 일은 우리 편의 사기와 명분을 위해 조심해야 할 일이다. 득은 없고, 실이 많다는 것이다. 특히 내가 유리하거나 승부가 박빙일 때 상대측 지지자들의 연락이 잦아진다. 캠프로 찾아오기도 한다. 그러나 이 경우 대부분은 '보험차원'이다. 혹시라도 내가 당선된 후 생길 수 있는 불이익의 예방차원이라는 것.

'상대를 찍을 사람이 나를 찍으면 두 표다.'라는 말이 있다. 하지만 이것은 순진한 생각이다. 우리 편에게 우리 후보에 대한 좋은 이야기를 하는 것은 장애가 없지만 상대후보를 지지하는 사람을 설득해서 우리 편으로 만드는 일은 매우 어려운 일이다.

특히 앞서 말한 이들의 말 중에서 '내가 가진 표가 몇 십 표다, 몇 백 표다, 몇 천 표다.'하는 말은 믿지 말아야 한다. 설사 그가 나를 마음으로 지지하게 되었다하더라도 그것을 자기 주변 사람들에게 확산시켜 내게 표를 찍게

제대로 된 조직은 무엇이고, 조직의 목표는 무엇인가? 먼저 한 사람을 내 편으로 만든다는 것은 무슨 의미인가? 내 편이 된 사람들은 나에게 어떤 도움을 줄까? 우선은 본인이 나에게 한 표를 줄 것이다. 그리고 나아가서 선거운동을 도와줄 것이다.

하는 것은 불가능에 가깝다.

아는 것이 없으면 할 이야기도 없다

둘째, 지지자가 나에 대해서 잘 모르는 경우다. 나에 대해 별로 아는 것이 없으니, 나가서 해야 할 이야기도 별로 없다. '알고 보면 참 좋은 사람이다.' 정도로는 주변 사람들을 내 편으로 만드는 것은 물론 나를 찍게 하기도 쉽지 않다.

이 문제를 해결하기 위해서는 나를 지지하는 사람들이 나에 대해, 내가 주장하는 것에 대해 충분히 알 수 있도록 하는 일이 필요하다. 그것이 바로 교육이다. 그렇다고 어딘가에 모아놓고 하는 교육만 교육은 아니다. 웹사이트나 블로그에 적어놓은 글들을 보게 하는 것도 교육이요, 직접만나서 하는 교육도 교육이다.

교육을 잘 받은 사람이고, 자발성을 가지고 있는 적극적 선거운동원이라면 자신이 가장 자신 있는 자기 콘텐츠를 만들어 주변 사람을 설득하게 된다. 그림을 잘 그리는 사람은 그림으로 설득할 것이고, 편지를 쓸 사람은 편지를 쓸 것이며, 말로 설득할 사람은 말로 설득할 것이다.

셋째, 지지자가 설득 대상자에 대해 잘 모르는 경우다. 설득대상의 관심사 중심으로 이야기를 해야 하는데, 다른 관심사를 중심으로 이야기해서는 설득이 쉽지 않다. 대상자의 관심사가 아이 키우는 문제라고 하자. 그런데 성장동력을 이야기해서는 어떤 효과도 거두기가 어렵다.

나의 선거를 제대로 돕고 싶은 사람이라면 자기가 잘 아는 사람들에게 그들이 관심 있어 할 만한 내용을 이야기해서 그를 내 편으로 만들 것이다. 그런데 아는 사람들이 별로 없다면, 또 사람은 많지만 제대로 아는 사람이 없다면 또한 설득하기 쉽지 않다.

정리하자면 제대로 된 선거운동이란 자발성을 가진 지지자가 제대로 교육을 받고, 자신이 잘 아는 사람에게 자신의 콘텐츠와 자신만의 방식으로 설득하는 것이다. 그래서 상대의 표를 우리 후보에게 이끌어내는 것은 물론, 상대 또한 자신과 같은 선거운동원으로 만들어내는 일이다.

얼핏 다단계영업과도 같은 방식이다. 그렇다. 선거란 이처럼 다단계영업과도 같은 구조다. 거룩하고 진지하기만 해서는 표를 얻을 수 없다. 공중전에 의존해서 선거를 치르겠다는 말의 모순이 여기에 있다. 그래서 우리는 선거운동원들을 '보병'이라 부른다. 아무리 현대전이라 하더라도 보병이 없으면 깃발은 꽂을 수 없다.

결국 조직의 역할은 '말하기'다. 말을 통해 설득하기다. 그래서 현대선거에 있어 '조직'이라는 말은 '조직미디어'의 개념으로 쓰인다. 예전처럼 돈 봉투로 매수하고, 술로 매수하는 일은 원천적으로 봉쇄되어 있다. 설사 돈 봉투 돌리고, 술을 샀다 해도 그것이 곧 표로 이어질 것이라는 착각을 해서는 안 된다.

더불어 내 편이 되어도 크게 도움이 되지 않는 사람들이 있음을 기억하자. 모 후보의 실제사례다. 이 후보캠프의 참모들이 선거기간 중 가장 크게 신경 쓴 것은 후보를 캠프에 묶어두는 일이었다고 한다. 후보가 밖에 나가기만 하면 몇 백표씩을 까먹고 들어온다고 참모들은 판단했던 것.

비례대표 출신이었던 후보인지라 지역구 출마는 처음이었다고 한다. TV를 통해 비춰진 후보는

다단계영업과도 같은 방식이다. 그렇다. 선거란 이처럼 다단계영업과도 같은 구조다. 거룩하고 진지하기만 해서는 표를 얻을 수 없다. 공중전에 의존해서 선거를 치르겠다는 말의 모순이 여기에 있다. 그래서 우리는 선거운동원들을 '보병'이라 부른다.

야당후보로서 당당히 할 말을 하는 스타일. 학력과 경력 또한 화려한 후보였던 탓에 경쟁력이 충분하다고 생각했지만 이 후보의 표정이나 자세가 매우 거만했던 모양이다.

선거에 출마한 후보임에도 불구하고, 허리 한 번 제대로 숙이지 않은 채 악수를 하는 모습이 흡사 학생을 대하는 교장선생님 같았다는 평. 차라리 유권자들이 TV 속의 모습만 기억한 채 투표장에 들어갔더라면 당선되었을 지도 몰랐을 것이라며 참모들은 손사래를 쳤다.

그런데 이런 경우가 후보들에게만 있을까? 만약 후보를 돕는 선거운동원의 평판이 매우 나쁘다면 그 결과는 어떨까? 평소 주변 사람들로부터 신뢰받는 사람의 말과, 평소 주변 사람들로부터 욕을 듣는 사람의 말이 같은 효력으로 나타날까? 그렇지 않을 것이다. 그러니 이런 사람들은 내 편이 되는 것이 오히려 부담스러울 수밖에 없다.

일거리를 만들고, 함께 일하며 웃어라

'죽돌이'들도 경계해야만 한다. 선거운동기간임에도 불구하고, 캠프에 앉아서 후보 들어오기만 기다리는 축들도 적지 않다. 후보에게 '눈도장'을 찍으려는 사람들이거나, 특별히 갈 데가 없어 '커피숍' 대신으로 캠프를 이용하는 사람들이다. 이런 사람들의 선거운동은 후보를 피곤하게 한다.

금쪽같은 후보의 시간만 빼앗는 이런 부류들과 노닥거리다보면 '신선놀음에 도끼자루 썪는줄 모른다'는 옛말처럼 선거가 끝나버릴 것이다. 따라서 선거운동은 철저히 캠프 밖에서 이루어질 수 있도록 독려할 필요가 있다. 물론 캠프에 사람들이 북적거리는 것 자체가 잘못되었다는 것은 아니다. 하지만 캠프 안에 사람이 있다면 그 사람들은 어떤 것이든 일과 함께 할 수 있도록 조직화하는 것이 필요하다.

일거리를 만들고, 함께 웃으며 일할 수 있도록 준비하는 것도 조직사업 중 중요한 하나다. 따라서 어떻게 일거리를 만들고, 어떻게 운영할 것인가의 문제 또한 조직기획에서 충분히 다뤄져야 할 것이다. 자원봉사자의 모집과 자원봉사자의 활동 또한 이러한 차원에서 기획되고, 준비되어야만 한다.

별다른 준비 없이 사람만 많이 북적이는 선거로는 어떠한 효과도 거두기 어렵다. 사람들이 많이 오가는 것만으로 선거의 승패를 예단하는 것도 옳지 않다. 문제는 그 사람들이 무엇을 하는가이다. 조직목표, 어떠한 말을 얼마나 많이 퍼뜨릴 것인가를 분명히 하지 않으면 그저 비좁은 캠프에 사람만 가득찬 채 패배를 맞이하게 될 것이다.

선거조직은 크게 참모조직, 공조직, 사조직, 직능/단체조직, 선거대책본부 등 다섯 가지로 나눠 살펴볼 수 있다. 후보가 선거에 출마하겠다고 마음먹은 후, 가장 먼저 하는 일이 참모를 모아 캠프를 꾸리는 일이다. 참모란 후보와 겉과 속을 모두 터놓고 이해할 수 있는 최측근으로, 선거를 치러내는 과정에서 후보와 운명을 함께 해야 할 중요한 위치에 있는 사람들이다.

> 선거운동은 철저히 캠프 밖에서 이루어질 수 있도록 독려할 필요가 있다. 물론 캠프에 사람들이 북적거리는 것 자체가 잘못되었다는 것은 아니다. 하지만 캠프 안에 사람이 있다면 그 사람들은 어떤 것이든 일과 함께 할 수 있도록 조직화하는 것이 필요하다.

때문에 후보는 이들을 단순히 '가까운 부하'로 생각해서는 안 된다. 참모라고 해서 꼭 후보보다 나이가 어린 사람일 필요도 없고, 지식이 적은 사람일 필요도 없다. 후보의 당선이 곧 자신의 당선이라는 마음으로 선거기간 내내 함께 할 수 있는 사람이라면 참모의 기본조건을 갖추었다 하겠다.

이러한 참모조직은 선거를 준비하는 단계에서 구성되는데 보통은 4~5명으로 출발하여, 선거 중후반에는 10명 안쪽의 사람들로 완편된다. 이들은 크게 세 가지의 역할이 있다. 첫째, 각 분야의 전문가가 되어 선거에 나선 후보를 조언하는 일이다. 둘째, 선거 전략의 중심에 서서 제반업무를 기획하는 일이다. 셋째, 각 분야를 책임지고, 실무선을 지휘하는 일이다.

참모란 일대일의 관계의 후보 조언그룹이다

이들은 선거 내내 언제든지 후보와 일대일의 관계를 열어놓고 중요한 문제를 서로 상의할 수 있는 그룹이어야만 한다. 서로 체면 때문에 혹은 관계가 서먹해서 필요한 얘기를 쉽게 할 수 없는 사이로 방치된다면 이들은 참모가 아니라 그저 선거실무자들일 뿐이다.

때문에 이들은 전문가로 성장하여야 하며, 늘 더듬이를 열어놓고 수집된 상황정보들을 중심으로 선거와 관련된 일을 후보와 상의해야 한다. 선거에 있어 후보가 배우의 역할을 맡는다면 참모들은 스텝의 역할을 맡는 것이다.

바람직한 참모란 어떤 사람일까? 선거경험이 풍부한 사람, 지역에 오래 거주해서 선거구 내 상황이나 인간관계에 정통한 사람, 조직과 잘 융화할 수 있는 인성과 리더십을 갖춘 사람, 해당 분야의 전문가, 후보와 오랜 관계로 믿음을 나누고 있는 사람 등이 참모를 인선하는 과정에서 고려되는 요건들이다.

그런데 후보들은 정치권에서 잔뼈가 굵은 후배들을 참모로 세우는 경우가 많다. 물론 그것도 좋은 방법이다. 하지만 그런 후배들만으로는 캠프를 구성하기가 어렵다. 선거출마를 결심한 후보라면 다양한 정보망을 가동해서 참모 인선을 위한 분야별 리스트를 마련해야 하며, 그와 동시에 캠프장을 인선하여야만 한다.

꼭 필요한 참모의 인선분야는 앞서 설명한 바와 같이 전략기획, 조직기획, 후보지원, 총무의 네 개 분야다. 캠프장이 이 중 한 분야를 맡을 수도 있으나, 가급적 별도로 하여 선임하는 것이 좋다. 후보는 캠프장과 함께 리스트를 정리하고, 적임자들을 섭외하게 된다.

적임자는 앞서 말한 참모의 조건들을 중심으로 객관적 평가에 의해 선발되어야 할 것이다. 보통 후보와 오랜 관계로 믿음을 나누고 있는 사람들을 중심으로 해당 분야의 전문가가 끼게 되는 경우가 많다. 참모가 후보와 겉과 속을 모두 터놓고 이해할 수 있는 최측근이기 때문이기도 하다.

그러나 이럴 경우 조직 내에는 인사이더(Insider)와 아웃사이더(Outsider)의 묘한 경계가 생겨나게 된다. 그리고 이런 경계는 조직이 커지면서 불화로 이어질 공산이 크다. 따라서 후보는 어떠한 경우에도 인사이더그룹이 만들어지지 않도록 인선과정에서 노력을 기울여야만 한다.

참모조직에 대한 윤곽이 짜지고, 리스트가 완성되어 인선대상과 우선접촉대상자가 결정되면 후보는 이들과 일일이 접촉하여 설득해야 한다. 하지만 그에 앞서 상대를 추천했거나 상대를 잘 아는 사람이 먼저 상대를 만나 설득하는 과정을 갖는 것이 좋다. 이를 통해 그가 생각하는 선거와 요구사항 등을 파악할 필요가 있다는 것.

전략기획, 조직기획, 후보지원, 총무의 네 개 분야다. 캠프장이 이 중 한 분야를 맡을 수도 있으나, 가급적 별도로 하여 선임하는 것이 좋다. 후보는 캠프장과 함께 리스트를 정리하고, 적임자들을 섭외하게 된다.

후보는 참모들에게 명분과 프라이드를 선물해야만 한다

그리고 후보는 최종결정단계에서 상대를 만나는 것이 좋다. 많은 후보들은 이미 상대가 스스로 결정을 내린 상태에서 만나 인사를 나누기도 한다. 하지만 설사 상대방이 이미 결정을 내렸다하더라도 그냥 캠프로 입성하게 하는 것은 바람직하지 않다. 사전에 후보가 상대를 만나 정중히 부탁하고 그에게 힘을 실어주는 절차를 생략해서는 안 된다. 앞서 말했듯 후보는 그를 부하로 맞이하는 것이 아니다.

그는 후보를 선거승리로 이끌어줄 머리요, 손이요, 발이 될 사람이다. 때문에 후보는 최대한 성의를 보여 그를 모실 수 있도록 노력해야만 할 것이다. 특히 초기단계에서 결합하는 참모들의 경우에는 더욱 그러하다. 기본적으로 그들은 후보의 승리를 위해 노동법의 혜택도 버리고 모여든 사람들이다.

선거를 치르는 참모들은 밤을 새며 일하는 것이 다반사며, 아예 짐을 챙겨와 한 달 이상씩 숙소에서 생활을 하는 사람들이기도 하다. 그렇지 않다 하더라도 새벽부터 밤늦게까지 동고동락하며 오로지 후보의 당선을 위해 일할 사람들이다. 후보는 그들의 땀을 어떻게 요구할 것인지에 대해 깊이 생각해야만 한다. 그러기 위해 가장 필요한 것은 '명분'과 '프라이드'다. 후보가 그들에게 명분과 프라이드를 선물해야 한다는 것.

명분은 그들 스스로의 마음가짐을 다잡게 만들고 후보가 참모를 인정해주는 말 한마디 한마디는 참모의 힘을 돋워주게 될 것이다. 그들 스스로가 명분과 프라이드를 가질 수 없다면 그들은 자신의 능력 이상을 발휘할 수 없다. 이러한 명분과 프라이드는 후보와의 첫 만남을 통해 절반 이상 만들어지게 된다. 후보가 하기에 따라 이미 절반 이상 사기를 꺾어놓을 수도 있다는 것.

'나를 따르라가 아니라 나를 사용하라.'가 핵심이다. 후보가 참모에게 친절하고 사려 깊은 사람, 활달하고 카리스마 있는 추진력의 후보로 비춰질 첫 기회를 놓쳐서는 안 된다. 그것이 바로 참모를 후보가 직접 맞이해야하는 이유이다.

참모들을 둘러싼 모든 문제는 캠프장을 중심으로 운영될 수 있게 배려하자. 캠프장의 가장 중요한 자질은 인화다. 참모 개개인의 어려움을 듣고, 이해하며, 해결하려는 노력을 통해 참모들에게 심어진 명분과 프라이드가 유지되고 고양될 수 있도록 하는 것이 캠프장에게 주어진 최우선의 임무인 것이다. 후보는 이를 위해 참모장에게 일정 이상의 권한과 자산을 부여함으로써 힘을 실어주어야 할 것이다.

그리고 이와는 별도로 후보도 참모 모두와 일대일의 개별적인 관계를 열어두어야만 한다. 수시로 스킨십을 나누고, 각 분야의 상황을 점검하고 조언을 받아야 한다. 캠프장을 존중하되, 캠프장과는 또 다른 영역에서 참모들과 관계를 형성할 필요가 있다는 것.

후보는 참모들 모두에게 각자의 책임과 권한을 분명히 하여 스스로 각자의 분야를 소신껏 해결해갈 수 있도록 하며 언제나 그들의 말에 귀를 기울여야 한다. 그들과의 긴밀한 교류를 통해 친밀한 관계를 유지해야하는 일도 게을리 해서는 안 된다.

하지만 그들 스스로가 방종에 빠지지 않도록 적절히 견제하는 일도 중요하다. 이처럼 양쪽의 조화를 갖추기란 말처럼 쉽지 않다. 하지만 참모조직의 열정과 능력이 선거의 절 반 이상이라고 할 때, 후보가 참모들에게 기울여야할 노력은 결코 헛

'나를 따르라가 아니라 나를 사용하라.'가 핵심이다. 후보가 참모에게 친절하고 사려 깊은 사람, 활달하고 카리스마 있는 추진력의 후보로 비춰질 첫 기회를 놓쳐서는 안 된다. 그것이 바로 참모를 후보가 직접 맞이해야하는 이유이다.

되지 않을 것이다.

상황에 따라 목표를 정하고, 목표한 만큼만 조직하라

다음은 공조직이다. 예전 선거방식에서의 공조직이란 앞서 말한 매수조직이요, 당조직의 다른 이름이었다. 하지만 지금은 이런 개념의 공조직을 구성하기가 쉽지 않다. 옳고 그름을 떠나 현실적 한계가 있다는 것이다. 이렇게 되는 데에 가장 크게 기여한 것은 지구당제도의 폐지였다.

2004년까지만 해도 각 선거구마다 지구당이 있었고, 이 지구당을 중심으로 선거가 조직되었다. 이 지구당 체계 하에서는 각 동마다 동협의회를 구성할 수 있었으며, 동협의회에는 이른바 동사역이라 하여, 협의회장, 여성회장, 청년회장, 총무를 둘 수 있었다. 이러한 지구당 토대 위에서 선거체계가 가동되었던 것.

여기에 더해 지구당마다 고문, 자문, 부위원장, 특별위원회 등을 둘 수 있었으며, 이런 직함들을 두고 매관매직이 발생하기도 했다. 후원이라는 이름으로 자가발전이 가능한 자기들만의 공화국을 건설할 수가 있었던 것이다. 물론 모든 지구당이 다 그러했던 것은 아니다.

지역에 따라 당세가 다르고, 그 당세에 따라 이러한 지구당이 잘 굴러가는 곳도 있었지만 그렇지 못한 곳도 있었던 것. 더불어 해당 지구당 위원장이 국회의원인지, 원외 지구당 위원장인지에 따라서도 지구당의 규모나 힘이 달라지기도 했다.

약한 지구당의 경우 사고지구당으로 전락하거나, 그렇지는 않다하더라도 유명무실하게 자리하고 있었지만, 제대로 차린 지구당은 지역 내에서의 영향력도 제법 행사할 수 있었던 것이 당시의 상황이다. 지구당 소속 명함이 지역 내에서 신분증처럼 통용되던 시절도 그리 오래전은 아니다.

그러나 지금의 지역위원회 제도는 당시의 지구당과는 차원이 다르다. 우선은 운영방식에 있어서도 내부적으로 돈이 오갈 수 없는 구조이니 그만큼 '깨끗한 정치'가 된 것. 상대적으로 지역위원회의 운영이나 선거체계 속에서의 공조직으로의 전환이 그만큼 어려운 국면을 맞이한 것 또한 사실이다.

그런 이유로 최근에는 아예 공조직에 기대를 걸지 않고, 선거를 치르는 경우도 많다. 공조직은 지역을 근간으로 해서 구성된다. 그리고 이 공조직은 선거대책본부의 근간을 이루게 된다. 할 수만 있다면 지역별로 그물망 조직을 짜는 것이 좋다. 그러나 조직을 구축하는 데에만 매몰되다보면 막상 조직으로 할 일이 없게 될 수 있다.

따라서 조직의 역할을 명확히 하고, 그에 맞게 조직을 구축해나가는 것이 중요하다. 만약 선거운동원과 투개표 참관인 정도를 확보하기 위해 공조직을 구축하는 것이라면 크게 할 일이 없다. 하지만 지역별로 꼼꼼하게 조직을 구축해서, 이를 통해 조직미디어를 가동한다거나 조직선거를 통해 내 표 수를 세겠다는 의도로 공조직을 구축한다면 이야기가 달라진다.

이런 경우라면 시간과 자원이 많이 투입되어야만 할 것이다. 그렇다고는 해도 애초에 지역의 당세가 약한 곳이라면 사실 이러한 조직구축은 노력에 비해 효과를 거두기가 쉽지 않다. 따라서 지역의 상황에 따라 조직의 목표를 정하고, 그에 맞도록 조직을 운영하는 것이 좋겠다.

그런 이유로 최근에는 아예 공조직에 기대를 걸지 않고, 선거를 치르는 경우도 많다. 공조직은 지역을 근간으로 해서 구성된다. 그리고 이 공조직은 선거대책본부의 근간을 이루게 된다. 할 수만 있다면 지역별로 그물망 조직을 짜는 것이 좋다.

각급 선거의 후보들과 연대 내지는 공조하라

특히 지방선거에서는 일곱 단위의 선거가 이루어지므로, 각급 선거단위 자당 후보들과 연대 내지는 공조가 매우 중요하다. 그리고 그것 역시 공조직의 개념으로 파악할 필요가 있다. 같은 당의 각급 선거단위가 잘 공조할 수 있다면 자신만의 조직으로는 거둘 수 없는 많은 성과들을 낼 수도 있을 것이다.

하지만 많은 후보들이 선거단위의 연대 내지는 공조가 쉽지 않은 일이라고 입을 모은다. 자기 선거하기가 바쁘다는 것이다. 하지만 그래서는 효과적인 선거를 치르기가 쉽지 않다. 선거시기 훨씬 이전부터 선거단위 간 정보의 공유는 물론 관계의 형성으로 연대를 준비해야 할 것이다.

이렇게 준비된 연대 내지 공조는 조직활동에서는 물론이고, 전략이나 정책 분야에서도 시너지를 낼 수 있게 된다. 상시적인 연락체계는 물론, 정기적인 회합, 실질적인 협력관계의 구축으로 미리부터 연대 내지 공조 활동을 준비하자.

다음은 사조직이다. 현대선거에서는 공조직보다 사조직이 훨씬 큰 힘을 발휘한다. 선거법 등의 영향으로 공조직의 구축이 쉽지 않게 되면서 자발성을 기초로 한 사조직의 중요성이 상대적으로 더 높아졌기 때문이다. 사조직은 후보를 중심으로 한 각종 네트워크 중심의 조직이다.

향우회, 종친회, 동문회, 친인척, 팬클럽, 내가 속해 있는 모임 등도 모두 사조직이 될 수 있다. 내가 속하지 않은 향우회, 종친회, 동문회 등은 사조직이 아니다. 그것은 직능/단체조직에 해당한다.

그런 의미에서 단지 내 고향이 어디고, 내 성씨가 뭐고, 내가 어느 학교를 나왔다는 것만으로 향우회, 종친회, 동문회를 사조직이라 할 수는 없을 것이다. 첫째 조건은 이 조직과 나의 관계가 돈독해야만 하고, 둘째 조건은 결국 내 선거운동에 어떤 방식으로든 조직으로서의 역할을 할 수 있도록 해야 한다.

사조직을 구축할 때에도 목적을 분명히 하고, 목적을 달성하는데 보다 효율적일 수 있도록 접근하는 것이 필요하다. 후원을 받기 위함인지, 입소문을 내주는 수준인지, 자원봉사자로 참여하게 할 것인지, 각종 모임이나 유세의 참석 등 본격적인 선거운동을 함께 할 것인지 등을 정할 필요가 있다.

'내 동문이니까 당연히 나를 도울 것'이라는 생각은 순진하다. 모두가 바쁘고, 바쁜 만큼 관계도 소원해지는 것이 요즘은 경향이다. 단지 고향이 같거나, 성씨가 같거나, 출신학교가 같다는 이유만으로 구체적인 행위를 해야겠다고 생각하는 경우는 흔치 않다.

'내 동문이니까 당연히 나를 도울 것'이라는 생각은 순진하다. 모두가 바쁘고, 바쁜 만큼 관계도 소원해지는 것이 요즘은 경향이다. 단지 고향이 같거나, 성씨가 같거나, 출신학교가 같다는 이유만으로 구체적인 행위를 해야겠다고 생각하는 경우는 흔치 않다.

내 조직이 아니면 사조직이 아니다

명확한 명분이 제시되어야만 한다. 그리고 그보다 더 중요한 것은 그간 내가 보여준 행동과 관계다. 평소에는 보이지도 않다가 선거 때가 되어서야 이런저런 관계를 내세우며 자신을 도와주어야 한다는 후보에게 손을 내미는 사람이 과연 있을까?

보통 사조직활동은 명단과 전화로 출발한다. 따라서 명단을 확보하는 것이 필요하다. 그리고 같은 고향, 같은 성씨, 같은 출신학교라는 것을 먼저 밝힌 뒤, 필요한 것을 부탁하게 된다. 그리고 최종적인 부탁의 내용은 당신과 당신 가족의 표, 캠프내방, 선거운동 참여, 후원금 부탁 등이 될 것이다.

이때 부탁의 내용은 그간의 관계, 부탁의 방법, 명분 등에 따라 그 무게가 달라질 것이다. 직접 만나서 해야 할 이야기와 전화상으로 할 이야기는 분명히 다를 수 있다. 그런데 이 모든 것들을 후보가 직접 한다는 것은 쉽지 않다. 뿐만 아니라 한 번의 전화만으로 마음을 돌리고, 굳히는 일이 어렵기 때문에 더더욱 후보만의 노력으로는 사조직을 통한 선거운동이 쉽지 않을 것이다.

따라서 사조직은 개별조직을 움직이는 운동원을 정해 그 운동원으로 하여금 해당조직을 전담하도록 하는 것에서 시작된다. 각 조직별로 한 사람, 혹은 여러 운동원들이 스스로 후보라는 마음으로 선거운동을 하도록 해야만 효과를 볼 수 있다.

또 기억해야 할 것은 모든 사조직이 후보와의 관계에서만 이루어지는 것은 아니라는 점이다. 후보의 배우자나 자녀, 부모 등 가족은 물론이거니와 선거캠프에 합류한 명망가의 사조직도 후보의 사조직처럼 작동될 수 있다. 이러한 제반환경을 이해하고 사조직을 준비하자.

다음으로 직능/단체조직이다. 이는 사조직과는 성격이 좀 다르다. 향우회라 하더라도 내 고향 향우회는 사조직이요, 그 외 우리 지역에 영향을 미칠 수 있는 향우회는 단체조직이다. 우리 지역에 영향을 미치는, 혹은 우리 지역에 자리한 모든 직능/단체들과의 관계를 중심으로 한 조직이 직능/단체조직이다.

이런 직능/단체조직에 찾아가서 인사를 하는 것, 직능/단체조직의 행사에 가서 인사를 하거나, 행사 중 시간을 빌어 연설을 하는 것도 선거운동이기는 하다. 그러나 이 경우 큰 성과를 기대하기는 어렵다.

선거 때가 되면 모든 후보들은 지역 내 각종의 크고 작은 행사들을 빠짐없이 찾아가는데 이것 역시도 직능/단체를 대상으로 한 선거운동이기는 하다. 하지만 이런 선거운동은 후보의 인지도에는 영향을 미칠지 모르나, 그것이 지지로 연결되거나 표로 연결되기는 쉽지 않다. 그 원리는 간단하다. 우리 행사에 손님이 찾아와 아까운 시간을 빼앗아 자기 선거운동을 하면 반길 사람들이 누가 있겠는가?

직능/단체조직이란 그 직능이나 단체가 나의 선거에 적극적으로 결합하여 활동하도록 만들었을 경우를 일컫는다. 이런 직능/단체조직 역시 목표가 분명해야만 한다. 큰 선거에서는 지지선언 등을 할 수도 있을 것이다. 그러나 대개는 입소문을 낼 수 있도록 하는 것이 최선이다.

지역 내 각종의 크고 작은 행사들을 빠짐없이 이것 역시도 직능/단체를 대상으로 한 선거운동이기는 하다. 하지만 이런 선거운동은 후보의 인지도에는 영향을 미칠지 모르나, 그것이 지지로 연결되거나 표로 연결되기는 쉽지 않다.

이를 위해서는 직능/단체조직과 분명한 이해관계로 결합할 필요가 있다. 이것을 가능케 하기 위해서는 앞서 설명한 정책소비자운동이 진행되어야만 한다. 대부분은 '잘 모르는 곳이라서', '연락이 잘 되지 않아서' 등의 이유로 직능/단체조직와의 관계형성을 피하게 된다.

그러나 직능/단체조직과의 관계형성을 피하는 가장 큰 이유는 '가서 할 말이 없기 때문'이다. 미리 그 조직을 파악하고, 그에 맞는 정책 등 선물꾸러미를 들고 가야만 한다는 강박관념이 애초에 직능/단체조직과의 관계 자체를 꺼리게 만들고 있다.

후보가 잘 꾸릴 수 있는 조직에 집중하라

그럼에도 불구하고, 현대선거에서는 직능/단체조직의 중요성이 점점 높아져가고 있다. 이를 잘 하기 위해서는 얼굴에 '철판'을 까는 것이 가장 중요하다. 일단은 만나라. 그리고 '어떤 어려움이 있는지', '뭐가 필요한지'를 물어라. 이야기가 시작되면 머리를 맞대고 협의하고, 고민해서 그들에게 필요한 것을 내 정책에 반영시키면 된다. 이것이 정책을 만들어내는 프로세스요, 직능/단체조직을 구축하는 프로세스다.

마지막으로 선거대책본부에 대해 알아보자. 선거대책본부의 구축도 세월이 흐르면서 그 개념이나 중요성이 변화하고 있다. 큰 선거에서는 선거대책본부의 구축이 예전처럼 매우 중요한 위치를 점하고 있다. 하지만 지방의원 후보들의 경우에까지 선거대책본부의 구축이 중요한 것은 아니다.

선거대책본부의 구성원들이 언론을 통해, 혹은 입소문을 통해 선거에 영향을 미치는 수준의 선거는 대선, 혹은 광역단체장 선거 정도다. 총선이나 기초단체장 선거 등에서는 언론보다는 지역에서의 실질적인 영향력을 중심으로 선거대책본부가 구성된다.

선대위원장이나, 선거본부장 등의 인선에 많은 시간을 쏟기보다는 선거를 보다 효율적으로 치를 수 있는 가벼운 조직으로 선거대책본부를 구성하는 것이 보다 효율적일 수 있다. 오히려 중요한 것은 구도전략에 따른 조직컨셉을 선거대책본부의 구성에 녹여내는 것이 중요하다.

조직도를 그릴 때에도 이런 내용이 반영되어야 한다. 책에 나오는 대로, 혹은 큰 선거에서 보았던 조직도를 염두에 두고 이런저런 기구들을 나열하는 것으로는 실제 선거에 도움을 줄 수 없다. 실제 선거운동을 위한 조직을 구축하고, 그 책임과 권한, 소통관계가 분명히 드러날 수 있도록 조직도를 그리는 것이 필요하다 하겠다.

지금까지 우리는 참모조직, 공조직, 사조직, 직능/단체조직, 선거대책본부 등 다섯 개 조직에 대해 살펴보았다. 하지만 이처럼 조직을 도식화하는 것 역시 불필요할 수 있다. 그리고 이것이 다 잘 구축되었다고 해서 이기는 선거를 치를 수 있는 것도 아니다.

중요한 것은 후보가 잘할 수 있는 것을 잘하는 것이다. 자신의 장기를 발휘해서 구축할 수 있는 조직을 중심으로 선거를 치러나가면 된다는 것이다. 거듭 설명하지만 현대선거는 자발성에 기초해서 자신의 콘텐츠로 설득시킬 자신이 있는 사람들을 대상으로 설득해나가는 과정이다.

> 얼굴에 '철판'을 까는 것이 가장 중요하다. 일단은 만나라. 그리고 '어떤 어려움이 있는지', '뭐가 필요한지'를 물어라. 이야기가 시작되면 머리를 맞대고 협의하고, 고민해서 그들에게 필요한 것을 내 정책에 반영시키면 된다.

그런 말의 흐름이 잘 퍼져나갈 수 있도록 구축되는 조직, 그리고 조직프로그램을 구축하는 것. 각각의 조직이 분명한 목표를 중심으로 사기충천해서 선거를 치러나가는 것이야말로 무엇보다 중요한 선거조직의 원칙이다. 후보는 각각의 조직들마다 분명한 목표를 제시하고, 그를 중심으로 소통해나가야만 한다.

평소 약한 고리를 잘 확산했던 후보가 유리하다

더 중요한 것은 선거에 직면해서 하는 활동이 아닌 평소의 활동들이다. 평소 사람들과의 관계를 잘 준비하고, 그것을 선거에 백퍼센트 활용할 수 있다면 그보다 더 큰 힘은 없을 것이다. 이것을 별도로 해야 할 것인가? 그 토대는 역시 정당의 일상활동이다. 평소 정당활동을 통해 이러한 과정에 최선을 다한 정당과 후보만이 선거에서 보다 나은 성과를 거둘 수 있다.

이런 이유로 정당활동의 방향이 변화해가고 있다. 예전에는 사안에 대응하여 머리띠를 매고 밖으로 나가 외치는 것이 주된 활동들이었다면 이제는 평소 그 외연을 확대해가는 일이 더 중요한 활동으로 받아들여지고 있는 것. 이를 잘 하기 위해서는 약한 고리의 확산에 대해 이해해야만 한다.

약한 고리란 내가 주로 하는 일이 아닌 그 밖의 활동들로 말미암은 조직이다. 동창회가 그렇고, 동호회가 그렇고, 친목계가 그렇다. 그 반대는 강한 조직인데, 후보에게 있어 이 강한 조직이란 정당을 의미할 것이다. 하지만 이 정당에만 매몰되어서는 필요한 도움을 받기가 쉽지 않다.

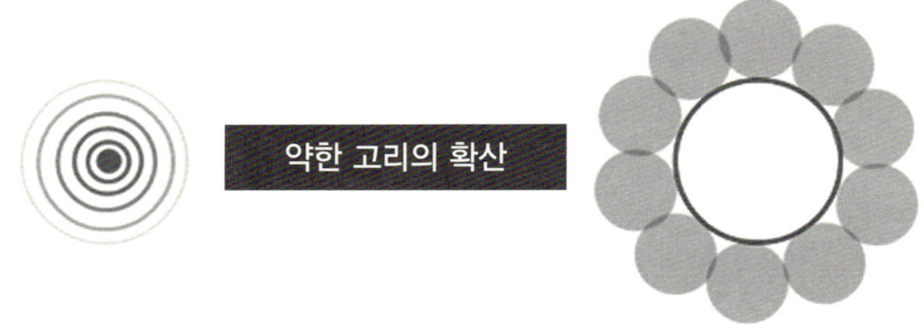

그림 2-4-1 : 약한고리 확산의 이해

이를테면 광고회사 사장이 직원을 뽑기 위해 광고협회 사람들에게 부탁했다고 하자. 동종업계에 있는 사람들이니 직원채용에 도움을 받을 것 같지만 그들 중에도 직원을 뽑아야 할 사람들이 많다. 욕심나는 사람이 있다면 자신이 데리고 쓰지 남에게 소개시켜줄 리 없다.

그러나 약한 고리라면 얘기가 다르다. 광고회사 직원을 뽑기 위해 조기축구회, 교회, 동호회 등에 소문을 낸다면 그들은 자신들이 가지고 있는 정보를 모두 제공할 수 있게 된다. 선거 또한 이런 약한 고리들의 결합이 매우 중요하다. 사람을 모셔오는 일, 표를 모으는 일 역시 이 약한 고리들이 범위도 넓고 확산성도 좋다. 그들 모두를 투표장으로 손에 손 잡고 이끌 수 있다면 승리에 한 발짝 더 다가설 수 있을 것이다.

평소 사람들과의 관계를 잘 준비하고, 그것을 선거에 백퍼센트 활용할 수 있다면 그보다 더 큰 힘은 없을 것이다. 이것을 별도로 해야 할 것인가? 그 토대는 역시 정당의 일상활동이다.

제5장. 로드맵의 완성과 운용

로드맵에 프로세스와 시스템을 더하라

선거 일 년을 좀 못 남긴 시점쯤 되면 어김없이 지인들로부터 부탁전화를 받게 된다. 선거로드맵을 보내달라는 주문이다. 선거를 일 년 앞둔 지금 무슨 일을 해야 하느냐는 것이다. 일의 순서는 앞서 제시한 바 있다. 먼저 전략이 나와야 목표와 과제가 도출되고, 그에 따라 실행기획이 나온 후에야 로드맵이 만들어질 수 있다.

이런 절차를 무시하고 만들어진 표준로드맵으로는 그 어떤 것도 할 수가 없다. 그럼에도 불구하고 막무가내다. 일단 기초그림이 있어야 전략을 짜도 짠다는 그들의 성화에 인터넷에 떠도는 표준로드맵 정도를 건네주는 경우가 다반사다. 하지만 이렇게 해서는 제대로 된 선거를 치를 수 없다.

정책컨셉이나 조직컨셉도 이와 다르지 않다. 각기 그것을 규정짓는 '무엇'을 찾되, 그것이 전체 구도전략과 연결되어야 한다. 그리고 그러한 규정이 캠프사람들은 물론 유권자 전체에게 쉽게 알려질 수 있도록 구조화시켜야만 한다.

그러기 위해서 필요한 일이 무엇인지를 찾는 과정이 과제설정이다. 그리고 그 과제들은 구체적인 프로그램들로 해결되어야만 한다. 이러한 프로그램의 일정을 표시하는 것이 바로 로드맵이다. 물론 여기에는 이것을 담당할 사람 내지는 조직과 그에 따르는 예산이 감안되어야만 한다.

따라서 이를 잘 하기 위해서는 목표설정, 구도전략수립, 각 컨셉도출, 컨셉 확보를 위한 과제도출, 세부목표설정, 구체적인 프로그램 기획, 로드맵의 완성이라는 순서를 지켜야만 한다. 더불어 로드맵은 일정 중심의 안배가 아닌 구체적 프로그램의 실행기획이라는 의미를 담도록 해야 할 것이다.

이렇게 만들어진 하나의 묶음은 향후 일의 방향을 명확히 제시해준다. 하지만 아무리 계획이 잘 만들어졌다하더라도 자원이 없으면 이 일들은 진행될 수 없다. 자원 중 가장 대표적인 것은 사람과 돈, 시간이다. 그 중에서도 현대의 선거에서 더 중요하다고 생각되는 것은 사람이다.

과제는 목표다. 프로그램은 그 목표를 달성해가는 도구다

다음 그림은 어느 구청장 후보가 만든 '본격 선거준비 전까지의 과제'다.

과제1 : 본선 경쟁력에 대한 확신이미지 구축
과제2 : 지역의 후보 세력화 프로그램 진행 및 세력화
과제3 : 지역현안과 지역비전 중심 세력화 프로그램 진행 및 세력화
과제4 : 지역 내 콘텐츠 중심 소통 프로그램 진행 및 세력화
과제5 : 구청장이라면 제시해야 할 지역 비전–정책 콘텐츠 준비와 지역 내 선거연합 형성
과제6 : 재화와 용역 중심 자원협력관계 정리

그림 2–5–1 : 어느 구청장 후보의 본선 전까지의 과제

프로그램 기획이 잘된다는 것은 그만큼 효율적으로 목표를 달성할 수 있음을 의미한다. 때문에 과제와 프로그램을 연결시켜가는 과정에서 후보와 참모들은 기존의 사례에 매몰되지 말고 보다 합리적이고도 창의적인 기획을 진행하여야만 한다.

과제를 정하였다면 다음은 과제를 해결하기 위해 구체적인 프로그램들을 기획하여야 한다. 이 후보의 경우에는 본선 경쟁력에 대한 확신이미지 구축을 위해 다시 몇 가지 세부적인 프로그램을 기획했다. 박사과정 마무리, 모교의 겸임교수 위촉, 당 정책콘테스트에서의 수상, 당의 도시재생특별위원회 위원장 위촉 등 네 가지 프로그램으로 과제 1을 해결해 나간다는 것.

이처럼 하나의 과제를 해결하기 위해 여러 가지 프로그램을 기획해야하는 경우도 있지만 하나의 프로그램으로 여러 개의 과제를 해결하기도 한다. 어느 후보는 자신의 자서전을 만드는 과정에서 '후보가 각계각층의 지역민들을 만나는 지면'을 할애했다. 이것도 하나의 프로그램이다.

그런데 이 프로그램은 자서전을 만들어 후보의 이미지를 높이겠다는 과제를 수행하는 것은 물론, 정책모니터와 정책소비자운동 등을 가능케 해서 정책조직을 구축하는 데에도 크게 기여할 것이다. 결국 이미지를 높이는 것과 조직을 만드는 것, 두 과제를 동시에 해결할 수 있는 프로그램이라는 것.

이런 프로그램을 강한 프로그램이라 할 수 있겠다. 프로그램 기획이 잘된다는 것은 그만큼 효율적으로 목표를 달성할 수 있음을 의미한다. 때문에 과제와 프로그램을 연결시켜가는 과정에서 후보와 참모들은 기존의 사례에 매몰되지 말고 보다 합리적이고도 창의적인 기획을 진행하여야만 한다.

각각의 과제는 명확한 목표로 규정되어야만 한다. 앞의 경우처럼 과제가 곧바로 결과로 이어지는 경우에는 구체적 목표를 수치로 지정할 필요가 없을 것이다. 하지만 조직구축과 같은 과제는 명확한 숫자로 목표가 정해져야만 한다.

숫자로 제시되지 않은 목표, 한 사람 한 사람에게 명확한 업무가 적시되지 않은 계획, 목표의 달성이 다음 단계에 곧바로 연결되지 못하는 상황에서의 목표는 그저 의미 없는 구호일 뿐이다.

일하는 사람 모두가 과정으로부터 소외되지 않도록 배려하라

목표의 크기도 마찬가지다. 총체적이고 광범위한 목표 하나를 세워놓고 지속적인 노력을 기울여가는 것만으로는 목표의 달성이 요원하다. 그 목표의 달성과정을 기획하고, 그 목표를 보다 세부적으로 쪼개 단계를 구성해야만 한다. 각 단계마다의 목표를 정리하고, 각각의 목표들이 맞물려 최종적인 목표를 달성할 수 있도록 조직화해야만 한다. 그러지 못하면 최종목표의 달성은 그저 구호일 뿐 실현가능성이 매우 희박하게 된다.

구구절절 말은 그럴싸한데 당사자에게 무엇을 하라는 것인지가 분명하지 않은 계획은 아무 의미가 없다. 이를테면, '총선승리를 위한 기반조직 구축', '후보의 인물이미지 획득'처럼 추상적인 말들을 목표로 두어서는 선거에서 승리할 수 없다는 것.

그렇다면 선거에서의 단계별 과제란 무엇인가? '캠프에는 표가 없다.'는 말이 있다. 캠프의 궁극적 목표는 표를 획득하는 것이다. 대개의 사람들은 표를 얻기 위해 밖으로 뛰어다니기 마련. 결국 선거의 목표는 구체적인 '표'요, 단계별 목표 역시 '표'다. 선거에 있어서 최고의 선은 표를 많이 획득하는 것이다.

목표는 과제를 구체화하고 현실화할 때 달성 가능해지는 것이다. 그 과제를 실행하고, 달성했을 때 그 결과가 무엇으로 나타나는지를 분명히 해야 한다.

달성의 결과를 분명히 하고, 그것을 숫자로 정리해야만 한다. 그래서 제시된 숫자가 바로 목표다.

그리고 그 목표를 달성하기 위한 프로그램이 준비되어야 한다. 이때 함께 일을 해나가는 사람들이라면 누구나 그 일체의 과정으로부터 소외되지 않도록 배려하라. 내가 하는 일이 차후에 어떤 결과를 가져오게 되는지, 그 다음 과정에서 어떻게 치환되는지를 분명히 알고, 그 역할을 다시금 정리하여야만 한다.

선거캠프라면 어느 곳에나 디데이게시판이 붙여져 있다. 'D - 00일'이라는 게시판을 잘 보이는 곳에 걸어두고 선거일까지의 날짜를 세는 것이다. 하지만 그 캠프들 중 많은 곳에는 구체적인 일정계획이 붙어있지 않다. 당에서 배포하거나, 외주처에서 만든 공식선거일정표 정도가 전부라는 것.

실질적인 캠프의 일정표가 붙어 있지 않다는 것은 매우 많은 점들을 시사한다. 우선은 캠프의 일정이 아예 존재하지 않는다는 것일 수도 있다. 만약 그렇지 않다면 일정은 있으되, 그 일정표를 공유하지 않는다는 것일 수도 있다.

일정을 만들어야 한다. 그리고 그 일정은 모두에게 공유되어야 한다. 뿐만 아니라 그 세부 일정들이 제대로 진행되고 있는지가 늘 평가되어야 하며, 만약 그렇지 못하다면 그 문제를 해결해야 한다.

본격적인 선거의 단계는 크게 네 가지로 구분된다. 첫 번째 단계는 선거 캠프와 전략의 구축기다. 두 번째 단계는 조직구축기다. 세 번째 단계는 지지확산과 강화기다. 네 번째 단계는 본선거운동기간이 된다.

일정을 만들어야 한다. 그리고 그 일정은 모두에게 공유되어야 한다. 뿐만 아니라 그 세부 일정들이 제대로 진행되고 있는지가 늘 평가되어야 하며, 만약 그렇지 못하다면 그 문제를 해결해야 한다.

단계설정과 함께 단계별 목표를 구체화하라

그 중 첫 번째 단계에서 후보는 캠프를 꾸리기 위한 최소의 조직을 마련한다. 대체로 이 최소조직이란 참모조직이다. 참모들이 활동하기 위한 공간도 필요하고, 각 파트별로 함께 일할 참모들도 필요하다.

이처럼 참모들이 꾸려지면 참모들을 활용해 선거전략을 구축해야 한다. 이를 위해 정치지형조사를 실시하고, 구체적인 선거기조와 그에 필요한 각종 정책과 공약의 방향을 확정하며, 후보의 콘셉트를 정리한다. 후보는 이와 함께 지역의 명망가들과 유력 인사들을 만나 선거 도움을 요청해야 한다.

두 번째 단계는 조직을 구축하는 것이 핵심이다. 참모들은 우리 캠프의 역량을 고려하여 뾰족한 방향의 활동가조직을 구축하게 된다. 이렇게 모아진 활동가들을 모아 결의를 다져가는 한편, 후보와의 스킨십을 갖게 하고, 지지와 선거운동능력 강화를 위한 각종 교육 등을 실시한다.

이때 정책파트는 정책모니터활동, 정책소비자활동 등을 펼치며, 공약을 보다 구체화한다. 조직파트는 이를 활용해서 각 정책 사안별 시민모임 등을 결성하며, 공청회 등을 통해 명분을 쌓는 한편 조직의 외연을 확산하게 된다. 홍보파트는 세 번째 단계와 네 번째 단계에서 필요한 각종 홍보물들을 준비한다. 이 시기는 예비후보자홍보물을 제작하고, 배포하는 시기이기도 하다.

사조직을 중심으로 자원봉사팀을 모으고, 가동하기 시작하는 시기도 바로 두 번째 단계다. 자원봉사팀은 지지확산과 강화기를 대비해 체계를 갖추고, 각종 매뉴얼을 작성한다. 특히 세 번째 단계에서 모아질 명단을 입력하기 위한 준비와 이를 활용해서 진행할 각종 사전홍보들을 준비해야 한다.

세 번째 단계는 지지확산과 강화기다. 대체로 이 시기가 예비선거운동기간 첫 번째 단계에서 후보는 캠프를 꾸리기 위한 최소의 조직을 마련한다. 대체로 이 최소조직이란 참모조직이다. 참모들이 활동하기 위한 공간도 필요하고, 각 파트별로 함께 일할 참모들도 필요하다.

이다. 이때에는 활동가들로 하여금 각 투표구별로 당원과 지지자들을 모집하게 한다. 그리고 이처럼 당원과 지지자들이 모아지는 사이 여러 가지 도구들을 이용해서 캠프가 세운 구도전략을 실행해나가는 활동을 벌여나간다. 필요에 따라 교육을 실시하기도 하고, 당원에게 보낼 수 있는 각종 당원용 홍보물을 활용한다. 이미 이 시기에 선거캠페인이 시작되는 것이다.

이 시기에 조직파트는 각 사조직 활동을 본격화시키고, 직능조직에 대한 선거운동을 개시한다. 후보는 선거대책본부를 꾸리고, 선거사무실 개소식과 선거대책본부발대식을 통해 활동가들에게 승리를 확신시킨다.

전략파트는 최종적인 선거기조와 후보콘셉트를 확정하며, 홍보파트는 본선거홍보물들을 제작하고, 각종 유세홍보물과 TV토론 등에 대비한 언론대책을 준비한다. 선거대책본부는 상황실 가동을 준비하고, 유세계획 등을 수립하며, 선거운동원들을 확정하고, 선거운동의 구체적인 계획을 수립하여 점검한다.

네 번째 단계는 본 선거운동기간이다. 본 선거운동기간은 다시 적당한 단위로 세분화하여 운영하는 것이 좋다. 선거운동기간이 14일에 불과하지만 그 기간 동안 총력을 다하다보면 후보와 선거운동원 모두가 지치기 마련이다. 때문에 각 선거일들을 하나하나의 테마로 설정하여 변화를 주고, 그것을 적당한 시기로 묶어 각각의 목표로 분류해두는 것이 좋다.

이렇게 단계를 설정했으면, 단계별 목표를 부여해야 한다. 단계별 목표를 수행하는 주체는 그때마다 다르다. 매 단계마다 목표는 높게 잡아야 한다. 각각의 시기를 조금씩 앞당겨 잡는 것이 좋으며, 각 실행단위의 능력보다는 좀 더 높은 목표를 요구해야 한다는 것.

전의를 불태우게 하는 계기, 30% 높은 목표

각 실행단위가 현실적으로 도달할 수 있는 수준을 확인하고, 그보다 높은 목표를 주어야 한다. 그것도 5%나 10%쯤 높은 목표, 50%~100%쯤 높은 목표가 아니라, 30%쯤 높은 목표를 제시해야 한다. 30% 초과달성이란 포기하기도 애매하고, 그렇다고 달성하기도 힘든 목표치다.

능력보다 5%쯤 높은 목표는 사람들로 하여금 단지 '열심히 해야겠는걸.'이라는 마음이 들도록 만든다. 100%쯤 높은 목표는 '도저히 달성 불가능한 목표다.'라는 생각을 만든다. 그러나 30%쯤 높은 목표는 그들로 하여금 눈을 똑바로 뜨게 하고, 지팡이를 고쳐 잡게 만든다.

사람들로 하여금 목표 달성을 위해 나름의 전략을 고민하게 한다는 것이다. 이렇게 됨으로써 그들은 혁신적인 아이디어를 찾게 되고, 접근방식도 달리하게 된다. 해내겠다는 의지가 충만해 있는 조직에게 있어 이처럼 30% 능력초과의 목표는 전의를 불태우게 하는 계기를 마련해준다.

목표를 달성해가는 과정에서 그때마다 산출되어지는 명단과 각종의 결과는 실적을 체크하는 수단이 된다. 측정된 결과들은 매번 평가되어야 하고, 그 평가에 의해 보상도 달리 주어져야만 한다. 이처럼 많은 일들은 각종의 결과들을 만들고, 이 결과들이 유기적으로 모여 선거승리라는 최종목표를 달성하게 해줄 것이다.

어떤 선거캠프인들, 또 어떤 선거조직인들 열심히 하지 않는 곳이 있겠는가? 그러나 그들 중 많은 선거캠프는 승리를 얻지 못한다. 왜 그럴까? 열심히 하는 것만으로는 이길 수 없기 때문이다. 그렇다면 어떻게 해야 하는 것일까?

의지를 모으고, 목표를 정하고, 목표에 도달하기 위한 일정을 정리하고, 그 일을 공유하고 분담하며, 각자가 정해진 일정에 맞춰 자신의 목표를 달성해 가야 하는 것이다. 그 중 어떤 것 하나라도 무너지게 되면 그 모든 것들이 무너지는 것이고, 모든 것들이 무너진 캠프는 결코 승리할 수 없다. 그저 흉내만 내다 끝난다는 것.

선거캠프 안에는 여러 사람들이 뒤섞여 있기 마련이다. 선거를 많이 경험해 본 사람으로부터 선거캠프라는 것을 난생 처음 와본 아르바이트생까지 각양각색의 사람들이 혼재해 있다. 특히 지역선거의 경우에는 처음 선거를 경험해 보는 사람들이 많기 마련이다.

사정이 그렇다보니 그들 모두가 목표를 공유하기는커녕, 각자의 역할조차 제대로 알지 못한 채 멀뚱히 남의 눈치만 보고 있는 경우 또한 적지 않다. 이런 문제에 이의를 제기하면, 노련한 경험자들은 '며칠만 더 있으면 다 알게 됩니다. 걱정하지 마세요.'라고 태연하게 말한다. 그러나 이런 조직은 필패의 조직이다.

의지를 모으고, 목표를 정하고, 목표에 도달하기 위한 일정을 정리하고, 그 일을 공유하고 분담하며, 각자가 정해진 일정에 맞춰 자신의 목표를 달성해 가야 하는 것이다. 그 중 어떤 것 하나라도 무너지게 되면 그 모든 것들이 무너진다.

프로세스의 기획이란 건물을 짓기 위한 설계 작업과 같다

여러 사람들이 함께 일하는 조직에는 필수적인 것이 프로세스다. 프로세스가 구축되어 있다는 것은 결국 그로부터 생산된 일이 확실한 결과로 나타날 수 있음을 의미한다. 이렇게 일하면 항상 이런 결과가 나타날 것이라는 믿음, 내가 정해진 시간에 이렇게 만들어 보내면 저 사람은 꼭 정해진 시간에 내 물건을 받아 이렇게 만들어낼 수 있을 것이라는 믿음이 프로세스의 기본인 것이다.

그런데 대부분의 선거판에서는 '잘 하는 놈이 다 한다.' 잘 알고 잘 하는 사람이 하루 종일 목소리를 높여 말하고, 나머지 사람들은 멀뚱멀뚱 서로를 쳐다보며 단순한 일거리들이나 만지게 된다. 가뜩이나 모자라는 일손에 이런저런 일들이 산재해서 제 때를 맞추기 어려워도 그 일을 대신해주거나 도와줄 사람을 찾기가 어렵고, 일의 체계도 정해져 있지 않아서 우르르 몰려다니기가 일쑤다. 그러나 그런 동네축구로는 이길 수 없다.

선거라는 일 자체가 자발성을 담보로 하는 일이다보니, 여기저기 소일거리 없는 어르신들도 많이 찾는다. 하루 종일 자리를 지키고 앉아 담소를 나누시는 것은 물론, 일하느라 바쁜 자원봉사자나 참모에게 커피를 끓여내라고도 다그치는 일도 다반사다.

밤을 샌 선거참모가 책상에서 자고 있고, 콜센터의 자원봉사자들이 과자를 앞에 두고 수다를 떨고 있는 선거캠프. 기자로부터 걸려온 전화를 누구에게 바꿔 줘야할 지 몰라 발을 동동 구르는 자원봉사자, 자원봉사를 하고 싶어 찾아왔지만 그를 반겨주는 이가 아무도 없어 뭘 해야 할지 모르고 그냥 서 있다가 나가버리는 사람까지……. 많은 사람들이 '이렇게 해도 선거를 이길 수 있나?’하며 의아해하는 사이에 선거는 끝나버린다.

그렇다면 어떻게 해야 효율적이고도 합리적인 프로세스를 기획하고, 시스템을 구축할 수 있을까? 프로세스를 기획한다는 것은 건물을 짓기 위한 설계도와 시방서작업 같은 것이다. 선거에서의 프로세스는 결국 ‘표를 어떻게 얻을 것인가?’에서 출발한다.

몇 표를 어떻게 얻을 것인가? 그것을 가능하게 하기 위해서는 어떤 단계와 절차를 거쳐야 하는가? 그 단계와 절차를 위해 얼마만큼의 시간과 물적·인적 자원이 필요한가? 이런 질문들에 대한 답을 체계화시키는 과정이 바로 프로세스다.

정해진 선거일정표대로 행사를 하나하나 치러나가는 것으로는 선거를 이길 수 없다. 더욱이 그것들을 효율적으로 잘해나가기 위한 프로세스라면 그것은 선거의 승리와 전혀 무관한 프로세스다. 중요한 것은 표를 얻어나가는 과정이다. 모든 일들이 표를 얻어나가는 과정을 중심으로 짜여야만 승리할 수 있다.

그렇기에 프로세스기획은 매우 어려운 것이다. 한 표 한 표 세어가며 그 결과를 예측할 수 있도록 짜인 탄탄한 프로세스만이 선거의 승리를 견인한다. 그러기 위해서는 유권자들의 마음을 움직일 수 있는 방법을 알고, 절차를 이해해야만 한다.

그러다보니 프로세스를 구축하는 작업은 대부분 경험자들을 중심으로 이루어질 수밖에 없다. 문제는 단기간 동안 벌어지는 선거이기 때문에 프로세스를 짜는 것 자체에 회의를 가진 사람들이 많다는 것. 설사 프로세스를 짠다고 하더라도 결국은 자신들의 머릿속으로 훤하게 꿰뚫고 있는 프로세스를 그저 필요할 때마다 그때그때 지시하는 것으로 시스템이 구축되었다고 생각한다. 그러나 그래서는 효율적인 선거운동을 기대하기가 어렵다.

프로세스에는 목표 해결과정이 담겨 있어야 한다

조직원들 모두가 목표를 공유하고, 목표를 달성해나가는 과정을 충분히 이해한 뒤 업무를 나눠가져야 한다. 그냥 일정을 따라 해서는 안 된다. 남들의 것을 보고 그것을 충실히 따라하는 것으로는 안 된다. 그것을 왜 하는지, 해서 어떤 기대효과가 있는지, 그러기 위해서는 어떤 점에 주목해야하는 지를 분명히 해야 한다.

그럴만한 여유가 없다고 말하는 사람들이 있다. 그러나 나는 반대다. 오히려 단기전이기 때문에 더욱 조직원들 내부의 공유와 결합도가 높아야 하는 것이다. 이렇게 될 때 각자가 맡은 일만을 정확히 해내면 결과를 만들 수 있는 강한 조직이 구축되는 것이다.

이러한 프로세스에는 모든 사람들의 업무 범위와 내역이 규정되어야 한다. 그리고 그 업무 범위와 내역은 언제, 누가, 어떤 활동을, 왜 하는지에 대해서도 명쾌하게 규정되어야 한다. 그래야만 설사 그 자리가 비거나 잠시 빠진다 해도 그 일을 도울 사람이 있다. 이렇게 업무를 표준화해두면 업무수행도 매우 수월해질 뿐만 아니라 업무 자체를 단순명료하게 정리할 수 있게 된다.

이러한 프로세스 구축에 있어 꼭 염두에 두어야 할 것은 업무와 결과의 상관관계다. '이렇게 하면 안하는 것보다는 낫겠지, 이렇게 하면 아마도 이렇게 되지 않을까?'식의 아마추어적인 사고로 프로세스를 기획한다면 낭패다.

업무는 늘 결과를 겨냥해야하고, 결과를 담보할 수 없는 업무는 하지 말아야 한다. 소중한 시간과 인적 물적 자원을 투입해서 한 일이 그저 분위기를 만드는 정도의 성과를 내는 것이라면 과감히 버리는 편이 옳다.

업무는 늘 결과를 겨냥해야하고, 결과를 담보할 수 없는 업무는 하지 말아야 한다. 소중한 시간과 인적 물적 자원을 투입해서 한 일이 그저 분위기를 만드는 정도의 성과를 내는 것이라면 과감히 버리는 편이 옳다.

이렇게 구축된 업무프로세스들이 각각의 사람과 결합하면 그것이 바로 시스템이다. 그렇다고 사람을 중심으로 시스템을 짜라는 말은 아니다. 특정한 사람이 아니라 프로세스에 의해 돌아갈 수 있도록 시스템을 짜야한다는 것. 캠프의 레이아웃도 이러한 업무프로세스를 고려해야만 한다. 누구와 누가 함께 있어야 하고, 어느 조직과 어느 조직이 라인 상에 있어야 하는지 등을 고려해야만 한다.

프로세스와 시스템에 대한 모든 검증이 끝난 뒤에는 매뉴얼이 작성되어야만 한다. 매뉴얼은 각 업무들의 절차와 양식을 문건으로 구성하는 일이다. 이 프로세스와 시스템, 그리고 매뉴얼은 결코 머릿속에서 짜지는 것이 아니다. 이것들은 모두 문건화되어 조직원들에게 공유되어야만 한다.

이렇게 만들어진 매뉴얼들은 조직원들에게 매우 유용하다. 유입되는 자원봉사자 등을 위해 만드는 안내장이나 각종 양식들도 모두 이 매뉴얼에 해당한다 하겠다. 매뉴얼까지가 작성되면 모든 일에 담당자를 정하고, 빈자리는 채워나간다. 체계가 잘 잡혀 있는 조직은 담당이 자리를 비워도 일이 굴러간다. 그 일을 대신할 대체요원까지 지정되어 있기 때문이다.

이렇게 탄탄하게 프로세스에서 시스템, 그리고 매뉴얼과정까지가 진행되면 그 어떤 사람이 들어오더라도, 또 어떤 위기상황에 부딪힌다하더라도 그 일들을 흔들림 없이 처리해나갈 수 있을 것이다.

공유되지 않은 프로세스는 프로세스가 아니다

구축된 업무프로세스와 그에 따른 시스템도 캠프 내에 공유되어야 한다. 물론 모든 사람이 이 시스템을 알 필요는 없다. 하지만 후보와 참모들은 이 모든 시스템을 이해해야 하며, 그 결과를 검증해야 한다. 검증이 끝난 시스템이라면 그 속에서 자신의 역할과 그 일이 만들어낼 결과를 숙지한다.

이 과정에서 조직 내부의 모든 사람들로부터 공감대를 얻어내지 못한 프로세스와 시스템이라면 그 기획은 잘못된 것이다. 이렇게 구축된 프로세스와 시스템, 그리고 매뉴얼은 선거에서 승리하기 위한 첫 번째 필요조건이다. 선거승리를 위한 지도라고도 할 것이다.

그것은 선거기조를 정하는 전략과 더불어, 선거캠프를 운영해나가고 지역을 훑어 표를 만들어내는 전략의 핵심이 된다. 결국 전략파트 참모들의 가장 큰 임무는 프로세스를 기획하고, 시스템을 구축하며, 매뉴얼을 작성하는 것이다. 그리고 이것들을 조직원 모두에게 공유시킬 뿐만 아니라, 그 성과의 평가를 실시해서 잘못된 것들을 바로잡고, 효과가 없는 것들을 조정해나가야 한다.

그리고 목표를 확실히 하고,세분화하여 개인의 목표로 할당할 때, 비로소 할 일이 생긴다. 그러나 아무리 분명한 목표가 있다하더라도 그 목표를 달성했을 때 생기는 이익이 없다면, 그 조직에게는 이익이 있을지언정 자기 주머니에 챙길 수 있는 분명한 이익이 없다면 누구도 열심히 움직이기는 어려울 것이다.

후보의 원동력은 당연히 당선에 대한 갈증과 당선에 대한 희망일 것이다. 그렇다면 후보와 함께 하는 이들, 혹은 함께 하고자 하는 이들이 원하는 것은 무엇일까? 그리고 후보는 그들의 요구를 어떻게 해결할 것인가?

따라서 리더는 늘 목표와 그 목표달성에 따르는 이익을 함께 준비하여야만 한다. 목표 달성을 위한 계획은 매우 구체적이고도 세부적으로 설계되어야만 한다. 그리고 이것은 다시 단계별, 조직별, 개인별 명확한 세부목표와 지침들로 완성되어야만 한다.

이런 목표들을 달성해나가는 원동력은 무엇일까? 후보의 원동력은 당연히 당선에 대한 갈증과 당선에 대한 희망일 것이다. 그렇다면 후보와 함께 하는 이들, 혹은 함께 하고자 하는 이들이 원하는 것은 무엇일까? 그리고 후보는 그들의 요구를 어떻게 해결할 것인가?

그들이 원하는 것은 밥, 삶, 꿈. 이 세 가지일 것이다. 그 중에서 가장 많은 요구는 밥이다. 취직부탁도 밥이고, 돈도 밥이고, 밥도 밥이다. 장사가 잘되었으면 하는 생각, 닥쳐온 어려운 문제를 해결하고 싶다는 욕심, 그 모든 것들이 밥에 다름 아닌 것.

사람다운 삶을 살기 위해, 자존심을 되찾기 위해, 지금보다는 더 나은 삶을 살기 위해, 이런 것들은 모두 '삶과 꿈'의 문제들이다. 그 어떤 것들이건 후보가 감당하기에는 너무나도 무거운 짐이다. 그러나 그것들 모두를 선선히 받아들여라. 그 정도도 해결하지 못할 요량의 후보라면 더 이상 정치를 해서는 안 된다.

네트워크와 연대감으로, 밥 · 삶 · 꿈을 함께 하라

그들은 당신이 모두 받아들여야만 하는 적극적인 우군들이다. 단, 분명한 무엇을 요구하며 돕겠다는 사람에게 구체적인 약속을 하는 것은 금물. 모든 사람들에게 '함께 노력해보자. 나도 최선을 다하겠다.'로 답하면 된다. 그들에게 최대한의 기대감을 갖도록 하라. 그리고 그 모든 것들을 선거의 당선과 결부시켜라. 당신은 당선가능성에 대해 자신감을 보일 필요가 있다.

당신이 당선될 가능성이 없다는 사실을 알게 되면 그 사람들은 당신에게서 더 이상 어떤 매력도 느낄 수가 없게 될 것이다. 때문에 당신은 그들에게 최대한 당선에 대한 자신감을 내보일 필요가 있는 것. 그리고 그 사람에 대해 각별한 관심과 배려를 아끼지 않는다는 인상을 계속 심어줄 필요가 있다.

당신이 당선되고 난 뒤에 그 모든 것들을 다 해결해주어야 한다는 부담감은 버려라. 만일 그런 부담을 느끼면서 선거운동을 한다면 당신은 '쌩초보'다. 사람의 생각은 변화하는 것이다. 지금 당장은 그것이 꼭 갖고 싶다하더라도 시간이 지나면 생각이 바뀔 수 있다. 그리고 합법적 해결방법이 전혀 없는 것도 아니다.

선거에 당선된 뒤에 중매쟁이가 되는 후보들이 있다. 그 정도면 '하수'다. 선거과정에서 후보를 중심으로 만들어진 네트워크와 연대감, 당선을 통해 얻어진 네트워크들을 통해 그들의 요구 중 불법이 아닌 것, 무리한 것이 아닌 수준에서 스스로 중매쟁이를 자처할 수 있다면 초보신세는 면했다 할 것이다.

선거과정에서 만들어진 그들 사이의 네트워크와 연대감을 통해 굳이 내가 아니더라도 그들 스스로 해결할 수 있도록 하는 후보는 '중수'다. 선거조직이 커지면 커질수록 모인 사람들은 다양하기 마련이다. 그 중에는 어떤 물건을 팔려고 하는 사람도 있고, 어떤 물건을 사려고 하는 사람도 있다. 어떤 사람은 취직을 하고자 하고, 어떤 사람은 정

> 진정한 '고수'는 따로 있다. 진정한 고수란 그들로 하여금 당신이 당선된 것만으로도 충분하다고 믿게 만드는 후보다. 그런 일이 가능하겠냐고 반문할지 모르지만 이런 일은 충분히 있다. 처음 시작은 그게 아니었지만 가다보니 그런 마음이 들고, 처음과는 전혀 다른 생각을 갖기도 하는 것이 사람이다.

말 괜찮은 사람을 얻고자 할 것이다.

어떤 사람은 인정받고 싶어 할 것이고, 어떤 사람은 외로울 것이며, 어떤 사람은 뭔가 뜻있는 일을 하고 싶어 할 것이다. 그들 중에는 처음 만나는 사람도 있고, 이미 알고 있는 사람도 있다. 그런 사람들이 모여, 선거라는 짧지만 강한 경험을 통해 유대감을 형성하게 되면 연대감의 시너지는 더욱 강력하게 작동된다.

그렇게 만들어진 연대로 서로는 서로를 자연스레 돕게 되고, 그들을 스스로를 하나의 느슨한 공동체로 만들어낸다. 후보는 그 속에서 느슨한 중계인의 역할만 자임하면 된다는 것. 굳이 친목회를 만들고, 어떤 모임을 만들어 참여 할 필요조차 없다. 당신이 충분히 아름다운 선거를 했다면 말이다.

그러나 진정한 '고수'는 따로 있다. 진정한 고수란 그들로 하여금 당신이 당선된 것만으로도 충분하다고 믿게 만드는 후보다. 그런 일이 가능하겠냐고 반문할지 모르지만 이런 일은 충분히 있다. 처음 시작은 그게 아니었지만 가다보니 그런 마음이 들고, 처음과는 전혀 다른 생각을 갖기도 하는 것이 사람이다.

처음에는 무엇인가를 얻기 위해 왔지만 당신의 인간적인 매력, 정치인으로서의 소신에 빠져든 뒤로는 자신의 이익보다는 당신의 당선과 정치에 훨씬 더 큰 매력을 느낄 수 있다는 것. 당신 때문에 가슴이 뛰고, 가슴이 뜨거워지고, 함성이 절로 나오는 사람들이 있고, 그들과 함께 움직이다보면 자연스레 그 역시 가슴이 뛰고, 가슴이 뜨거워지고, 함성이 절로 나온다는 것.

태도가 중요하다, 충분히 매력적인 사람이 되라

그러기 위해서는 당신의 태도가 매우 중요하다. 우선은 매력을 가져야 한다. 그리고 그들에게 늘 관심과 애정을 표해야만 한다. 그러나 무엇보다 중요한 것은 당신이야말로 '좋은 세상을 만들어 줄 수 있고, 내 아들딸들이 살기 좋은 세상을 만들어줄 수 있으며, 좋은 정치를 통해 내 삶을 달라지게 만들 수 있고, 우리 지역을 살기 좋게 만들어줄 수 있는 사람'이라고 믿게 만드는 것이다.

그리고 더 나아가서 그것들은 누가 만들어주는 것이 아니라, 우리들 스스로가 만들어가는 것이라는 사실과, 우리가 힘을 모으면 얼마든지 가능하다는 자신감을 그들에게 불어넣을 수 있어야 한다는 점이다. 이것이야말로 생활정치를 이루는 것이요, 당신의 선거를 승리로 이끄는 진정한 힘이 되어주는 것이다.

그렇다면 어떻게 조직의 생각을 바꿔나갈 수 있을까? 조직을 뜨겁게 만드는 것은 다름 아닌 그들의 열정이다. 이 열정을 위해 후보는 어떤 노력을 기울여야 할까? 움직이는 조직, 살아있는 조직, 가슴 뜨거운 조직으로 조직을 강화시키는 중심에는 후보가 있다. 그것을 만드는 것도 후보요, 그것을 이끌어가는 것도 후보라는 것.

그러기 위해 후보는 열정을 가져야만 한다. 후보의 열정이 조직의 열정을 만든다. 열정은 축제를 만들고, 축제는 열정을 돋운다. 이것이 곧 자발성이요, 이것이 곧 승기를 만드는 요인이다.

자발성이 커지고, 승기를 갖게 된 캠프라면 그 캠프는 축제 같은 선거를 치르고 있는 것이다. 모

> 전쟁은 시간이 지날수록 사람이 죽고 줄어들지만 축제는 점점 더 늘어난다. 전쟁은 분노와 원망의 코드지만 축제는 기쁨과 열정의 코드다. 전쟁은 남과의 싸움이지만 축제는 우리끼리의 일과 놀이다. 이렇게 될 때 비로소 축제 같은 선거가 가능해진다.

두의 얼굴에 웃음이 흘러넘칠 것이고, 서로가 서로에게 호의적이다. 힘든 일에도 찌푸린 얼굴보다는 격려의 말과 표정이 오고갈 것이다.

우리는 언제부터인가 축제 같은 선거라는 말을 듣는다. 축제 같은 선거란 과연 무엇일까? 앞서 말한 바와 같이 후보의 열정이 조직으로 전파된 채 치르는 선거다. 전쟁과 축제는 모두 사람이 모여야만 치를 수 있다는 공통점이 있다. 그렇다면 이 둘 사이의 다른 점은 무엇일까?

전쟁은 시간이 지날수록 사람이 죽고 줄어들지만 축제는 점점 더 늘어난다. 전쟁은 분노와 원망의 코드지만 축제는 기쁨과 열정의 코드다. 전쟁은 남과의 싸움이지만 축제는 우리끼리의 일과 놀이다. 이렇게 될 때 비로소 축제 같은 선거가 가능해진다.

캠프를 기쁨과 열정의 코드로 충만하게 해야 한다. 우리끼리의 일과 놀이로 기획해야만 한다. 이렇게 될 때 캠프사람들은 더 늘어나게 될 것이고, 결국 그것은 승리로 귀결된다. 축제·열정·감동이 함께하는, 모두가 주인이 되는 선거를 치러야할 것이다.

축제 같은 선거를 치를 수 있게 될 때, 비로소 프로세스는 열정이 깃든 사람들과 만나 제대로 된 시스템으로 완성되게 된다. 아무리 좋은 전략도 이러한 열정과 시스템 없이는 성공하기 어렵다. 모든 일이 사람에 의해 이루어짐을 다시 명심하자.

3부. 커뮤니케이션전략과 데이터선거
또 다른 가능성에 주목하라!

커뮤니케이션전략과 데이터선거를 다뤘다.
고객접점개념을 유권자접점으로 해석하고,
기업이 활용해온 고객관계관리기법을
선거에 접목시키는 방법을 제안했다.
빅데이터의 활용과 데이터선거의
구체적 실현방법을 제시했다.

제1장. 결정적 순간(MOT), 유권자 접점

바보야, 문제는 그게 아니야

우리는 선거를 치르는 과정에서 수많은 홍보물들과 홍보방법을 강구하게 된다. 언론을 활용하기 위해 이벤트를 기획하기도 하고, 인터뷰에 응하기 위해 인터뷰준비를 하기도 한다. 각종 홍보물을 기획하는 것도 큰 일 중 하나다. 뿐만 아니라 각종 행사 등을 통해 사람들로 하여금 입소문을 퍼뜨리도록 하기 위한 노력도 병행하게 된다.

그렇다면 그것들 중 가장 중요한 것은 무엇이고, 덜 중요한 것은 무엇일까? 결론부터 말하면 해당 선거구의 환경, 후보와 캠프의 역량이나 자원 등에 따라 모두 다를 수 있다. 하지만 많은 후보들이 이런 환경적 요소를 무시하고 각종 홍보에 대해 기계적 획일성으로 접근하고 있는 것이 현실이다. 하지만 그래서는 안 된다. 포인트를 찾아야 한다. 집중해야 할 곳을 찾고, 역량을 한 곳으로 모아야 한다. 각종 홍보물과 홍보방법들을 이해하고, 그 관계를 이해해서 전략화, 혹은 전술화 하는 노력이 필요하다. 우리는 간혹 전혀 필요 없는 일에 힘을 빼거나 정말 중요한 일을 무시하곤 한다.

춘추전국시대 송나라에 술을 만들어 파는 장씨(莊氏)라는 사람이 있었다.

그는 술을 팔면서 되를 속이지도 않았고 술 빚는 실력 또한 훌륭했으며 멀리서도 볼 수 있게 '넉넉한 인심으로 맛 좋은 술을 판다'는 그럴듯한 간판까지 내걸었던 사람이다.

하지만 무슨 일인지 찾아오는 손님이 갈수록 줄어들어 술맛이 시큼하게 변하고 말았다. 이를 이상하게 여긴 장씨는 동네의 유식한 노인 양천을 찾아가 그 이유를 물어보았다. 양천은 장씨 술집의 개가 너무 사나워서 어른들이 어린아이에게 술을 받아오라고 시켜도 아이들은 개가 무서워 술집을 찾지 못하기 때문이라고 말해 주었다.

'술집의 개가 사나워 술이 시어졌다.'는 한비자에 나오는 구맹주산(狗猛酒酸)이라는 고사성어이다. 이 말은 '나라에 간신(奸臣)들이 많으면 충신(忠臣)들이 모이지 않는다.'는 뜻으로 쓰이다가 요즘에는 '경영방법이 좋지 않으면 발전이나 진보가 어렵다.'는 것에 비유하여 사용되고 있다. 여기서 개가 있는 곳은 고객과 술집이 처음 만나는 곳, 즉 접점(接點)이라고 할 수 있겠다.

보고 들은 것을 믿는 게 아니라, 믿는 것을 보고 듣는다

그렇다. 문제는 그것이 아니었다. 술을 맛있게 빚는 것도, 가격을 내리는 것도, 친절해지는 것도 정답이 아니었다. 생각지도 못했던 곳에 문제가 있었던 것이다. 이런 일은 매우 흔한 일이다. 그리고 여러 가지를 종합적으로 보고 판단하는 고객이 있는가 하면, 단 한 가지만으로도 그 모든 것을 판단해버리는 고객이 있다는 사실에 주목해야만 한다.

앞서 말한 '구맹주산'의 예가 선거와는 관계없는 것일까? 결론부터 말하면 그렇지 않다. 많은 후보들이 이런 실수를 한다. 그 중에서도 인지도에 집착하는 경우가 대표적인 '구맹주산'격의 실수요, 실패다. 처음 선거에 나서는 후보, 도전하는 후보일수록 행사장 쫓아다니기와 거리에서 명함돌리기에 전력투구한다.

선거준비기에 치러지는 여론조사 결과들은 한 결같은 공통점이 있다. 현직 후보는 인지도가 높게 나오는 반면 도전하는 후보들은 인지도가 낮게 나온다는 것 그것은 너무나도 당연한 일이다. 또 재미있는 공통점은 현직인 후보는 인지도에 비해 지지도가 낮게 나오고, 도전하는 후보들은 인지도에 비해서는 지지도가 높게 나온다는 것.

행사란 행사는 모두 찾아다니고, 상가를 돌며 명함을 돌리고, 출퇴근길 명함돌리기에 열성을 보인다. 그러나 이 대부분이 허망한 일이다. 당신이 홍길동 후보나, 홍길동 후보 당을 지지하는 사람이라고 치자. 그런데 임꺽정 후보가 당신에게 명함을 열 번 준다면 당신은 지지당이나 지지후보를 바꾸겠는가?

예를 들면 현직 홍길동 후보는 인지도 65%에 지지도 35%, 도전하는 후보인 임꺽정 후보는 인지도 23%에 지지도 19% 등이다. 이때 많은 도전자들은 지지도보다는 인지도의 낮음에 주목한다. 그래서 인지도를 올리기만 하면 자연스럽게 지지도도 올라갈 것이라 믿고 인지도를 올리기 위해 많은 노력을 기울이게 된다는 것.

그래서 행사란 행사는 모두 찾아다니고, 상가를 돌며 명함을 돌리고, 출퇴근길 명함돌리기에 열성을 보인다. 그러나 이 대부분이 허망한 일이다. 당신이 홍길동 후보나, 홍길동 후보 당을 지지하는 사람이라고 치자. 그런데 임꺽정 후보가 당신에게 명함을 열 번 준다면 당신은 지지당이나 지지후보를 바꾸겠는가?

'보고 들은 것을 믿는 게 아니라, 믿는 것을 보고 듣는다.'는 말이 있다. 중요한 것은 많이 보여주고 들려주는 것이 아니다. 믿게 만드는 것이 훨씬 더 중요하다. 인지도는 선거에 즈음하면 자연스레 높아지도록 되어 있다. 선거벽보가 붙으면 누가 출마했는지는 온 동네가 다 안다. 하지만 장이 서지 않은 시기에 인지도 높이는 일은 쉽지 않다. 뿐만 아니라 인지도를 높이면 높일수록 지지도와 함께 반대하는 세력 또한 많아진다는 사실을 깨달아야만 한다.

하지만 뻔히 이런 사실을 이해했다고 하더라도 막상 선거에 들어가면 후보들은 인지도 높이기에 정신을 쏟는다. 그것 말고는 별로 할 일이 없어서이기도 하고, 가장 하기 쉬운 일이기 때문이기도 하다. 그보다는 남의 입을 빌릴 수 있도록 하는 것이 좋다. 믿는 사람으로부터 당신의 이야기를 듣도록 하는 것이 훨씬 더 좋은 방법이다.

무엇이 중요하고 무엇이 덜 중요한지를 따져라

이처럼 조금만 원리를 파악해보면 간파할 수 있는 것들이 많다. 하지만 막상 선거시기에 이르면 마치 집단최면이라도 걸린 듯 허둥대게 되고, 매사를 기계적으로 해내기에 급급해진다. 다른 예도 있다. 선거사무소에 붙는 현수막이 더 중요할까? 아니면 집집마다 배포되는 홍보물이 더 중요할까?

선거사무소에 붙는 현수막의 경우, 크기를 아무리 크게 한다 해도 그 예산은 홍보물 예산에 비해서는 적을 것이다. 사정이 그러하다보니 대부분의 캠프가 홍보물에 쏟는 정성은 현수막에 비해 훨씬 크다. 하지만 유권자 노출비율은 어느 쪽이 더 클까?

선거사무소의 위치와 현수막 크기에 따라 영향력이 달라지겠지만 홍보물은 단일노출이 아니라는 점에 주목해야만 한다. 봉투 하나에 적게는 서너 개에서 많게는 서른 개 이상의 홍보물들이 함께 전달된다는 것. 그러니 당연히 열

독률도 떨어지고, 심지어 홍보물이 든 우편물 봉투조차 뜯어보지 않은 채 투표장으로 가는 유권자들도 적지 않다.

따져보아야만 한다. 무엇이 더 중요하고 무엇이 덜 중요한지, 어떤 것에 집중해야 하는지를 따져보지 않고 기계적 획일성으로 홍보물과 홍보방법들을 대한다면 중요한 것들을 모두 놓치고 말 것이다. 홍보물과 홍보방법에 대해 모두에게 적용되는 기준은 있을 수 없다.

무엇이 더 중요하고 무엇이 덜 중요한지, 어떤 것에 집중해야 하는지를 따져보지 않고 기계적 획일성으로 홍보물과 홍보방법들을 대한다면 중요한 것들을 모두 놓치고 말 것이다. 홍보물과 홍보방법에 대해 모두에게 적용되는 기준은 있을 수 없다.

선거구의 사정과 환경에 따라 그 쓰임새와 영향력이 모두 달라지기 때문이다. 그렇다면 기준을 어떻게 잡아야 할까? MOT(Moments Of Truth : 결정적 순간)와 **브랜드접점리스트**[1], 그리고 **브랜드접점 우선순위그리드**[2]가 크게 도움이 될 것이라 믿는다. 구체적인 내용은 뒤에서 좀 더 알아보기로 하자.

MOT(Moments Of Truth), 즉 진실의 순간이란 스페인의 투우 용어인 'Momento de la Verdad'를 영어로 옮긴 것이다. '투우사(Matador)가 소의 급소를 찌르는 순간', 즉 생(生)과 사(死)를 결정짓는 매우 중요한 찰나를 의미한다. '피하려 해도 피할 수 없는 순간' 또는 '실패가 허용되지 않는 매우 중요한 순간'을 의미하기도 한다.

따라서 MOT란 '진실의 순간'이라는 통상적 번역보다 '결정적 순간'이라는 말이 더 적합하다고 할 수도 있다. 훗날 스웨덴의 마케팅 학자 리처드 노만(R. Norman)이 서비스 품질관리에서 이를 처음으로 사용하면서 이 용어는 '고객이 조직의 어떤 일면과 접촉해서 그 조직 및 품질에 대해 어떤 인상을 받는 순간이나 사상(事象)'을 의미하게 되었다.

이후 이 용어는 1987년 스칸디나비아항공(Scandinavian Airlines)의 사장,

브랜드접점리스트[1]

고객이 기업(조직)과 만나는 모든 지점들의 목록 . 예를 들어 항공사의 경우, 항공사 TV 광고, 비행기 청결정도, 스튜어디스의 친절정도 등이 해당 될 수 있음.

브랜드 접점 우선순위 그리드[2]

브랜드접점리스트를 통해 체크된 접점들을 각각 '중요함–중요하지 않음', '긍정적–부정적'의 4분면 위에 배치시켜 보는 일을 말함. 이 작업을 통해 각각의 접점들의 중요도와 집중적으로 챙겨야 할 접점들을 체크할 수 있음.

얀 칼슨(Jan Carzon)이 쓴 저서 '결정적 순간 15초'를 통해 확산된다. 여기서 칼슨은 비행기의 불결한 식기를 예로 들어 진실의 순간이 갖는 중요성을 설명했다.

가령 승객들은 자신의 식기가 지저분하다고 느끼면, 순간 탑승하고 있는 비행기 전체를 불결하다고 느끼게 된다는 것. 반대로 비행기에 탑승하는 순간 승무원의 친절한 인사와 좌석 안내만으로도 이 항공사가 제공하는 서비스가 매우 친절하다는 인상을 받게 된다는 것이 그의 주장이다.

인상을 좌우하는 15초의 순간, 결정적 순간은 어디?

"지난 한 해 동안 천만 명의 고객이 서비스를 받기 위해 우리 직원들과 다섯 번 정도 만났는데, 이 만남은 평균 15초 정도였다. 따라서 우리 스칸디나비아 항공사의 결정적 순간은 한번에 15초 정도, 일 년에 5천만 번 창조된다고 할 수 있다. 이 5천만 번이나 되는 '결정적 순간'이 우리 회사의 성패를 결정하는 순간이다."

이처럼 결정적 순간은 고객에게 서비스 품질을 보여줄 수 있는 15초 내외의 극히 짧은 순간이지만, 서비스 제공 기업에 대한 인상을 좌우하는 순간이기도 하다. 즉 고객으로 하여금 '이 기업이 사랑에 빠져도 될 기업인가'를 결정하게 만드는 매우 중요한 순간이다.

서비스 품질관리에서 MOT란 '고객이 조직의 어떤 일면과 접촉하는 접점(接點)으로, 서비스를 제공하는 조직과 그 품질에 대해 어떤 인상을 받는 순간이나 사상(事象)'을 말한다. 일반적으로 MOT는 고객이 종업원과 접촉하는 순간에 발생하지만, '광고를 보는 순간'이나 '대금 청구서를 받아 보는 순간' 등과 같이 조직의 여러 자원과 직접 또는 간접적으로 접하는 순간이 될 수도 있다.

선거에서도 마찬가지다. 선거를 치르는 후보와 앉아 한동안 이야기를 나눠본다거나, 캠프에 들러 이런저런 사람들을 만나고, 이야기를 듣는다거나, 하다못해 정책자료집이라도 꼼꼼하게 읽어보고 투표하는 사람이 얼마나 될까? 어떤 한마디, 심지어 벽보의 사진이미지만으로 후보를 결정하는 경우도 있다.

선거를 치르는 후보와 앉아 한동안 이야기를 나눠본다거나, 캠프에 들러 이런저런 사람들을 만나고, 이야기를 듣는다거나, 하다못해 정책자료집이라도 꼼꼼하게 읽어보고 투표하는 사람이 얼마나 될까? 어떤 한마디, 심지어 벽보의 사진이미지만으로 후보를 결정하는 경우도 있다.

결정까지는 아니라 하더라도 후보를 반대하거나 옹호할 때 하는 말은 선거의 부조리함을 여실히 보여준다. '귀가 축 늘어진 것이 재복(財福)이 있게 생겼더라.', ' 눈이 쪽 째진 것이 쥐상이다.', '이마가 시원하게 넓어서 관상이 좋더라.', '누구와 친척이라더라.' 같은 선거와 전혀 상관없을 것 같은 반대나 옹호하는 말이 의외로 선거에서는 먹힌다는 것.

유권자들이 그런 이유로 투표하거나 하지 않는다면 어떻게 해야 할 것인가? 그것 역시 신경써야할 대목이 아닐까? 이런 현상은 선거에서만 나타나는 것이 아니다. 기업의 상품판매에도 나타나고, 식당의 흥망성쇠에서도 나타난다.

식당의 예를 들어 브랜드접점을 살펴보자. 사무실에 출근해서 사무를 보고 있던 A씨는 신문을 보기 시작한다. 개업한 식당의 전단이 신문 사이에 끼워져 있었지만 A씨는 내용도 보지 않고 휴지통에 넣어버린다.

그날 점심시간 동료들과 함께 거리로 나선 그에게 음악소리가 들려온다. 좀 떨어진 곳에 간이무대를 만들어놓고 도우미들이 율동과 함께 호객을 하고 있었던 것. 잠시 보며 '뭐가 새로 문을 연거지?'라고 생각했지만 미리 정해둔 대로 불고기백반을 먹기 위해 동료들과 함께 이내 발걸음을 옮긴다.

식당 하나에서 만나는 수많은 고객접점들

불고기백반집을 향해 가던 중 도우미 아가씨 하나가 전단을 하나 쥐어주며 말한다. '오늘 개업한 식당인대요. 개업기념으로 네 분 드시면 한 분 공짜예요. 애용해주세요.' 전단의 내용을 보니, 낙지전골집이다. 가격도 저렴한 데다 사진으로 보는 낙지전골이 먹음직스럽다. 함께 가던 동료 B가 말한다. '네 사람이면 하나 공짜라는데 여기 한 번 가볼까요?' 다들 별다른 이의 없이 자연스레 낙지전골집을 향한다.

간판에는 대머리를 연상케 하는 낙지그림과 함께 '○○○낙지'라는 상호가 선명했다. 간판디자인이 독특해보였다. 생각해보니 한창 인테리어 공사를 하던 집이다. A씨는 이 앞을 지나치면서 몇 번 봤었고, 그때마다 무슨 집이 이렇게 거창하게 개업을 하나? 하는 생각을 했던 터.

문을 열고 들어서자 종업원 몇 명이 '어서 오세요.'라며 인사를 한다. 개업한 식당치고는 손님이 꽉 들어찼다. 내부도 넓어 보이고, 종업원들도 교육이 잘 되어 있는지 싹싹해 보인다. 종업원 하나가 A씨 일행을 자리로 안내한다. 손님들이 막 빠져나간 테이블이었는지 행주가 지나간 흔적이 물방울로 남아 있다.

좀 찜찜해 하고 있는데, 종업원이 다가오더니 테

> 음식이 끓자 누가 먼저랄 것 없이 식사를 시작한다. 이때 D가 종업원을 부른다. 수저에 얼룩이 있었던 모양이다. A씨는 이미 낙지볶음을 덜어 밥에 비비고 있던 터였지만 자기 숟가락을 한번 확인한다. 종업원은 '죄송합니다.'라며 얼른 숟가락을 바꾸어 주었다.

이블을 마른 행주로 훔치며 메뉴판을 보여준다. 메뉴판에는 이런저런 메뉴들이 있었지만 '점심특선'이라고 되어 있는 박스로 눈이 간다. 그곳의 메뉴들이 비교적 저렴했기 때문.

그때 B씨가 종업원에게 농 비슷한 것을 던진다. '아가씨, 여긴 저녁에 소주 한 잔 하는데 아닌가?' 종업원은 웃는 얼굴로 '저녁시간에 소주 안주로도 좋고요, 점심에는 식사로도 좋습니다. 저녁에도 한 번 같이들 오세요.'

점심특선 중에서 낙지볶음밥을 시켰다. 그러자 종업원은 '예. 확인해 드리겠습니다. 낙지볶음밥 점심특선 주문하셨고요. 네 분이 주문하셨으니까 한 분은 무료로 드리겠습니다. 맞습니까?' 네 사람 모두가 착한 학생들처럼 동시에 '네.'라고 답해버렸다. 일동 웃음.

식사가 나왔다. 정갈해 보이는 몇 가지 반찬들. 팬 위에 먹음직스럽게 올려진 음식이 끓자 누가 먼저랄 것 없이 식사를 시작한다. 이때 D가 종업원을 부른다. 수저에 얼룩이 있었던 모양이다. A씨는 이미 낙지볶음을 덜어 밥에 비비고 있던 터였지만 자기 숟가락을 한번 확인한다. 종업원은 '죄송합니다.'라며 얼른 숟가락을 바꾸어 주었다.

식사를 다 마친 뒤, 일어서려하자 종업원이 다가와 식혜가 놓인 통을 가리키며, '셀프인데, 식혜 한 잔씩 드시겠습니까?'라고 묻는다. 우리가 그쪽으로 다가가려 하자 또 종업원은 '오늘은 첫날이니까 제가 가져다 드릴게요.'라며 우리를 자리에 다시 앉힌다.

종업원이 가져온 식혜는 독특한 맛이다. '이 식혜는 호박식혜인대요, 직접 집에서 담은 식혜입니다.' 호박식혜라는 말에 다들 한 마디씩 거든다. 식혜를 다 마시고 A씨는 계산대에 줄을 선다. 앞에 이미 계산을 기다리는 사람들이 제법 있다. 시간이 좀 걸려서 계산을 하려하자, 카운터에 있는 종업원인지 사장인지 하는 사람이 묻는다. '식사는 어떠셨습니까?' '예. 맛있었습니다.'

내 선거에 영향을 미치는 결정적 접점은?

카운터의 사람은 계산을 마친 후, A씨에게 쿠폰 하나를 건넨다. 쿠폰에는 동그라미 다섯 개가 있었다. '1만원 마다 도장 하나씩 찍어드려요. 다섯 개가 다 찍히면 점심특선 1인분 공짜입니다.' 벌써 동그라미가 두 개나 찍혀 있다. 계산을 마치고 나온 A씨는 동료들에게 '이집 괜찮네. 자주 오자.'라고 말하며 동료들과 함께 웃는 얼굴로 사무실을 향한다.

지금까지 말한 장면에서 브랜드접점은 몇 군데나 존재하는가? 그 중 공급자의 의사표현 접점, 고객의 의사표현 접점, 고객과 고객 사이에서의 의사표현 접점은 과연 몇 개씩 존재하는가? 의사표현의 문제 외에도 직접적인 상품과 고객이 만난 접점은 또 몇 곳에 존재하는가?

자고로 식당을 결정함에 있어 가장 중요한 것은 무엇일까? 대체로 사람들은 맛이라고 생각할 것이다. 더불어 그 집의 분위기 또한 식당 결정에 중요한 역할을 하게 될 것이다. 그렇다면 맛과 분위기를 어떻게 알릴까? 위에서 예를 든 식당의 경우, 고객들은 맛과 분위기를 알아서 찾아간 것인가?

위의 경우에서는 '네 명 중 한 명은 공짜'라는 말이 결정적 접점으로 작동되었다. 물론 시간이 오래 지나면 입에서 입으로 그 식당의 맛과 분위기가 전해질 것이고, 점차 손님은 늘어갈 것이다. 하지만 처음 손님들을 끌어오기 위해 설정한 접점이다.

접점의 종류	접점의 구체적 내용
공급자의 의사표현 접점	전단지, 도우미 호객, 전단과 도우미 말, 간판과 분위기, 메뉴판과 메뉴판 구성, 계산, 쿠폰
고객의 의사표현 접점	숟가락에 관한 불만제기
고객과 고객 사이에서의 의사표현 접점	재방문에 대한 대화
상품과 고객이 만난 접점	인테리어공사, 내부의 분위기, 종업원의 인사, 테이블 상태, 상품구색, 음식, 식혜

표 3-1-1 : 예로 든 식당관련 접점의 종류와 내용

선거는 이와 다를까? 더구나 선거는 짧은 시간에 승부가 나는 게임이다. 그러니 사람이 좋은 것, 정책이 좋은 것만으로 승부를 결정짓기란 그리 쉽지 않다. 선거에 영향을 미치는 접점들을 살펴보고, 그 접점들을 잘 구성하는 것은 그래서 더 중요하다.

이미 이전에 보았던 인테리어공사, 신문전단, 도우미의 호객, 신문전단과 도우미의 말, 간판과 분위기, 종업원의 인사, 테이블, 메뉴판, 주문, 상품구색과 관련상품(저녁시간의 모임메뉴), 음식, 숟가락에 대한 불만 제기, 식혜, 계산 장면, 쿠폰, 동료들과의 재방문에 대한 대화 등 눈에 보이는 접점들의 숫자만도 만만치 않다.

'네 명 중 한 명은 공짜'라는 말이 결정적 접점으로 작동되었다. 물론 시간이 오래 지나면 입에서 입으로 그 식당의 맛과 분위기가 전해질 것이고, 점차 손님은 늘어갈 것이다. 하지만 처음 손님들을 끌어오기 위해 설정한 접점이다.

이러한 브랜드접점들은 기업과 상품이 처해 있

는 상황에 따라 모두 달라질 것이다. 앞에서 든 예는 그저 음식점 수준의 것이었지만 이것이 전국을 상대하는 소비재나 내구재의 수준으로 올라가게 되면 그 내용은 훨씬 더 다양하고도 복잡해질 것이다.

물론 이러한 접점 모두가 결정적 순간은 아니다. 중요한 접점이 있고, 중요하지 않은 접점도 있을 수 있다. 기업이 의도한 접점도 있으며, 의도하지 않은 접점도 있다. 고객들은 각 접점에 거는 기대와 기대수준이 있다. 이것을 어떻게 만족스러운 경험으로 유지·관리하는 지가 기업이 해야 할 일이다.

중요한 것은 무엇이고, 잘한 것은 무엇인가?

따라서 각 기업들은 자신의 브랜드가 고객과 만나는 접점에 대해 충분히 이해하고, 이를 관리하는 일이 필요하다. 이를 위해서는 접점을 제대로 파악하고, 그것들마다의 중요도를 파악해야만 한다. 이러한 접촉점 관리를 위해 리사 포르티니-캠벨(Lisa Fortini-Campbell)은 브랜드 접촉검사의 3단계 과정을 개발했다.

첫째, 현재 및 잠재고객 관점에서 통제가능여부와 관계없이, 그리고 기업 담당자의 직접적 책임여부와 관계없이 모든 브랜드접점을 확인하라. 둘째, 현재 및 잠재고객의 관점에서 브랜드접점을 조직하고 우선순위를 매겨라. 이것을 통해 결정적 순간을 확인하라. 다음의 표는 브랜드접점리스트다.

브랜드 접점	중요도 평가	인상 평가	주도자	고객 기대	고객 경험	발송된 메시지	현재 할당된 자원
접점 A							
접점 B							

표 3-1-2 : 리사 포르티니-캠벨이 제안한 브랜드접점리스트 보완수정 제안

첫째열의 브랜드접점에 기재되어야 할 사항은 앞서 설명한 바와 같이 공급자의 의사표현 접점, 고객의 의사표현 접점, 고객과 고객 사이에서의 의사표현 접점, 상품과 고객이 만난 접점 등이다. 둘째열의 중요도 평가는 고·중·저의 3단계로 표현하거나 점수를 매겨 기재할 수 있다.

셋째열의 인상평가는 각각의 접점에서 고객들이 받은 인상을 나타낸다. 현재 또는 잠재고객이 받은 인상이 긍정적이냐 부정적이냐를 확인하는 난이다. 그것은 점수를 파악해서 점수로 기재할 수도 있고, 단순히 긍정과 부정으로 기재할 수도 있다. 이 세 가지 정보를 통해 브랜드 접점 우선순위를 확인할 수 있다. 다음의 표는 리사 포르티니-캠벨이 제안한 브랜드접점 우선순위그리드다.

접점 모두가 결정적 순간은 아니다. 중요한 접점이 있고, 중요하지 않은 접점도 있을 수 있다. 기업이 의도한 접점도 있으며, 의도하지 않은 접점도 있다. 고객들은 각 접점에 거는 기대와 기대수준이 있다. 이것을 어떻게 만족스러운 경험으로 유지·관리하는 지가 기업이 해야 할 일이다.

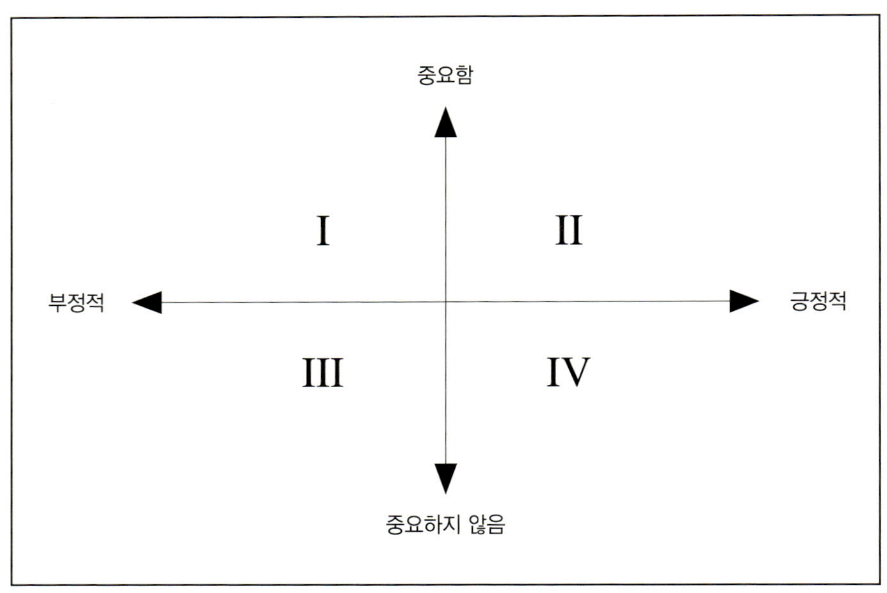

그림 3-1-1 : 리사 포르티니-캠벨이 제안한 브랜드 접점 우선순위그리드

리스트(List)와 그리드(Grid)의 완성으로 새로운 접점을 기획하다

우리는 이와 같은 방법으로 브랜드접점 중 어떠한 것에 우선투자가 필요한지를 살펴볼 수 있다. 이 그리드의 1과 3분면에 있는 접촉점들을 향상시키는 가장 쉬운 방법은 그것들을 2와 4분면에 있는 긍정적인 접촉점들과 통합시키는 것이다.

이처럼 브랜드접점리스트와 우선순위그리드를 작성하고 나면 이들을 이용해서 여러 가지 활용이 가능해진다. 이러한 활동들을 통해 고객과의 새로운 접촉점을 만들어내야겠다는 판단이 내려질 수도 있다. 그것이 어디에 위치해야 할지도 명확해진다.

각각의 커뮤니케이션 내용을 상황에 맞게 구성하고, 메시지전달의 효율적 접점을 찾아낼 수도 있다. 또 고객만족도 측정지표를 구성할 수도 있게 된다. 그러나 가장 중요한 것은 기업의 브랜드 커뮤니케이션 우선순위를 파악할 수 있게 해준다는 점이며, 이에 맞는 자원의 할당과 배분의 지표가 된다는 사실이다.

유권자들은 유권자접점을 통해 후보에 대한 이미지를 갖게 된다. 따라서 후보는 유권자접점을 통해 적극적으로 자신의 컨셉을 알리고, 구도를 가르는 데 힘써야만 한다. 하지만 대부분의 후보와 캠프는 이런 관념 없이 자신의 일만을 묵묵히 할 뿐이다.

선거에서도 같은 의미로 유권자접점이 존재한다. 유권자접점이란 후보 혹은 캠프와 유권자가 만나는 여러 지점들을 의미한다. 유권자접점은 현수막이 될 수도 있고, 유세차가 될 수도 있으며, 어깨띠를 맨 선거운동원이 될 수도 있다. 후보가 주최하는 행사가 될 수도 있으며, TV에 출연한 후보가 될 수도 있다.

유권자들은 유권자접점을 통해 후보에 대한 이미지를 갖게 된다. 따라서 후보는 유권자접점을 통해 적극적으로 자신의 컨셉을 알리고, 구도를 가르는 데 힘써야만 한다. 하지만 대부분의 후보와 캠프는 이런 관념 없이 자신의 일만을 묵묵히 할 뿐이다.

현수막은 현수막대로 열심히 만들고, 유세차도 제 시간에 맞춰 폼나게 만들고, 운동원들은 열심히 거리를 다니기만 한다. 후보는 행사가 뜻대로 연출되지 않으면 짜증 섞인 인상이 되고, TV에 출연해서는 나라걱정만 하다가 퇴장한다.

왜 우리는 유권자와의 만남이라는 차원에서 홍보를 인식하지 못하는 것일까? 그 이유는 여러 가지가 있다. 우선은 선거일정, 즉 로드맵(Road Map)이 그것이요, 선거법이 그것이고, 경험자들의 속설이 그것이다. 이 세 가지에 매몰되면 하나하나의 접점들이 단순히 일로 변질해버리고 만다.

선거일정표와 선거법에 매몰되지 마라

유권자접점의 방해요인 중 첫째는 선거일정표다. 선거일정표를 들여다보고 있노라면, 벽보가 현수막이나 유세차와 어울려 유권자들에게 어떤 인식의 변화를 주게 될까보다는 벽보첩부일과 제출일이 먼저 눈에 들어오게 되고, 이것은 그날까지 시간을 맞춰야하는 하나의 일로 전락해버린다.

선거는 시간싸움이다. 급박한 일정에 맞춰 만들어야 할 것도 많고, 그것들에 전략을 어떻게 녹여 넣을 것인가를 고민하다보면 너무나도 쉽게 공급자적 시각에 매몰되어버린다. 그것을 볼 유권자의 인식 따위는 어느새 저만치 사라져버린다. 그렇게 만들어진 홍보물들이 과연 유권자들의 마음을 움직일 수 있을까?

앞서 식당의 예에서 식당주인은 전단지를 만드는데 얼마나 많은 시간과 노력을 기울였겠는가? 하지만 A씨는 그 전단지를 전혀 눈여겨 보지 않았다. 전단지라는 이유만으로 이미 그것은 쓰레기통에 들어가는 신세로 전락하고 말았던 것이다.

특히 지방선거처럼 각 단위의 선거가 동시에 벌어지는 상황이라면 대선 때에 발송되는 홍보물과 지방선거의 홍보물 사이에는 엄청난 차이가 있음을 우리는 기억해야만 한다. 이런 환경적 요인은 아랑곳 않고, 선거일정에만 매달리다보면 유권자접점이라는 단어는 어느새 머릿속을 떠나버리고 말 것이다.

유권자접점 방해요인 두 번째는 선거법이다. 우리는 선거공영제를 택하고 있다. 선거공영제는 일정 이상의 득표를 한 후보에게는 선거자금을 전액 돌려주는 제도. 즉 자신의 돈으로 선거를 치르는 것이 아니라 나라의 돈으로 선거를 치르게 하는 제도이다.

이러한 선거공영제는 작은 정당의 후보나 큰 정당의 후보, 돈이 많은 후보나 적은 후보 모두 같은 조건에서 선거를 치를 수 있게하는 매우 좋은 제도라 하겠다. 이 선거공영제는 선거법에 의해 철저히 관리되고 준수되어 왔다.

선거는 시간싸움이다. 급박한 일정에 맞춰 만들어야 할 것도 많고, 그것들에 전략을 어떻게 녹여 넣을 것인가를 고민하다보면 너무나도 쉽게 공급자적 시각에 매몰되어버린다. 그것을 볼 유권자의 인식 따위는 어느새 저만치 사라져버린다. 그렇게 만들어진 홍보물들이 과연 유권자들의 마음을 움직일 수 있을까?

하지만 사정이 이렇다보니 선거를 치르는 후보들은 모두 동량동수의 홍보물을 제작하게 된다. 돈이 많다고 해서 마음대로 홍보물의 페이지를 늘리거나 홍보물의 종류를 여러 가지로 하거나, 그 부수를 마음대로 늘릴 수는 없다는 것.

이러한 선거법은 각종 홍보물의 자율성을 심하게 훼손한다. 예를 들어 같은 금액의 선거비용제한만 있는 경우라면 '나는 현수막만 천개 만들어서 선거를 치르겠다.'는 후보도 나올 수 있을 것이다. 기업의 광고는 대체로 이런 방식이다. 선택과 집중.

하지만 선거에는 이러한 자율성이 보장되지 않는다. 선거공영제라는 장점도 있지만 홍보의 측면에서는 이러한 규제가 각 캠프의 선거홍보를 천편일률적인 것으로 만들어놓은 측면이 있다. 사정이 이렇다보니 유권자접점을 이해하고 그에 맞추기 보다는 정해진 수량을 모두 만들어내는 것에 초점이 맞춰지기 쉽다.

유권자접점 방해요인 세 번째는 경험자의 조언이다. 선거환경은 지속적으로 변화한다. 따라서 선거홍보는 선거단위에 따라, 지역상황에 따라, 캠프전략에 따라 그 모습을 달리해야만 한다. 하지만 자원이 턱없이 부족한 상황에서 이처럼 FM으로 치러지는 선거는 그리 흔치 않다.

대개의 경우 선거홍보를 경험했던 사람들, 홍보까지는 아니더라도 선거를 많이 치른 사람들이 '아, 그건 이렇게 하면 돼.'라는 말이 불문율처럼 적용되는 경우가 적지 않다. 바로 이것이 유권자접점을 방해하는 또 하나의 요소라는 것.

광고회사가 홍보물시안을 만들어 캠프에 들여오면 캠프 내에 말 좀 한다는 사람들은 죄다 모여 둘러앉는다. 대부분 자기 관점에서 '색깔이 어떻고, 사진이 어떻고 카피가 어떻고'를 말하다가 결론도 내지 못한 채 첫 번째 시안을 폐기하는 경우는 흔한 일이다.

유권자는 자발적 자기콘텐츠로 선거를 치른다

제대로 된 선거를 치러내기 위해서는 앞서 말한 이 세 가지로부터 벗어나 유권자접점에 대한 이해를 충분히 하는 것이 필요하다. 사실 유권자들은 이러한 홍보물들보다는 훨씬 많은 경우 언론이나 입소문을 통해 표심을 결정한다.

따라서 홍보물들은 입소문을 만드는데 기여하는 수단에 불과한 경우가 많다. 이러한 이해 속에서 홍보물들 전체를 조감할 필요가 있다는 것이다. 그리고 홍보물 하나하나의 특성과 영향력을 고려하여 그것들 전체를 하나의 전략적 전달과정으로 묶어낼 필요가 있다는 것이다.

정보전달시스템이 폭발적으로 늘어난 이 시대의 소비자들은 정보에 대해 예전처럼 수동적인 자세를 취하지 않는다. 적극적으로 자기의사를 표현하기 시작한 것이다. 공급자에게 자기의사를 표현하는 것은 물론, 주변 사람들인 다른 고객들에게까지 자신의 의사를 표현하게 되었다.

기업의 입장에서 보면 브랜드 환경이 급변한 것이다. 브랜드접점이 늘어난 것이기도 하다. 예전에는 광고라는 접점과 상품이라는 접점 정도였으며, 기업은 이를 잘 통제하고 계획하면 브랜드접점에 대해 더 이상 고민할 필요가 없었다. 하지만 고객들의 변화는 브랜드접점을 수없이 확대시켰을 뿐만 아니라, 더 이상 통제하고 계획하기조차 어렵게 만들어버린 것이다.

> 예전에는 공급자가 제공하는 브랜드접점이 전부였던 것에 비해 지금은 공급자가 제공하는 접점, 고객이 적극적으로 공급자와 만나는 접점, 고객과 고객 사이에서의 브랜드접점 등 크게 세 가지의 접점이 존재하게 되었다는 것. 선거커뮤니케이션 또한 이러한 사회변화에 주목해야만 한다.

여전히 '광고와 상품'이라는 접점이 존재하는 상태에서, 고객이 공급자에게 의사개진을 하는 사이에 만들어지는 브랜드접점, 고객과 고객들 사이의 입소문이라는 브랜드접점 등 접점 수가 급격히 늘어났으며, 접촉빈도 역시 엄청난 속도로 늘어갈 것이다.

정리해보면 예전에는 공급자가 제공하는 브랜드접점이 전부였던 것에 비해 지금은 공급자가 제공하는 접점, 고객이 적극적으로 공급자와 만나는 접점, 고객과 고객 사이에서의 브랜드접점 등 크게 세 가지의 접점이 존재하게 되었다는 것. 선거커뮤니케이션 또한 이러한 사회변화에 주목해야만 한다.

이것은 예전에 전가의 보도처럼 활용되어왔던 '구전(口傳)'의 중요성과는 또 다른 개념이다. '입빠른 사람'들을 대거 동원해서 포인트마다에서 네거티브를 하고, 그것으로 선거를 뒤집던 '전설 속의 구전'은 이제 매우 자발적이고도 자기 콘텐츠적인 모습으로 우리에게 다가서 있다.

현대의 기업들은 브랜드접점을 관리하는 단계에서 나아가 브랜드접점을 개발하고 구축하는 단계에 주목하고 있다. 이러한 기업의 움직임과는 달리 우리 선거커뮤니케이션에서는 이런 문제에 대해 크게 과학적 접근을 못해왔던 것이 사실이다. 이제 전략적 소통의 차원에서 홍보의 문제를 다뤄야 할 때이다.

제2장. 고객관계관리(CRM)와 선거

한 사람씩 만나야 말문이 열린다

컴퓨터와 인터넷의 발달은 기업이 고객 한 사람 한 사람을 각기 따로 만날 수 있도록 했다. 모두에게 한 목소리로 기업과 상품을 알리는 것이 아니라, 한 사람 한 사람 각자가 가진 마음과 행동패턴에 따라 각기 다른 이야기를 하며 접근할 수 있게 되었다는 것이다.

개별 고객마다 각기 다른 커뮤니케이션을 하고, 개별 고객마다 각기 다른 마케팅을 실시하는 것을 CRM(Customer Relationship Management ; 고객관계관리)이라 한다. 이렇게 한 사람 한 사람을 각기 그 특징에 따라 살펴보는 데 있어 그 일차적 대상은 충성도 높은 단골고객이다. 충성도 높은 단골고객은 뜨내기고객들에 비해 훨씬 높은 수익을 가져다준다.

단골고객은 높은 매출을 올려주는 것은 물론, 투입비용과 에너지를 줄여주기도 한다. 뿐만 아니다. 충성도 높은 단골고객은 새롭게 유입해야할 신규고객의 성향을 파악하게 해주는 모델이 되어주기도 한다. 이러한 사실을 우리에게 확인시켜준 것이 '80대20의 법칙'이다.

80대20의 법칙은 이탈리아 경제학자인 빌프레도 파레토(Vilfredo Pareto)가 발견한 법칙이다. 그래서 우리는 이 80대20의 법칙을 '파레토의 법칙'이라고도 부른다. 파레토는 19세기 영국의 부와 소득 유형을 연구하던 도중 전체 인구의 20%가 전체 부의 80%를 차지한다는 사실, 즉 부의 불균형 현상을 발견하고, 이를 통해 80대20의 법칙을 성립하기에 이른다.

인간들과는 조금 다른 면이 있긴 하지만 개미사회에서도 이와 같은 현상이 벌어진다. 개미의 사회적 행태를 연구하여 세계적인 권위자로 인정받고 있는 서울대 최재천 교수의 연구에 의하면 개미는 우리가 알고 있는 것처럼 부지런하고 협동적인 곤충이 아니라는 것이다. 개미의 80%는 열심히 일하고, 나머지 20%는 놀고먹는다는 것.

컴퓨터의 발달이 과학적 근거와 소통 만들어

재미있는 것은 열심히 일하는 80%의 개미만을 골라 별도의 집단을 구성하면, 그 중 20%는 역시 놀고먹는 집단으로 변화한다는 것이다. 이를 토대로 연구한 결과 모든 동물사회는 항상 일하는 80%와 놀고먹는 20%가 존재하며, 이 중 어떤 경우는 예비군적 대비책이고, 어떤 경우는 단순히 성향이 다른 것에서 비롯된다는 사실이 밝혀지기도 했다.

마케팅에 있어서도 이러한 법칙은 예외 없이 나타난다. 기업의 전체 상품 중 20%가 전체 매출의 80%를 차지하며, 전체 고객의 20%가 전체 매출의 80%를 올려준다는 것. 이러한 파레토의 법칙에 힘입어 고객관계관리가 탄생한다. 20%의 충성도 높은 고객, 즉 헤비유저(Heavy User)를 중심으로 집중적인 관계를 형성함으로써 매출극대화를 이뤄내 신규유저 역시 헤비유저들로부터 얻은 정보를 근거로 접근하여 영입하는 것이다.

선거에서도 마찬가지다. 핵심지지자들을 파악할 수 있다면 그들을 통해 쟁점을 전파해나갈 수 있다. 모두에게 같은 정보를 주려고 애쓰는 것이 아니라, 핵심지지자에게 정보를 주어 그들로 하여금 정보가 퍼져나가게 할 수 있다는 것이다. 따라서 기업이 단골고객을 알아내기 위해 노력하는 것만큼 선거에 있어서는 핵심지지자를 파악하는 것은 매우 중요하다.

후보는 직능이나 단체, 혹은 연령이나 성별, 직업이나 소득 등에 따라 각기 다르게 접근할 필요를 느끼게 된다. 이때 후보는 데이터의 필요성을 절감하게 된다. 이처럼 데이터를 통해 유권자를 관리하고, 이를 득표로 연결시키는 데에 CRM은 매우 중요한 역할을 할 수 있다.

더불어 각자의 관심사에 따라 쟁점을 만들고, 이를 이해관계자들 중심으로 퍼뜨려 나가게 하는 방안도 필요하다. 누구나 찬성하는 문제, 혹은 누구나 반대하는 문제라면 그것은 쟁점이 될 수 없다. 따라서 쟁점이란 찬반이 있다. 찬성하는 사람들이 있는 반면, 반대하는 사람도 있다는 것이다. 따라서 선거를 단 하나의 쟁점만으로 치르는 것에는 여러 가지 문제가 있을 수 있다.

지역구도가 대표적인 경우다. 주요 쟁점 하나만으로는 '기울어져 있는 운동장'에서 민주개혁진보진영의 승리를 만들기란 쉽지 않다. 어떠한 쟁점으로도 강고한 지역구도를 깨기는 어렵기 때문이다. 상대적으로 불리한 구도가 형성된 선거에서도 다른 쟁점들의 확산은 절실해진다.

따라서 후보는 직능이나 단체, 혹은 연령이나 성별, 직업이나 소득 등에 따라 각기 다르게 접근할 필요를 느끼게 된다. 이때 후보는 데이터의 필요성을 절감하게 된다. 이처럼 데이터를 통해 유권자를 관리하고, 이를 득표로 연결시키는 데에 CRM은 매우 중요한 역할을 할 수 있다.

CRM이란 '고객관계관리'라는 말로 바꿔 부를 수 있다. 한 사람 한 사람 고객과의 지속적 관계를 유지하고 발전시켜나가는 행위라 하겠다. 그리고 개개인에게 서로 다른 메시지를 주어 필요로 하는 하나의 반응을 얻어내는 행위다.

이처럼 고객을 관리해나가기 위해서는 데이터의 수집과 활용이 필수적이다. 따라서 CRM의 시작은 데이터의 수집이다. 선거에서 이러한 기법을 활용하고 싶다면 역시 데이터 수집부터 시작해야만 할 것이다.

POS시스템[1)]

판매시점에 제품의 바코드를 찍어 매상을 집계하고 재고수량을 실시간 관리하기 위해 사용하는 장치. 백화점이나 슈퍼마켓, 편의점 등에서 이용하고 있음.

POS시스템[1)]에 고객식별장치와 데이터베이스 결합, 장바구니분석 탄생

마케팅에 과학적 데이터를 활용하게 한 첫 계기는 'POS(Point Of Sale)시스템'이다. POS는 입출고 관리시스템이다. 단순히 하루 매출과 부족 제품의 파악을 위해 시작된 것이지만 이를 통해 우리는 하루 매출, 월간 매출, 연간 매출 등을 집계할 수 있게 되었다.

이러한 단순 매출 집계기능은 곧 품목별 집계, 월별 매출 추이, 요일별 매출 추이, 시간별 매출 추이 등을 파악할 수 있도록 발전하였고, 여기에 계절, 날씨, 기념일 변수요인을 투입하여 계절별 매출, 날씨별 매출, 기념일에 따른 매출 변화 등을 파악할 수 있게 되었다.

이런 데이터들은 '스캐너데이터(store scanner data)'라고 부르며, 지금까지도 마케팅의 요긴한 기초자료로 활용되고 있다. 비가 오는 날에는 어떤 상품이 많이 팔리는지를 알아내 그 재고를 많이 확보하는 것은 물론 상품진열의 방식을 바꾸는 것도 그 중 한 예다.

고객들이 적게 오는 요일을 알아내, 그 요일에 특별한 상품을 할인하여 판매하기로 하고 이를 고객들에게 미리 알리는 방식 등도 활용되고 있다. 특정 기념일에 팔린 특정 상품의 판매추이를 몇 년간 분석하여 미리 재고를 확보해두게 된 것도 이 POS 덕택이다.

여기에 보너스카드, 할인카드 등이 보태져 시너지가 생긴다. 보너스카드, 할인카드 등을 통해 고객의 기본신상정보가 파악 가능해지고, '소매점 패널 데이터(Panel Data)'가 확보되었던 것이다. 여기에 다시 데이터베이스 기능을 더하면 '장바구니 분석(Market Basket Analysis)'이 가능해진다.

장바구니 분석은 매우 정교하게 소비자의 구매패턴이나 선호상품, 심지어 판촉제안(가격 할인과 사은품 지급, 각기 다른 지역별 광고와 지역별 매출 등)에 따라 바코드를 달리함으로써 판촉에 대한 소비자의 반응까지 파악할 수 있게 해준다.

할인마트의 포인트카드 등이 여기에 해당된다. 당신은 연간 집에서 사용하는 두루마리 화장지 개수를 알고 있는가? 우리는 잘 모르지만 단골마트에서는 그 수를 알고 있다. 그것을 가능하게 한 것이 포인트카드와 같은 보너스카드다.

보너스카드, 할인카드 등은 한 사람 한 사람에게 부여된 인식표와 같은 것이다. 계산할 때 포인트적립을 위해 내민 카드는 마트의 DB와 연결되어 구매자의 장바구니 속에 어떤 제품이 들어 있는지를 고객별로 파악할 수 있게 했다. 이러한 장바구니분석을 통해 한 사람의 쇼핑 횟수·쇼핑주기·매출량·품목 등을 예측한다.

나아가 장바구니 분석은 매우 정교하게 소비자의 구매패턴이나 선호상품, 심지어 판촉제안(가격 할인과 사은품 지급, 각기 다른 지역별 광고와 지역별 매출 등)에 따라 바코드를 달리함으로써 판촉에 대한 소비자의 반응까지 파악할 수 있게 해준다. 이러한 데이터 수집과 활용의 과정을 도식화하면 다음과 같다.

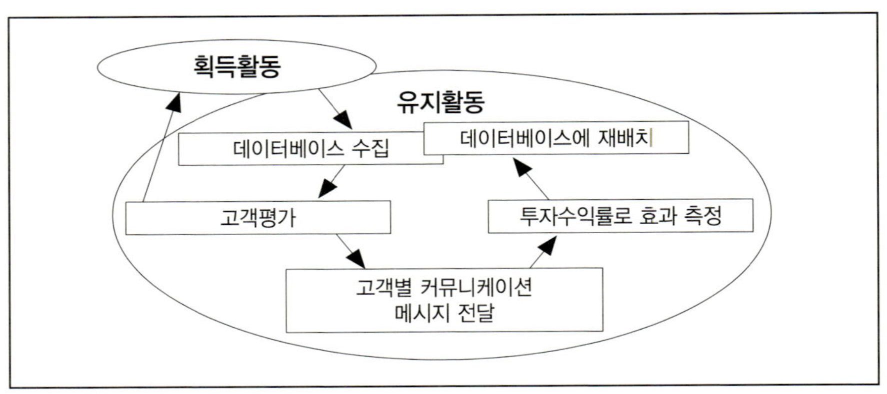

그림 3-2-1 : 데이터 수집과 활용과정

일명 80대20으로 불리는 파레토의 법칙과 신규고객 개발보다는 단골고객 관리가 훨씬 효과적이라는 시장과 소비자적 요인의 발견이 CRM의 아버지라면, 컴퓨터의 개발·데이터베이스의 발전·인터넷의 발달·바코드·바코드리더와 스케너·칩이 내장된 카드·카드리더의 개발 등 기계적 요인들은 CRM의 어머니라 하겠다.

우수고객과의 인터렉션(Interaction)이 CRM의 기본개념

대부분의 마케팅을 CRM시스템에 의존하는 인터넷쇼핑몰에는 별도의 소매점 패널데이터가 필요 없다. 회원가입 시 제공되는 기본정보는 고객의 체류시간·클릭횟수·각 상품별 쇼핑시간·구매주기 등과 합쳐져 중요한 정보들을 제공 해주는 것은 물론 분석까지 하나의 시스템에서 운영할 수 있게 해준다.

그렇다면 CRM을 위한 고객 데이터에는 어떤 것들이 있을까? 데이터는 크게 고객정보·제품정보·구입정보·프로모션반응·행동관련 데이터 등 다섯 가지로 구분할 수 있다. 먼저 고객정보에는 이름·성별·생년월일·주소·전화번호·통신ID 또는 E-Mail address, 결혼여부·자녀수·연간수입 또는 월수입·학력·최종학력·직업·주거방법(단독·아파트·자가·전세·월세 여부 등)·기타 라이프스타일 정보 등이 포함된다.

> CRM의 핵심은 우수고객들을 분류해내고, 우수고객들과의 개별적 접촉을 통해 인터렉션(Interactions ; 상호반응)을 이끌어내는 것이다. CRM은 고객 분석을 통해 목표시장의 발견·마케팅 평가 및 전략자료의 제공·의도별 맞춤형 판촉·고객군별 맞춤형 판촉 등 네 가지의 기능을 수행한다.

제품정보에는 제품군·구입상품·제품에 대한 의견이, 구입정보에는 최초 구입일·최근 구입일·최근 구입제품 가격·총 구입 누적 횟수·총 구입 누적 금액에 따른 구입금액 평균·구입 장소 등이, 프로모션 반응에는 제안한 프로모션과 그 내용·제안한 프로모션에 대한 반응 등이, 행동관련 데이터에는 소유 회원권·소유차종과 연식·즐기는 운동·취미·상품 및 서비스 구입처·상품 및 서비스 정보원천 등의 데이터가 포함된다.

효율적인 마케팅을 위해 시장세분화를 실시하고, 모든 타깃이 아닌 목표시장을 향해 마케팅을 운영하는 것은 전략마케팅의 기본이며, 마케터들에게는 상식이다. 이러한 변화의 최일선에 컴퓨터와 인터넷이 있었다. 컴퓨터는 고객을 관계있는 참여자로 변화시키는 데에 가히 혁명적 기여를 해주었다. 뿐만 아니라 컴퓨터와 인터넷은 단순히 고객정보를 파악하는 것에서 그치지 않고, 미디어로서의 제 몫 역시 톡톡히 해내고 있다는 점에서 더욱 중요한 가치가 있다.

CRM의 핵심은 우수고객들을 분류해내고, 우수고객들과의 개별적 접촉을 통해 인터렉션(Interactions ; 상호반응)을 이끌어내는 것이다. CRM의 네 가지 기능에 대해 알아보자.

첫째, CRM은 고객별 분석을 통해 기업이 목표로 해야 할 시장을 발견하게 한다. 고객별 매출추이를 통해 핵심고객 DB를 제공해주고, **세분시장**[1] 별 성향을 파악할 수 있게 한다. 우리는 이러한 기존 고객 분석을 통해 잠재고객들의 성향도 파악할 수 있다.

세분시장[1]
주어진 마케팅 자극에 대해 유사한 반응을 보이는 소비자들로 구성되어 있는 시장.

둘째, CRM은 마케팅평가 및 전략자료를 제공한다. 고객 분석을 통해 그들의 욕구를 파악할 수 있으며 이를 통해 기업의 유용한 전략자료를 획득할 수 있다. 그리고 프로모션 제품별 바코드를 달리 부여함으로써 각 프로모션의 효과가 파악 가능한 것처럼 CRM은 기업의 마케팅 평가 자료도 제공한다.

셋째, CRM은 의도별 맞춤형 판촉을 가능하게 한다. 구입금액별 방문정도별 베네핏 시스템(Benefit System)을 통해 기업의 단위매출과 누적매출 상승을 유도하기도 한다.

넷째, CRM은 고객별 맞춤형 판촉을 가능하게 한다. 각 고객의 선호품목을 파악하여 선호품목 중심의 판촉을 가능하게도 하며, 고객별 쇼핑주기를 파악하여 쇼핑주기에 따른 판촉을 가능하게도 한다. 핵심고객들을 선별, 그들을 중심으로 베네핏을 활용한 특별판촉도 가능하게 하는 것이 바로 CRM인 것이다.

숍마스터(Shopmaster)의 눈썰미가 단골고객을 만든다

이러한 CRM활동을 위한 절차는 데이터베이스 구축과 관리·데이터 마이닝·고객 채널을 통합하고 연계하는 캠페인의 운영 등 3단계로 나누어 살펴볼 수 있다. 먼저 데이터베이스의 구축과 관리는 계약·처리와 관련된 데이터와 영업점·DM·콜센터·캠페인 등을 통해 얻은 고객반응정보를 인구통계학적 데이터들과 함께 **데이터 웨어하우스**[1](Data Warehouse)의 관점에 기초하여 체계적으로 관리하고 활용하는 것을 말한다.

> 데이터 마이닝이란 모아진 데이터를 의미 있는 자료로 가공하는 것을 말한다. 과학적이고도 통계적인 방법을 통해 기존 고객들의 특성을 파악하여, 기존 고객에 대한 서비스를 개발하는 것은 물론 새로운 고객군 발굴에 활용하도록 하는 일련의 과정을 의미하는 것이다.

그리고 데이터 마이닝(Data Mining)이란 모아진 데이터를 의미 있는 자료로 가공하는 것을 말한다. 과학적이고도 통계적인 방법을 통해 기존 고객들의 특성을 파악하여, 기존 고객에 대한 서비스를 개발하는 것은 물론 새로운 고객군 발굴에 활용하도록 하는 일련의 과정을 의미하는 것이다.

이렇게 데이터 마이닝이 마무리되면 마케터는 일련의 자료를 토대로 고객을 유치하고, 이탈을 방지하는 한편, 타 상품과의 연계판매(Cross-sell)·수익성 높은 상품 판매를 위한 상승판매(Up-sell) 등 고객채널을 통합하고 연계하는 캠페인을 운영하게 된다.

CRM의 이해를 돕기 위해 의류판매점 숍마스터의 역할을 분석해보자. 기존 숍마스터의 역할과 본격적 CRM의 도입으로 변화되는 환경을 비교해봄으로써 CRM에 대한 이해를 보다 넓혀갈 수 있을 것이다.

데이터 웨어하우스[1]
정보(Data)와 창고(Warehouse)의 합성어. 사용자의 의사결정에 도움을 주기 위해 조직 내 다양한 분야에서 운영되는 DB 시스템에서 추출, 변환, 통합되어 요약된 데이터베이스.

숍마스터는 매장으로 들어오는 고객들을 보며, 그리고 구매과정을 통해 무의식적으로 몇 가지 판단을 하게 된다. 우선은 입장한 고객이 단골고객인가, 신규고객인가를 판단한다. 이 판단에 따라 인사부터 달라진다.

단골고객일 경우에는 파악되어 있는 기존 구매성향을 참고로 서비스에 임한다. 입장고객이 신규고객일 경우에는 그의 옷차림이 어떠하며, 그와 잘 어울리도록 코디되었는가를 살핀다. 그리고는 우선 고객의 취향에 맞추어 몇 가지 옷을 권유하거나, 얼굴모양·머리모양·체형 등과 옷차림의 조화에 따른 제안점을 파악, 몇 가지 옷을 권유하기도 한다.

그리고 판매서비스를 진행하는 동안 고객이 적극적 권유에 반응하는지, 아니면 간섭을 싫어하는 스타일인지를 판단하여, 그에 맞도록 서비스를 제공하게 되는 것이다. 이렇듯 고객에 따라 그때그때 서비스가 달라진다.

숍마스터의 고객정보는 여러모로 매출을 견인해낸다

이러한 과정 중에도 숍마스터는 신규 구매고객으로부터 여러 가지 고객정보를 수집하기 위해 노력한다. 먼저 대화를 통해 고객정보를 수집한다. 이것저것 일상사에 대한 질문들을 해가며, 고객의 직업·소득수준 등 인적사항은 물론 내방계기·관심사 등까지 파악하는 것이다.

회원가입 권유와 카드발급을 통해 정보를 얻기도 한다. 보너스카드를 만들게 되면 고객의 개인정보를 제대로 수집할 수 있기 때문이다. 카드가 너무 많고, 카드신청서 쓰기가 귀찮거나 사생활이 노출된다고 꺼리는 고객들이 있으므로, 보너스카드 회원가입자에게는 이점을 주는 것이 보통이다.(누적 포인트

를 통한 할인·카드고객만을 대상으로 하는 사은품 등)

이러한 베네핏(Benefit ; 이점)들은 단위매출 상승·누적매출 상승·시즌매출 상승 등을 유도하는 직접적 방법으로도 활용된다. 그럼에도 불구하고, 보너스카드를 만들지 않겠다는 고객이 있다면 세일고지 등을 미끼로 노트에 이름과 전화번호 등 간단한 메모를 남겨두는 선에서 정보를 수집한다. 이러한 일련의 과정을 통해 얻어진 정보는 숍마스터의 기억이나 기록 등을 통해 상세하게 정리된다.

숍마스터의 능력이 발휘되는 최고의 타이밍은 세일 등을 이용한 시즌매출 상승이다. 먼저 문자서비스 등을 통해 세일을 고지하게 되는데, 이때에는 얼마나 많은 고객을 가지고 있는지, 고객 취향에 맞추어 세일참여도를 높일 수 있는지의 여부가 성공을 가늠하게 한다.

보너스카드 발급을 위한 개인정보는 POS데이터와 함께 요긴한 자료로 활용된다. 성별·연령·거주 지역·직업·소득수준 등 제반의 정보들과 함께 구매금액과 구매제품·구매주기 등의 분석은 매우 중요한 마케팅자료를 제공하며, 주소·전화번호·e-mail 주소 등은 고객과의 소통통로를 제공하기 때문이다.

덧붙여 파악된 각종 기념일은 개별판촉 소스로도 활용된다. 여기에 숍마스터가 작성한 씀씀이·취향·구매과정과 파악된 신상정보를 보태면 훌륭한 패널데이터가 만들어지게 되는 것이다.

숍마스터는 이러한 고객정보들을 활용하여 매출을 견인한다. 첫째, 제품이 들어오면 숍마스터는 고객과 제품을 매치시킨다. 고객들의 씀씀이·취향·스타일 등을 고려하여 제품의 주인을 찾아내고, 전화 등을 통해 내방을 권유하는 것. 연계판매·상승판매 등을 고려하여 정보를 제공하고 판매를 권유하기도 한다. 연계판매란 의류의 경우 상하의 코디네이션을 통한 판매 등을 말하고, 상승판매란 보다 수익이 낮은 제품 대신 높은 제품을 권유하여 수익을 높이는 것을 말한다.

뿐만 아니라 숍마스터의 능력이 발휘되는 최고의 타이밍은 세일 등을 이용한 시즌매출 상승이다. 먼저 문자서비스 등을 통해 세일을 고지하게 되는데, 이때에는 얼마나 많은 고객을 가지고 있는지, 고객 취향에 맞추어 세일참여도를 높일 수 있는지의 여부가 성공을 가늠하게 한다. 헤비유저(Heavy User)들에게는 세일 하루 전 예약판매 등을 통해 특별판촉을 실시하기도 한다.

기념일과 고객을 매치시켜 매출을 상승시키기도 한다. 명절·발렌타인데이 등에 고객들을 대상으로 명절인사·명절기념품 등을 미끼로 문자 내지 전화를 실시하여 내방과 판매를 유도하는 것도 그 좋은 예이다. 생일·결혼기념일을 얼마 앞둔 시점에 안부전화를 하여, 생일이나 결혼기념일 선물로 제품구매를 유도하는 것 역시 매우 정교한 판촉방법이다.

CRM은 판매부진 요소 극복을 위해서도 활용될 수 있다. 요일·기상 등으로 말미암아 판매부진이 예상되는 상황에서 판촉문자 내지 전화를 실시하여 일정 이상 매출을 높이는 방법, 판매부진이 예상되는 상황에서 특별한 이점으로 고객 내방을 유도하는 방법 등도 모두 CRM을 활용한 판촉수단이라 하겠다.

유출고객의 관리도 CRM을 통하면 가능하다. 내방주기를 넘겨도 내방하지 않는 고객들의 대부분은 경쟁사로 유출된 이탈고객들이다. 때문에 이들을 상대로 판촉전화·불만상담 등을 실시하여 해결하곤 하는데 만약 CRM이 제공하는 데이터가 없다면 가능하지 않은 판촉이라 하겠다.

특급 숍마스터의 고객수첩이 무용지물인 세상!

위의 사례에서 보듯 의류판매점의 CRM은 어느 정도 진전을 본 상황이며, 그 역할도 어느 정도는 자리를 잡았다. 그러나 아직까지도 매출의 대부분이 숍마스터의 능력과 노력 여하에 좌우되고 있다. 그리고 CRM은 숍마스터의 능력을 보조하는 수단으로 기여하고 있는 수준이다. 아직까지는 숍마스터들 간의 개인차가 크며, 그 개인차에 의해 매출이 달라지는 상황. 그러나 이러한 개인차는 CRM에 의해 표준화될 것이다.

> 아직까지도 매출의 대부분이 숍마스터의 능력과 노력 여하에 좌우되고 있다. 그리고 CRM은 숍마스터의 능력을 보조하는 수단으로 기여하고 있는 수준이다. 아직까지는 숍마스터들 간의 개인차가 크며, 그 개인차에 의해 매출이 달라지는 상황. 그러나 이러한 개인차는 CRM에 의해 표준화될 것이다.

그렇다면 곧 닥치게 될 미래의 의류판매점의 모습을 상상해보자. 숍마스터는 출근과 동시에 컴퓨터를 켜고 본사의 서버에 접속한다. 모니터에는 오늘의 계절·요일·기상상태가 표시되고, 예년 같은 조건일 때의 매출추이·최근 매출추이 등의 그래프가 나타나게 된다. 그리고 이를 통해 산출된 그 날의 예상매출액과 목표액도 출력된다.

확인버튼을 누르면 당일 기념일을 맞이한 고객들의 명단과 전화번호, 그리고 그에 알맞은 문자서비스 상용문구가 출력되고, 다시 확인버튼을 누르면 자동으로 문자서비스가 송신된다. 그리고 난 뒤에는 업계 및 제품과 관련된 정보와 최근의 제품경향 등이 담긴 뉴스브리핑이 시작된다. 숍마스터는 필요한 기사들을 대충 훑어보고 다시 확인버튼을 누른다.

화면이 바뀐 모니터에는 내방주기를 일정 이상 넘긴 고객들의 명단과 정보가 출력되고, 숍마스터는 그 고객들의 명단 중 필요하다고 생각되는 사람들에게는 전화를 걸고, 전화까지는 필요하지 않다고 판단되는 고객들을 체크하여 확인버튼을 누르면 안부를 묻는 문자서비스가 발송된다.

유출예상고객 관리가 끝나고 나면 오늘 도착할 제품과 그에 가장 잘 매치되는 고객들의 리스트를 출력한다. 이 리스트는 그간 고객들의 구매성향과 제품취향 등을 고려하여 만들어진 것. 역시 필요하다고 생각되면 문자서비스를 이용하기도 하고, 전화를 걸기도 한다. 기상상태·요일·최근의 경향·현재 판매점 내의 재고상황 등을 고려한 디스플레이 제안이 모니터에 출력된다.

그리고 고객이 입장하면 문에 설치된 센서를 통해 고객의 각종 정보가 숍마스터의 모니터에 출력된다. 그 내용은 성별·연령·지역·직업·소득수준 등 기본정보는 물론, 최초 내방일·평균 내방주기·최종 내방일·총 구매금액·1회 평균 구매금액 등 기본구매정보가 망라되어 있다. 구매한 제품의 색상·디자인·스타일·사이즈 등 구매성향정보 등도 고스란히 들어 있는 것은 물론이다. 숍마스터는 이 정보들을 활용하여 구매를 유도한다. 모든 구매기록들은 다시 보너스카드를 통해 데이터베이스로 저장된다.

고객정보로 일대일 커뮤니케이션을 만든다

그러나 정작 중요한 것은 숍마스터도 모르는 사이에 많은 일들이 벌어진다는 것이다. 본사의 CRM시스템을 통해 새로운 제품 정보들이 그간 저장되었던 데이터베이스를 바탕으로 고객들에게 전달된다. 시즌마다 혹은 월별로 고객에게 제품정보가 담긴 카탈로그, 혹은 e-mail이 발송되며, 그 속에는 모든 제품 정보가 아닌 각 고객의 구매성향과 제품취향에 맞추어진 몇 개의 제품정보들만이 골라져 담겨 있다. 뿐만 아니라 각 고객의 관심정보와 각 고객의 취향별로 제공되어야 할 이점들이 함께 들어 있다.

대부분의 시스템은 전자동으로 운영되며, 콘텐츠 생산만 마케팅팀 직원들이 담당한다. 마케팅팀에서는 기존고객들의 성향을 파악하고, 그에 맞는 이점을 통해 연계판매·상승판매 전략을 개발하는 한편, 기존고객들의 분석자료를 바탕으로 신규고객 개발을 위한 베네핏(Benefit ; 이점)을 준비한다. 선거에 있어서도 데이터는 끊임없이 진화해왔다. 그러나 그 데이터들을 각기 용도에 따라 활용했을 뿐, 유권자들의 성향과 관심사를 파악하고, 이를 선거에 이용하는 데에까지는 도달하지 못하고 있는 것이 현실이다.

선거에 있어서도 데이터는 끊임없이 진화해왔다. 그러나 그 데이터들을 각기 용도에 따라 활용했을 뿐, 유권자들의 성향과 관심사를 파악하고, 이를 선거에 이용하는 데에까지는 도달하지 못하고 있는 것이 현실이다.

그리고 이러한 데이터들을 통해 얻어낸 정보를 토대로 가망고객들을 추출하며, 이 가망고객들을 대상으로 각종 지원판촉을 운영한다. 뿐만 아니라 숍마스터들이 의식하지 못하는 사이에 각종 제품개발과 판촉개발을 위한 테스트가 판매점 내에서 실시되며, 그 결과는 다시 CRM시스템에 의해 분석된다.

너무 심한 비약이라는 생각이 드는가? 하지만 이미 상당히 많은 분야에서 위에서 본 바와 같은 CRM시스템이 부분적으로나마 활용되고 있다. 그리고 이러한 시스템의 발전을 위한 연구가 매우 빠른 속도로 진척되고 있다.

CRM은 잘 정비된 기계나, 패키지 상품이 아니다. CRM은 솔루션이며, 언제든지 기능이 추가되고 발전될 수 있는 열린 도구이다. 때문에 그 가능성 역시 무한한 것이며, 사람들의 상상에 의해 그 역할은 더욱 늘어날 것이 분명하다. 지금까지 CRM을 개략적으로나마 알아보았다. 눈여겨보아야 할 것은 이러한 CRM을 선거에 어떻게 활용할 것이냐이다.

선거에 있어서도 데이터는 끊임없이 진화해왔다. 그러나 그 데이터들을 각기 용도에 따라 활용했을 뿐, 유권자들의 성향과 관심사를 파악하고, 이를 선거에 이용하는 데까지는 도달하지 못하고 있는 것이 현실이다. 만약 이를 제대로 파악하고 구체적인 캠페인에 연계시킬 수 있는 후보가 있다면 그 후보는 상대후보에 비해 매우 최첨단의 무기를 갖게 된 셈이다.

이른바 '오바마 선거'가 화제가 되고 있다. 이 선거 사례는 우리 선거에도 시사하는 바가 크다고 할 수 있다. 이후 장에서는 빅데이터와 오바마 선거를 이해하고, 이를 활용하는 방안에 대해 설명하고자 한다.

제3장. 빅데이터의 등장

패턴(Pattern)을 읽으면 새로운 세계가 보인다

서울시가 운영하고 있는 심야버스의 인기가 높다. 밤늦은 시간이면 창문만 빼꼼 연 택시기사들을 상대로 가는 방향을 소리치던 일도, 대리기사가 오지 않아 애태우던 일도 많이 줄어들었다. 이 심야버스 노선을 정하는 일에 빅데이터가 활용되었다.

처음 심야버스에 대한 논의가 시작될 때에는 우려가 많았다. 그 늦은 시간에 탈 승객이 있겠느냐는 것에서부터 수익성 여부, 운전기사의 졸음운전에 따른 사고발생의 가능성, 택시기사의 반발까지 이곳저곳에서 걱정이 쏟아졌다.

그래서인지 서울시의 시범 운영은 조심스러웠다. 총 2개 노선에 35~40분마다 한 번씩만 운영했고, 운임도 1,050원만 받았다. 버스도 각 노선 당 6대씩, 총 12대만 투입했다. 그러나 반응은 폭발적이었다. 회식, 야근 등으로 늦게 퇴근하는 직장인들은 물론 대리 기사, 수험생, 청소원 등 새벽 출근자들의 폭발적인 호응이 있었다.

특히 대학가 등 유동인구가 많은 곳을 지나는 N26번 노선은 호황을 누렸다. 거기에 강남-북을 오가는 N37번 노선도 만만치 않은 실적을 거두고 있었다.

심야버스는 늦은 밤의 독점적 교통수단인 택시가 횡포를 부리는 동안 '서민의 발' 노릇을 톡톡히 한 것이다. 이에 힘입은 서울시는 심야노선을 확충했고, 아예 '올빼미버스'라는 브랜드명까지 붙였다.

서울시의 심야버스 정책이 많은 우려에도 불구하고 성공한 데에는 여러 이유가 있겠지만 우선 '빅데이터'를 활용한 노선 선정이 가장 큰 공로를 세웠다는 평가다. 시민들이 인터넷, 휴대전화, PC, 모바일 기기 등을 사용하면서 도처에 남긴 다양하고 방대한 자료를 활용했던 것이다.

실제 서울시는 심야버스 노선을 구상하면서 '심야버스 노선수립 지원시스템'을 개발했다. 이 시스템에서는 우선 민간 이동통신사의 통화데이터를 분석했는데, 자정부터 새벽 5시까지 심야시간대에 사용한 휴대폰 통화자료 30억개가 그 대상이었다.

일단 휴대폰 통화량이 많은 곳은 홍대 앞, 동대문, 신림역, 강남, 종로, 가락시장, 신촌, 남부터미널, 건대입구, 압구정 등이었다. 또 심야택시를 가장 많이 타고 내리는 곳은 강남, 신림역, 홍대, 건대입구, 동대문, 강북구청, 신촌, 천호, 종로, 영등포 등으로 밝혀졌다.

사회 곳곳에서 유용하게 사용되기 시작한 빅데이터

여기에 더해 심야의 카드사용데이터, 심야택시 승 · 하차데이터 등도 분석에 포함시켰다. 시는 이를 활용해 서울 전역을 1㎞ 반경의 1,250개의 셀 단위로 유동인구 · 교통수요량을 색상별로 표시했다. 이어 기존의 버스노선과 시간 · 요일별 유동인구 및 교통수요 패턴을 분석하고 노선부근 유동인구 가중치를 계산하는 등 재분석을 거쳐 최적의 노선과 배차간격을 도출했다.

이렇게 도출된 노선은 그동안 검토해왔던 노선안과 95% 이상 일치했고, 시는 이 노선들을 최종 확정할 수 있었다. 이러한 성공에 힘입어 서울시는 외국인의 이동패턴을 분석한 관광마케팅 정책 지원, 노인시설과 국공립어린이집 등 공공시설물에 대한 입지 분석과 평가, 연령 및 성별 맞춤형 시정홍보 지원서비스 개발 등 2015년까지 시 행정에 빅데이터를 전면 도입하기로 했다.

> 데이터의 생성 양과 주기, 형식 등이 기존 데이터에 비해서는 너무나도 크기 때문에 이를 기존의 방식으로는 수집·저장·검색·분석할 수 없게 되었다. 이를 새로운 방식으로 수집·저장·검색·분석하게 되면서 붙인 이름이 바로 빅데이터다.

이외에도 각 공단들이 민간과 손잡고 추진 중인 빅데이터 주요 시범사업들도 있다. 국민건강보험공단의 건강보험 DB와 사회관계망서비스(SNS) 정보를 연계해 감염병 발생 예측 모델을 개발하고 주의 예보하는 시스템이 그 예다. 유해사례 DB, 진료기록, SNS 등을 분석해 유의의약품을 추출하고, 병원과 제약회사 및 유관기관에 의약품의 안전성을 조기 경보하는 시스템도 빅데이터를 활용한 사업이다.

카드거래, 부동산정보, 상가이력정보 등의 연계분석을 통해 소상공인들의 창업성공률을 제고시키기 위한 점포이력분석서비스도 준비 중이다. 이렇게 사용된 휴대폰 통화데이터, 카드사용데이터, 택시의 승·하차데이터, 국민건강보험데이터, 상가이력데이터 등 모든 공공데이터들을 우리는 빅데이터라고 부른다.

데이터는 과거부터 있었다. 하지만 통신의 속도가 빨라지고, SNS, 인터넷, 모바일 등 기기들의 사용량이 폭발적으로 늘어나면서 데이터의 양이 급속도로 증가하게 되었다. 그 생성 양과 주기, 형식 등이 기존 데이터에 비해서는 너무나도 크기 때문에 이를 기존의 방식으로는 수집 · 저장 · 검색 · 분석할 수 없게 되었다. 이를 새로운 방식으로 수집 · 저장 · 검색 · 분석하게 되면서 붙인 이름이 바로 빅데이터다.

분석되지 않는 빅데이터는 활용가치도 '0'

빅데이터는 각종 센서와 인터넷 발달의 산물이다. 그리고 다시 컴퓨터의 처리기술이 발달함에 따라 디지털환경에서 생성되는 더 큰 빅데이터를 기반으로 분석할 수 있는 것들이 점점 더 늘어나고 있다. 단순히 데이터가 많아지는 것이 아니라, 그것들이 한 곳에 모이고, 그것은 분석을 통해 다시 유용한 데이터로 거듭나게 되는 것이다.

빅데이터는 우리 주변에서 흔하게 수집되고 있다. 앞서 설명한 휴대폰, 택시의 거래기록, 신용카드뿐만이 아니다. 어떤 이는 대한민국의 CCTV(Closed-Circuit TeleVision ; 폐쇄회로텔레비전)의 숫자가 3,000만대를 넘어섰다고 주장한다. 거리에 있는, 혹은 사무실이나 매장에 있는 CCTV 이외에도 모바일이 모두 CCTV이며, 자동차에 달린 블랙박스 역시 CCTV라는 것.

병원에 다닌 기록은 어떨까? 건강보험이 적용되면서 각 병원의 기록들은 모두 국민건강보험공단에 저장되고, 이 데이터들은 필요에 따라 많은 분석의 자료로 활용되고 있다. 여기에 더해 건강검진 전에 적어낸 문진자료가 축적되어 대한민국 성인들의 흡연과 음주를 비롯해 수많은 건강관련 데이터들이 컴퓨터에 모이고 보관되어 분석되고 있다.

'오늘 태어난 아이가 평생 만들어갈 데이터의 양은 현재 미국 의회도서관에 저장되어 있는 데이터양보다 70배가 많다.'는 분석이 있다. 싫든 좋든 우리는 빅데이터를 만들며 살아가게 될 것이다. 그리고 어떤 이는 이를 분석해서 유용한 자료를 확보하고, 활용하게 될 것이다.

> 소셜데이터의 범위는 생각보다 훨씬 넓다. 우리는 소셜데이터를 활용해서 많은 분석을 해낼 수 있다. 첫째는 '관계망 분석'이요, 둘째는 '게시물 분석'이고, 셋째는 '이슈분석'이 가능하다.

SNS를 통해서도 빅데이터가 끊임없이 생성되고 있다. 사진을 하나 올리면서 함께 올린 글자들이 자동으로 분석되어, 인터넷에서 사람이름을 치거나, 장소를 치면 SNS에서 올렸던 사진들이 이 키워드에 의해 노출되게 된다. 이러니 예전에 비해 정보의 유통이 훨씬 활발해질 수밖에 없는 것이다.

SNS 데이터는 '소셜데이터(Social Data)'라고 부른다. 이러한 소셜데이터를 트위터, 페이스북의 정보 정도로 생각하는 사람들이 있다. 하지만 소셜데이터의 범위는 그것보다 훨씬 넓다. 우리는 소셜데이터를 활용해서 많은 분석을 해낼 수 있다. 첫째는 '관계망 분석'이요, 둘째는 '게시물 분석'이고, 셋째는 '이슈분석'이 가능하다.

우선, '관계망 분석'이란 특정 개인의 연결 관계를 분석하는 것이다. 한마디로 이 사람의 인간관계가 어떤 구성을 갖는지를 알아내는 분석이다. 하지만 그 범위가 넓어지게 되면 '이슈를 생성하는 특정 개인'이나 '이슈의 확산 경로'를 파악할 수 있게 된다.

'게시물 분석'은 말 그대로 한 사람의 게시물을 분석함으로써 그 사람의 관심이나 취향 등을 분석하는 것이다. 그리고 이것이 앞의 관계망 분석과 연계되면 관계의 성격규명까지 가능해지게 된다.

'이슈 분석'은 그날그날, 혹은 특정기간 동안의 이슈와 해당 이슈에 대한 반응의 크기 정도를 분석하는 것이다. 이 이슈분석은 이미 주요한 선거시기에 이를 제공해주는 서비스가 개발되어 있고, 각 캠프들은 이 이슈 분석을 활용해서 선거전략을 움직여가고 있다.

상관관계 분석으로 베일을 벗는 빅데이터라는 보물창고

많은 전문가들은 이처럼 데이터 마이닝(Data Mining)기술을 이용해서 소셜데이터 상관관계를 분석하고 있다. 사람들이 오늘 느끼는 감정을 이용해서 내일의 주가를 예측할 수는 없을까? 사람들의 감정과 주가의 등락은 어쩌면 전혀 다른 차원의 데이터다. 하지만 이런 데이터들 사이에 상관관계를 밝혀 활용하는 시대가 도래했다.

빅데이터 처리업체인 다음소프트와 강형구 한양대 교수가 사람들의 감정과 주가 사이의 상관관계를 밝혀내는 실험을 실시했다. 트위터에 올라온 글을 기쁨, 미움 등 아홉 가지 감정으로 나눠 분석한 결과를 기반으로 주식과의 상관관계를 분석했으며, 이를 기반으로 실제 투자에 나섰다.

결과적으로 이들은 한 해 동안 주식으로 9.7%의 수익을 올렸다. 이는 같은 기간 코스피 지수 상승률을 상회하는 성적이었다. 또 이들의 분석결과 발견된 재미있는 사실은 예를 들어 긍정적인 감정이 많을 때, 하락하는 특정 주식이 있다는 것이다. 이를테면 기쁨의 감정인 감사하다, 고맙다, 사려 깊다, 다행이다 등이 글자가 많이 등장한 다음날이면 어김없이 포스코와 KPX케미칼의 주식은 하락하더라는 것이다. 그들은 이러한 사실을 알아내고 이를 주식투자에 반영해 높은 수익을 창출했다.

이미 빅데이터는 사용의도와 상관없이 급속도로 커지고 있다. 중요한 것은 많은 데이터 가운데 숨겨져 있는 유용한 상관관계를 발견하는 것이다. 특정 당의 지지자들은 특정한 케이블TV를 많이 본다든가, 특정 당의 지지자들의 수면시간이 다른 당의 지지자들과 다르다든가 하는 것 등도 이에 해당된다.

문제는 이런 데이터 간의 상관관계를 밝혀내기 위한 '융합적 사고'다. 오히려 데이터 수집의 의도성은 그리 중요한 문제가 아니라는 것. 중요한 것은 그래서 데이터 마이닝이다. 미래에 활용 가능한 정보를 추출하고, 이를 의사결정에 이용하려는 노력이 필요하다.

문제는 이런 데이터 간의 상관관계를 밝혀내기 위한 '융합적 사고'다. 오히려 데이터 수집의 의도성은 그리 중요한 문제가 아니라는 것. 중요한 것은 그래서 데이터 마이닝이다. 미래에 활용 가능한 정보를 추출하고, 이를 의사결정에 이용하려는 노력이 필요하다.

지금까지 기업의 마케팅은 물론 선거에서도 흔하게 쓰인 것이 '서베이(Survey)'다. 고객들의 의견을 묻는 것이기도 하고, 고객들의 상황을 파악하는 것이기도 하다. 이것은 매우 중요하다. 현명한 사람의 판단만으로 모두를 만족시킬 수는 없기 때문이다.

이와는 반대로 유전학과 통계학의 대가였던 영국의 과학자 '프랜시스 골턴(Francis Galton)'은 '좋은 교육을 받은 소수가 권력을 쥐어야만 사회가 안전하다'고 믿었다고 한다. 그래서 그는 '1대 99'의 법칙을 말했다. 단 1%의 천재가 인류 역사를 주도하고, 나머지 대중은 우매하다는 것이다. '**우생학**[1](優生學)'도 바로 여기에서 나왔다. 프랜시스 골턴은 우생학의 창시자이기도 했다.

우생학[1]
우수 또는 건전한 유전자를 가진 인구의 증가를 꾀하고 열악한 유전자를 가진 인구의 증가를 방지하는 것이 목적인 학문.

그는 그 유명한 찰스 다윈의 사촌으로 자신의 가문에서 훌륭한 인재들을 많이 배출되는 원인을 우생학으로 설명하곤 했다고 한다. 하지만 그는 85세에 이르러 그의 생각을 바꾸게 되었다. 1907년의 일이다. 고향마을인 영국 플리머스를 찾은 골턴은 마침 그곳에서 열린 박람회장을 둘러보게 되었다.

그리고 도살된 소의 무게를 맞히는 게임현장을 우연히 보게 되었다고 한다.

호기심이 발동한 그는 내기에 참가한 800명의 답을 받아 평균을 냈다. 평균값은 1197파운드. 실제 소 무게를 잰 결과는 1198파운드였으니 그 차이는 불과 1파운드에 불과했다.

그는 훗날 '민주주의도 생각보다는 믿을 만하다'라는 말을 남겼다고 한다. 평생 대중의 어리석음을 믿었던 그는 85세의 나이에 이르러 비로소 '한 사람 한 사람은 어리석을지 모르나 집단을 이루면 훨씬 현명한 판단을 내릴 수 있다'는 생각에 다다랐던 것이다.

뿐만 아니라, '공급자 시각'이 아닌 '소비자 시각'을 갖기 위해서도 서베이는 매우 중요하다. 대중의 지혜를 묻는 것이기 때문이다. 하지만 서베이는 여러 측면에서 오류의 가능성이 있다. 응답자가 자신의 생각과는 다른 답을 제시하는 경우가 적지 않고, 문항구성이 잘못되었거나 표본의 선택이 잘못되었을 경우에도 오류가 발생한다. 또 무의식이 의식으로 전환되는 과정에서도 많은 오류들이 생길 수 있다.

서베이의 오류를 해결할 대중의 지혜, 빅데이터

하지만 빅데이터는 다르다. 모든 문제들을 보다 객관화시킬 수 있다. 질문을 해서 답을 구하는 것이 아니라, 사람들의 행동데이터로 문제를 판단하기 때문이다. 이런 측면에서 향후 빅데이터의 활용범위와 가능성은 우리의 상상 이상으로 커지게 될 것이다.

모 카드회사는 자신들의 고객이 사용한 카드정보를 활용해서 다시금 고객들에게 정보를 제공하는 방식의 서비스를 내놓았다. 고객들이 음식점에서 카드결제 한 내용에 기반 해서 특정 지역의 카드매출이 높은 음식점들의 정보를 제공하고, 이곳을 주로 찾는 이들의 성별, 연령대는 물론 그들의 1회 평균 사용액 정보까지 제공하고 있다.

지금 우리나라도 개인정보까지는 아니지만 데이터의 추이정보를 제공하게 되었다. 조만간 선거캠프는 65세 이상 어르신들의 핸드폰 이동경로 정보를 알 수 있게 된다는 것이다. 이것은 선거에 있어 매우 중요한 정보가 될 수 있다. 이 정보만 알아도 어르신들에 대한 공약이 담긴 현수막의 위치를 효율적으로 결정할 수 있다.

조만간 선거캠프는 65세 이상 어르신들의 핸드폰 이동경로 정보를 알 수 있게 된다는 것이다. 이것은 선거에 있어 매우 중요한 정보가 될 수 있다. 이 정보만 알아도 어르신들에 대한 공약이 담긴 현수막의 위치를 효율적으로 결정할 수 있다.

오바마가 선거에서 빅데이터를 활용했다하여 화제가 되고 있다. 하지만 데이터베이스의 구축을 먼저 시작한 것은 공화당이었다. 그리고 그 시기는 1970년대 후반이었다. 1990년대 후반에 이르러서는 '보터볼트(Voter Vault:유권자의 창고)'라는 전국 유권자 데이터베이스를 구축하기에 이른다. 그리고 이것은 2002년부터 각종 선거에 활용되었다. 2004년에는 이 데이터베이스에 약 1억 6800만 명의 유권자 정보가 입력되어 있었다고 한다.

민주당은 2000년 대선에서 부시에게 패배했으며, 2004년에도 연달아 패배했다. 당시 민주당을 지지하는 어느 누구도 부시대통령의 재선을 예측한 사람은 없었다. 민주당은 충격에 빠졌다.

민주당은 데이터선거에서 패배했음을 자인하고, 2008년부터 데이터선거를 도입하게 된다. 이들이 먼저 한 일은 주(state)위원회 중심으로 전국에 흩어져 있던 데이터를 모으는 일이었다. 하지만 이는 쉽지 않았다. 각 주위원회가 데이터를 전국위원회에 쉽게 내주지 않았던 것.

마케팅에서도 이러한 현상은 동일하게 존재한다. 대리점을 가지고 있는 많은 유통본사들 역시 대리점의 고객데이터를 모두 모아가지고 있지 못한 경우가 많다. 대리점의 입장에서 고객데이터를 본사에 내주고 나면, 본사가 대리점과의 계약을 파기하고, 고객데이터를 활용해 직접 영업에 나설 수도 있다는 불안감을 가지고 있는 것이다.

오바마선거에서 활용된 중요한 전략 하나. 일각고래프로젝트(Narwhal Project)

민주당 역시 마찬가지였다. 이 문제를 해결한 사람은 '테리 매콜리프(Terry McAuliffe)'다. 2001년 민주당 전국위원회 의장이 된 테리 매콜리프는 2002년 각 주위원회에 유권자 데이터를 빌려주면 그 파일에 기부자 정보나 전화번호 같은 새 정보를 추가로 입력해서 돌려주겠다고 제안하고, 상업데이터베이스업체와는 제휴를 통해 기존 데이터에 수백 가지 새로운 정보들을 추가해내는데 성공한다.

당시까지 만들어졌던 모든 데이터가 일목요연하게 정리되었을 뿐만 아니라, 상업적 활용을 위해 만들어졌던 데이터베이스까지 합쳐져 그야말로 막강한 데이터베이스가 구축된 것이다. 이것이 이른바 '일각고래프로젝트'다. 일각고래프로젝트의 핵심은 데이터베이스의 통합이다.

이렇게 완성된 것이 '데이터마트(Datamart)'였으며, 이를 각 주위원회들이 검색할 수 있도록 '뎀질라(Demzilla)'라는 인터페이스도 개발했다. 2004년 데이터마트는 '보트빌더(VoteBuilder)'라는 이름으로 확대 개편된다. 보트빌더에는 선관위에 등록된 약 1억 6천6백만 명의 유권자 정보가 저장되었으며, 각 유권자마다 200개에서 400개의 유권자 관련 정보가 담기게 된다.

여기에는 성명, 성별, 연령, 거주지, 인종 등 기본적 인구통계학적 정보는 물론 각종의 유효한 정보가 기록되었다. 유권자의 투표 참여도, 유권자 등록 후 투표 참여여부, 유권자 등록 당시 지지당, 당 행사 참여 여부, 후원금 기부 여부 등도 포함되었다.

당시까지 만들어졌던 모든 데이터가 일목요연하게 정리되었을 뿐만 아니라, 상업적 활용을 위해 만들어졌던 데이터베이스까지 합쳐져 그야말로 막강한 데이터베이스가 구축된 것이다. 이것이 이른바 '일각고래프로젝트(Narwhal Project)'다. 일각고래프로젝트의 핵심은 데이터베이스의 통합이다. 그리고 이것은 앞서 설명한 상관관계 분석에 의해 활용된다.

민주당의 분석팀은 케이블TV 채널 선호도와 정치행태 연관성 분석은 물론 자동차 브랜드와 정치행태 연관성 분석, 심지어 맥주 선호도와 정치행태 연관성 분석에 이르기까지 각종 연관성 분석을 해내기에 이른다. 이른바 군집분석이다. 비슷한 지지도를 가지고 있는 사람들의 경향성을 분석하는 것이다. 그리고 이들은 이러한 분석을 통해 특정한 경향성을 가진 사람들은 오바마를 지지할 수 있을 것이라고 유추 한 뒤, 이를 다시 개별 데이터들의 평가에 활용했다.

이렇게 해서 모아진 데이터를 **다중회귀분석**[1)]을 통해 지수화 했던 것. 그것은 마치 은행이 개인신용평점을 매기는 방식과도 같았다. 은행이 대출한도를 결정하기 위해 파악하고 분석하는 대상은 과거 대출상환이력, 연령, 소득, 학력, 재직회사의 규모, 재직회사의 분야, 직종, 직위, 거주지, 거주주택의 유형과 형태, 가족현황, 소유차량의 가액 등 헤아릴 수 없이 많다.

이 요소들 중 대출상환에 큰 영향을 미치는 요소에는 큰 가중치를, 작은 영향을 미치는 요소에는 작은 가중치를 주고, 이를 모두 합산해서 개인의 신용정도를 점수화하는 것이 개인신용평점이다.

다중회귀분석[1)]

하나의 종속변수(다른 변수 값이 변화함에 따라 영향을 받는 변수)와 두 개 이상의 독립변수(어떤 효과를 관찰하기 위해 실험적으로 조작되거나 통제된 변수) 사이에 존재하는 관계를 분석하기 위한 기법 중 하나.

오바마캠프 역시 유권자들의 오바마 지지지수를 이와 같은 방식으로 뽑았다. 여러 가지 항목들에 각기 가중치를 주고, 이를 합산해서 지지예상점수를 계산한 것이다. 각 항목들에 대한 가중치는 앞서 설명한 군집분석에 의해 도출했다. 그리고 이에 더해 투표참여도와 설득가능성까지 계산해냈다고 한다. 이러한 분석기법을 다중회귀분석이라고 한다.

이렇게 해서 나온 점수 중 100점에서 50점은 '오바마에게 투표할 사람'으로 보고, 0점에서 25점은 '오바마에게 투표하지 않을 사람'으로 평가했다. 중요한 것은 25점에서 50점 사이의 사람들이다. 오바마캠프는 이들을 '중도적인 사람이거나, 오바마를 지지는 하되 투표는 하지 않을 사람, 설득하면 설득될 수 있는 사람'으로 평가했다. 그리고 오바마의 자원봉사자들은 25점에서 50점을 받은 유권자들을 찾아다니며 집중적으로 공략했다.

드림캐처프로젝트(Dreamcatcher Project)와 대시보드프로젝트(Dashboard Project)

군집분석을 통해 밝혀진 연관성은 실제 선거운동에도 활용하게 된다. TV광고와 라디오 광고를 어느 채널에 할 것인가를 결정하는데 결정적 기여를 한 것은 물론, 그 시간대를 어떻게 할 것인지를 결정하는 데에도 도움을 줬다. 뿐만 아니라 그 메시지와 분위기의 결정에도 중요한 단서를 제공했다.

북미 인디언들 사이에서는 아이가 악몽을 꾸면 침대 머리맡에 작은 그물을 파리채처럼 만들어 걸어놓는 풍습이 있다. 이 그물을 드림캐처(Dream-catcher)라고 하는데, 아이가 꾸는 악몽을 잡아가둔다는 전설에 따른 것. 오바마 캠프의 드림캐처는 자연어 처리기술에 근거하여 개인들이 어떤 입장과 뉘앙스를 가지는지를 알아보는 프로젝트다.

오바마 진영에서는 '드림캐처프로젝트'를 위해 스마트폰 앱인 대시보드를 활용했다. 그리고 이 대시보드는 유권자들의 마이크로 리스닝(Micro Listening)에 활용되었다. 오바마 진영은 '마이크로 타깃팅(Micro Targeting)'이라는 용어보다는 '마이크로 리스닝(Micro Listening)'이라는 용어를 선호했다. '내가 그에게 무엇을 할 것인지'보다는 '그가 무슨 생각을 가지고 있는지'를 아는 것이 더 중요하다고 생각했기 때문이다.

개인들이 인터넷에 공개한 텍스트들을 수집하여 메모필드에 저장했다. 이렇게 모여진 개인들의 글에 담긴 정서를 분석해 특정 이슈에 대한 생각과 입장을 분석해내는 것이 '드림캐처프로젝트'다. 필요하다면 텍스트마이닝기법도 동원했다.

오바마 홈페이지와 현장 방문 유세팀의 자원봉사자들이 가지고 다니는 업무일지 메모장, 그리고 스마트폰 앱인 대시보드에는 '당신의 이야기를 공유하세요.'라는 난이 있다. 여기에는 유권자들의 생각을 담도록 되어 있다. 이를 위해 선거캠프는 유권자 정보 데이터베이스의 개인 파일 항목의 메모필드를 6만자까지 입력할 수 있도록 해놓았다.

'이번 선거운동에 참여하고 싶다는 생각을 어떻게 하게 되었나요? 오바마 대통령의 정책 중 무엇이 당신에게 도움이 될 것 같은가요? 왜 다시 한 번 변화를 위해서 나서야 한다고 생각하시나요?' 같은 질문에 대해 그들이 한 답을 모아 담는 것이다. 페이스북과 트위터 로그인 앱과 웹크롤러(web crawler) 소프트웨어를 이용해서도 개인들이 인터넷에 공개한 텍스트들을 수집하여 메모필드에 저장했다.

이렇게 모여진 개인들의 글에 담긴 정서를 분석해 특정 이슈에 대한 생각과 입장을 분석해내는 것이 '드림캐처프로젝트'다. 필요하다면 텍스트마이닝

(Text Mining)기법도 동원했다. 어떤 사람이 웹사이트에 올린 글을 보고 그가 아프간 전쟁에 관심이 있다는 것을 알게 되었다고 치자. 그 사람에게는 어떤 식으로 다가가는 것이 가장 효과적일까?

단순히 그 글만 보아서는 오바마를 지지하는 전역군인 모임에 가입할 것을 권유하는 메일을 보내는 게 좋을지, 아니면 오바마의 외교안보정책을 비판하는 사람을 회유하는 우편홍보물을 보내는 것이 좋을지 결정하기 어렵다.

오바마선거를 데이터선거로 만든 3대 핵심프로젝트

하지만 드림캐처는 그 글 속에 담긴 의미를 분석하는 텍스트마이닝을 통해 그 사람의 입장을 추측해낼 수 있게 해준다. 정서분석(Sentiment Analysis)의 단계를 넘어 텍스트분석을 실시한 것이다. 뿐만 아니다. CRM에서 사용하는 방식의 분석이 더해지면 훨씬 더 많은 정보를 유추해낼 수 있게 된다.

A우유와 B닭고기는 모두 비타민 A를 많이 함유한 특화제품이다. 이 두 제품을 산 소비자가 약국에서 안약을 샀다면 이 소비자는 시력건강을 위해 이러한 제품을 구매한다는 것을 추정할 수 있다. 이 고객에게는 이메일 등으로 시력건강과 관련된 제품을 추천해 매출을 올릴 수 있다는 것. 이런 기법들이 오바마선거에 동원되었다.

일각고래프로젝트를 통해 유권자데이터와 소셜데이터를 통합하고, 대시보드 프로젝트를 활용해

모든 사람들을 감동시킬 한 마디는 없다. 각자가 처해있는 상황에 맞춰 가장 최적한 일거리를 제공하고, 유권자들에게는 각자가 솔깃해할만한 이야기가 전달된다. 그 한 가지 관심사가 지지의사를 바꾸는 중요한 수단이 되는 선거. 그것이 오바마캠프가 지향했던 선거라 하겠다.

서 그들의 이야기를 수집하고, 드림캐처프로젝트를 통해 그들의 성향과 취향을 파악하고 대처한 것이다. 이것이 오바마선거의 핵심이고, 오바마선거에 활용된 3대 프로젝트다.

자신의 모바일에 대시보드 앱이 깔려 있는 자원봉사자는 유권자의 집 앞에서 지금 만나야 할 사람에 대해 충분히 파악한다. 그리고 그가 관심을 가질만한 이야기로 그를 설득한다. 그리고 그의 반응은 다시 대시보드에 기록된다. 그리고 이것은 캠프에서 분석되어 그의 지수에 변화를 준다.

이러한 그들의 선거는 자원봉사자의 전화홍보에도 변화를 가져왔다. 자원봉사자의 이력 또한 데이터로 충분히 분석되어 있다. 교육에 관심이 많은 자원봉사자가 주말에 전화홍보 자원봉사를 하고자 한다면 그에게는 교육에 관련된 정책과 이를 설명하는 멘트가 주어진다. 그리고 그에게 전달되는 전화번호 또한 교육이야기에 솔깃해할만한 유권자들이다.

이것이 핵심이다. 모든 사람들을 감동시킬 한 마디는 없다. 각자가 처해있는 상황에 맞춰 가장 최적의 일거리를 제공하고, 유권자들에게는 각자가 솔깃해할만한 이야기가 전달된다. 그 한 가지 관심사가 지지의사를 바꾸는 중요한 수단이 되는 선거. 그것이 오바마캠프가 지향했던 선거라 하겠다.

이 외에도 오바마캠프는 매우 많은 용도로 데이터와 IT를 활용했다. A-B 테스트도 그중 대표적 사례다. A-B 테스트는 선거에 필요한 많은 요소들을 직접 지지자들에게 묻는 방식이다. 메시지를 발송하기 위해 적절한 시간대도 묻고, 이메일을 통해 후원금을 요청하는 문장과 사진 등도 샘플을 만들어 많은 이들에게 보여주고 그들 스스로 어느 하나를 선택하게 해서 결정했다.

어쩌면 너무나도 당연한 방식일지 모른다. 하지만 지금까지 대부분의 캠프는 많은 결정을 캠프구성원들에게 의존해왔다. 그들의 경험과 직감에 의존해 수많은 결정을 해왔던 것. 하지만 오바마캠프는 이런 기존방식을 버리고, 비교실험을 통해 어떤 것이 더 효과적인지를 측정하고 가설을 검증해나가는 방식을 택했다. 오바마캠프는 이 A-B 테스트를 통해 큰 성과를 거두었다고 자평하고 있다.

데이터선거, 우리도 해낼 수 있을까?

또 이들은 조직 내 소셜네트워크서비스(SNS)도 활용했다. '내셔널필드'라는 이름이 붙여진 소셜네트워크는 자원봉사자들의 일거수일투족을 기록했으며, 이를 통해 캠프는 선거운동의 진척상황을 일목요연하게 파악할 수 있었다. 뿐만 아니라 분야별, 지역별, 팀별로 활동목표 달성수준의 상위를 차지한 사람들을 막대그래프로 보여주는 방식을 채택하여 선의의 경쟁이 일어나도록 부추기기도 했다.

하지만 우리가 가장 관심을 가져야 할 것은 그들의 모든 IT기술이 철저하게 현장의 조직활동 중심으로 활용되고 있다는 점이다. 컴퓨터만으로 해결할 수 있는 선거는 없다. 결국 사람들이 발품을 팔고, 전화기를 들고, '한 사람 한 사람을 직접 대면하며 치러나가는 선거'라는 이해 아래에서 치러진 것이 바로 오바마선거다.

> 오바마선거를 지켜본 많은 민주개혁진보진영의 사람들은 답답함을 느끼지 않을 수 없었을 것이다. 모든 것이 불리한 환경, 기울어져 있는 운동장에서 보수진영을 넘을 수 있는 신무기, 데이터선거를 우리도 해낼 방법은 없을까?

이 모든 것들은 데이터와 IT를 활용해서 만든 현대과학의 산물이다. '빅데이터 승리의 과학'의 저자인 고한석은 '2012년 오바마캠프는 최첨단의 테크놀로지와 지식을 동원하여 시민들이 제각기 무엇을 궁금해 하고 어디에 관심을 가지는지를 듣고

자 노력하였으며 그에 대해서 답변하고자 노력했다. 시민들은 투표로써 이에 화답하였고, 오바마는 승리할 수 있었다.'고 오바마선거를 평가했다.

오바마캠프의 테크놀로지팀은 사상 최대의 데이터선거를 위해 세 가지 핵심과제를 설정했다고 한다. 그 첫째는 '승리를 위해 필요한 모든 IT인프라를 구축할 것', 둘째는 '캠프의 자원사용의 효과를 극대화시키는 소프트웨어를 주어진 짧은 시간 안에 개발할 것', 셋째는 '시스템이 단 1초도 다운되어서는 안 된다.'였다고 한다.

이런 과정을 통해 오바마는 승리를 거머쥐게 되었다. 물론 오바마 승리의 이유가 데이터선거 하나만은 아닐 것이다. 하지만 그 내용을 살펴보면 데이터선거가 오바마의 승리를 견인하는데 매우 큰 역할을 했다는 점만은 누구도 부인하기 어려울 것이다.

오바마선거를 지켜본 많은 민주개혁진보진영의 사람들은 답답함을 느끼지 않을 수 없었을 것이다. 모든 것이 불리한 환경, 기울어져 있는 운동장에서 보수진영을 넘을 수 있는 신무기, 데이터선거를 우리도 해낼 방법은 없을까? 과연 미국과 우리 선거의 차이는 무엇일까? 그리고 그 속에서 새로운 가능성을 발견해낼 수는 없는 것일까?

이 해법을 찾아가는 과정이 민주개혁진보진영의 어려움을 극복해나가는 한 방편으로 크게 작용할 것이라는 믿음이 필요하다. 그리고 한 발짝씩이라도 데이터선거를 통해 우리의 결속을 높이고, 보다 과학적 선거를 치러내기 위한 노력을 기울여가야만 할 것이다. 다음 장에서는 우리 현실에 맞는 데이터선거의 가능성에 대해 살펴보도록 하겠다.

제4장. 오바마의 선거와 우리의 선거

데이터를 버려야 데이터가 산다

오바마선거 분석을 통해 우리 또한 데이터선거를 치러낼 수는 없을까? 결론부터 말하자면 데이터선거를 치러내는 일은 가능하다. 하지만 오바마선거와 같은 방식으로 치를 수는 없다. 미국과 우리의 환경이 완연히 다르기 때문이다.

스마트폰 보급대수나 IT환경에서의 차이를 말하는 것이 아니다. 선거방식에 차이가 있기 때문이다. 따라서 오바마선거에서 힌트를 얻을 수는 있으나, 적용은 전혀 다른 방식을 채택해야만 한다. 어떤 점이 다를까? 우선 우리에게는 유권자명부가 없다. 미국의 유권자명부와 우리의 선거인명부는 완연히 다르다.

미국의 유권자명부는 공개되어 있지만 우리 선거인명부는 비공개를 원칙으로 한다. 뿐만 아니라, 미국은 자신이 지지하는 정당을 표시할 수 있어서 미국의 유권자명부에는 유권자 개인의 지지경향까지가 드러나지만 우리 선거인명부에는 그런 정보들이 들어 있지 않다.

더욱 중요한 것은 우리 선거환경에서는 유권자들과 개별적 접촉이 사실상 불가능하다는 점이다. 전화통화를 하자고 해도 전화번호를 알 수 없으며, 가가호호 방문은 선거법으로 더더욱 봉쇄되어 있다. 이러한 선거문화의 다른 점이 오바마선거를 우리 선거에 적용하기 어렵게 만드는 요인이다.

우리나라에서도 공공데이터가 공개되기 시작했다

데이터의 개방성 역시 미국에 비해 현저히 떨어지는 것이 우리의 현실이다. 대부분의 데이터들이 개인정보보호법에 의해 비공개를 원칙으로 하고 있기 때문이다. 하지만 이제 데이터가 개방되기 시작했다. 공공데이터 제공 및 이용 활성화에 관한 법률이 공포되고, 같은 법 시행령과 시행규칙이 발효되었기 때문이다.

시행령과 시행규칙이 발효된 2013년 10월 31일 기준, 중앙과 지자체 등 1,547개 공공기관에서 총 3,395종의 데이터를 개방했으며, 2017년까지 단계적으로 9,470종의 데이터가 개방될 예정이다. 우선 개방된 데이터는 교통, 지리, 교육, 복지, 재정정보 등이다.

그 창구는 '공공데이터 포털(data.go.kr)'이다. 데이터 뿐만 아니라 프로그램 개발자를 위한 서비스 개발 가이드와 활용 사례까지 제공하겠다는 것이 정부의 입장. 하지만 이 공공데이터가 데이터선거의 기반이 되기에는 너무나도 부족한 면이 많다. 더욱이 우리 진영의 준비는 이러한 시대적 흐름에 너무나도 뒤쳐져 있다. 오히려 보수진영의 준비가 우리를 앞질렀다는 분석이다.

우리는 왜 이 데이터선거에 관심을 가져야만 하는가? 그리고 그것은 가능한가? 앞서 말한 바와 같이 우리에게 유리한 도구가 없기 때문이다. 매스컴 환

2000년 이후 우리 선거 곳곳에서 핵심지지자들과 활동가들이 보여준 IT선거기술을 활용한 선거운동의 성과는 그야말로 빛나는 수준이었다. 그리고 이러한 경향은 시간이 지나면서 보다 다각적인 방향으로 진화화고 있다. 새로운 모색기를 맞이한 것이다.

경의 불리함은 시간이 지나도 나아질 기미가 보이질 않는다. 홍보물의 기계적 균형 또한 '다르게 해보기'의 장애요소다.

그런데 세상은 급속도로 변화하고 있다. IT기술과 스마트폰 보급에 있어서는 우리가 결코 미국에 뒤처지지 않는다. 발전 속도 또한 언제나 상상 이상이다. 그러니 지금부터라도 이러한 환경을 우리 선거에 접목하려는 노력을 기울인다면 미국과는 다른, 그러나 보다 효과적인 데이터선거를 시도해볼 수 있지 않을까?

선거문화가 다른 점 역시 꼭 불리하게만 작동되지는 않는다. 미국에 비해 우리 지지자들의 자발성이 비교적 약한 것은 사실이다. 하지만 그것은 그들의 오랜 전통과 문화 탓이다. 조직선거를 갓 벗어난 수준인 우리의 선거문화를 생각해볼 때, 지금까지 보여준 자발성과 활동력은 실로 대단한 것이었다. 이런 측면에서 양국의 차이는 어쩌면 생각보다 좁다고도 할 수 있겠다.

2000년 이후 우리 선거 곳곳에서 핵심지지자들과 활동가들이 보여준 IT선거기술을 활용한 선거운동의 성과는 그야말로 빛나는 수준이었다. 그리고 이러한 경향은 시간이 지나면서 보다 다각적인 방향으로 진화화고 있다. 새로운 모색기를 맞이한 것이다.

예전에는 캠프가 하고 싶은 말을 대신 전하는 조직이었다면 어느새 지금의 우리 선거문화는 자신이 하고 싶은 말을 자발성에 기초해서 상대에게 전달하는 형태로 변화했다. 핵심지지자들의 헌신성과 선거문화의 변화는 우리로 하여금 데이터선거의 가능성을 보다 희망적으로 보게 하는 요소라 하겠다.

오바마 선거처럼 유권자 한 사람 한 사람의 데이터를 가지고, 그들을 각각

만날 수는 없는 것이 우리의 현실이다. 하지만 핵심지지자들을 데이터선거의 시스템 속에 넣고, 그들로 하여금 각자 성향이 비슷한 그들의 지인들에게 우리의 메시지를 전달하게 하는 방법은 어떨까?

오프라인을 통해 확보된 핵심지지자들을 중심으로 핵심지지자들이 직접 메시지를 유통 가능하도록 하는 공간을 확보하는 것이 우리의 데이터선거를 가능하게 할 핵심이라 하겠다. 그렇다면 무엇부터 시작해야 하는가? 기존의 데이터는 활용할 수 없는가? 있다면 어느 정도나 활용 가능한 것인가?

우리에게도 데이터선거는 있었다

우리 역시 데이터를 활용해서 선거를 치러오기는 했다. 하지만 그 수준이 앞서 설명한 오바마캠프와는 질적으로 비교할 수 있는 수준이 아니라는 데에 문제가 있다. 선거를 치르는 캠프라면 어느 곳 하나 예외없이 데이터를 모으고, 이를 활용하는데 꽤 많은 노력을 투자해왔다. 사실 데이터가 없다면 아예 선거운동을 할 수 없는 것이 현실이다.

선거법에는 문자와 전화를 이용한 선거운동이 가능하도록 되어 있다. 그러니 문자와 전화를 위해 유선 전화번호와 핸드폰 번호 정도는 수집되어 있어야만 한다. 그래서 각 캠프에는 어떠한 경로를 통해서든 전화번호가 입수되게 되고, 이를 이용해서 선거기간 동안 문자메시지를 보내기도 하고, 전화를 걸어 선거운동을 하기도 한다.

또, 예비후보기간 동안 전 세대의 10%에 대해서는 예비홍보물을 보낼 수 있도록 되어 있기 때문에 이 또한 어떠한 경로로든 주소를 확보해 활용하고 있매번 선거를 앞두고 당원명부를 보고 일일이 전화해가며 확인하곤 하지만 상당수 허수가 포함되어 있다는 것이다. 따라서 전적으로 신뢰하기 힘들고 구하기도 쉽지 않다. 또 당내의 여러 가지 복잡한 사정으로 말미암아 이들 모두를 충성도 높은 선거운동원으로 보기는 어렵다는 점도 감안해야 한다.

다. 그러니 기본적으로 선거구 내에 있는 전화번호와 주소의 수집, 그리고 이를 최대한 분석해서 활용하기 위한 노력은 계속되어왔던 셈이다.

그렇다면 이러한 데이터들은 어떻게 수집되었을까? 가장 먼저 떠올릴 수 있는 것이 당원명부다. 당원명부에는 신상정보는 물론 충성도에 대한 매우 상세한 정보들이 수록되어 있을 수 있다. 하지만 당내 선거 등의 이유로 이 당원명부에는 허수가 있다.

매번 선거를 앞두고 당원명부를 보고 일일이 전화해가며 확인하곤 하지만 상당수 허수가 포함되어 있다는 것이다. 따라서 전적으로 신뢰하기 힘들고 구하기도 쉽지 않다. 또 당내의 여러 가지 복잡한 사정으로 말미암아 이들 모두를 충성도 높은 선거운동원으로 보기는 어렵다는 점도 감안해야 한다.

당원명부로는 전화를 통한 선거운동, 문자메시지 보내기, 전화를 걸어 선거운동을 독려하고, 행사를 고지하는 등의 활용이 가능할 것이다. 그러나 이것 또한 자극을 보낼 때마다 상대의 반응을 체크해서 상대의 반응정도에 따라 다음 단계를 운용하는 것이 좋다. 예를 들어 상대가 우리 전화에 좋지 않은 반응을 하는 데도 불구하고, 지속적으로 자극을 주면 오히려 더 좋지 않은 결과를 얻을 수 있기 때문이다.

또 다른 DB는 전화번호부 등을 활용하여 수집된 DB이다. 예전에는 이 전화번호부의 DB가 매우 유용하게 활용되곤 했다. 하지만 최근에는 1인세대의 증가, 경제활동인구의 증가 등으로 핸드폰에 비해 활용도가 매우 떨어진다는 문제점들이 속속 드러나고 있다. 상대적으로 효과가 반감한 것. 전화번호부 DB

는 주로 선거운동기간 중 전화홍보에 주로 이용된다.

각 그룹들마다에 꼭 맞는 메시지를 보낼 수는 없을까?

핸드폰번호를 수집해서 활용하는 캠프들도 점차 늘어나고 있다. 핸드폰번호를 수집해서 활용하는 방법은 크게 두 가지다. 하나는 지인을 통해 받는 것이고, 다른 하나는 늦은 저녁시간 주택가나 아파트단지에 주차된 차량의 앞면에 붙여놓은 핸드폰번호를 모으는 것이다.

하지만 지인을 통해 얻어내는 핸드폰번호의 양은 매우 미미하다. 뿐만 아니라 점점 더 그 양이 줄어들고 있다. 캠프에서 내가 준 핸드폰번호에 어떤 송신을 할 줄 모르는 상태에서 자신의 지인들을 송두리째 내놓는 것이 매우 부담스럽기 때문이다.

차량의 핸드폰번호를 모으는 것 또한 어려워진 측면이 있다. 아파트의 주차장이 점차 지하로 들어가고 있고, 아파트에 대한 접근이 점차 차단되고 있기 때문이다. 또 이 경우 핸드폰번호 외에는 그 사람에 대한 어떤 정보도 없기 때문에 대량의 문자메시지를 발송하는 것 외에는 활용범위 또한 매우 적다.

그 외에는 선거구 내의 각종 단체, 혹은 선거구 내는 아니라하더라도 선거구 내 유권자가 포함된 각종 단체의 DB다. 향우회, 종친회, 동문회, 각종 종교단체, 관변단체, 지역의 이런저런 모임의 DB가 그것이다. 하지만 앞에서 설명한 바와 같이 후보가 속한 단체가 아니라면 이러한 DB의 유용성은 매우 떨어진다.

그러나 해당 단체 내에 선거운동을 돕는 사람이 있을 경우에는 유용성을 높

문자메시지의 발송건수가 다섯 번으로 제한되어 있으며, 한 번 발송시 각기 다른 내용을 발신하게 된다면 각 내용마다를 한 회로 간주하기 때문이다. 그러니 각 단체마다 해당되는 이해관계나 특성을 반영하는 것이 불가능하다. 물론 전화홍보로는 각기 다른 메시지를 보낼 수 있다.

일 수도 있을 것이다. 이 경우에는 전화번호를 가지고 있는 것 자체의 의미보다는 보다 접근된 관계에 의해서 선거운동을 할 수 있다는 장점이 있다는 것이다. 이를 잘 활용해야만 한다.

단체의 경우에는 해당 단체의 특성이나 이해관계 등을 활용해서 그에 맞는 선거운동을 펼쳐나가야만 한다. 매우 일상적 선거정보를 통해 일괄적 문자메시지를 발송한다거나, 같은 멘트의 전화홍보를 해서는 효과를 보기가 어렵다. 문자메시지 발송건수 자체를 늘리는 데에는 이 또한 효과가 있을 것이나 이렇게 보내진 문자가 선거에 도움이 되기는 쉽지 않다.

교회라면 문자메시지의 첫머리가 '할렐루야'로 시작해야 할 것이고, 사찰이라면 '나무아미타불 관세음보살'로 시작해야 할 것이다. 동문들에게 보내는 메시지라면 '00고등학교 동문 여러분'으로 시작해야 하지 않을까? 하지만 현행 선거법으로는 이런 문자메시지의 발송이 원천적으로 차단되어 있다.

문자메시지의 발송건수가 다섯 번으로 제한되어 있으며, 한 번 발송시 각기 다른 내용을 발신하게 된다면 각 내용마다를 한 회로 간주하기 때문이다. 그러니 각 단체마다 해당되는 이해관계나 특성을 반영하는 것이 불가능하다. 물론 전화홍보로는 각기 다른 메시지를 보낼 수 있다.

마지막으로는 활동가 및 활동조직의 DB가 있다. 이것은 캠프가 후보를 중심으로 초기부터 모아내는 DB라 하겠다. 후보와 가까운 이전 후보, 혹은 다른 선거급의 후보가 가진 DB를 인수받아 포함할 수도 있을 것이다. 이것들이야말로 활용도가 높은 DB이며, 이들이 모은 DB를 다시금 캠프DB에 추가해나갈 수 있다는 점에서 확산성이 있는 DB라 할 것이다.

뿐만 아니라 적요를 기획할 수 있는 유일한 DB라는 점에 그 유용성이 매우 크다 하겠다. 적요의 기획이란 DB를 '성명, 연령, 성별, 주소, 전화번호'로 할 것인가? '직업, 소득, 관심사' 등까지 넓힐 것인가를 결정하는 기획이다. DB의 숫자가 많은 것보다는 필요한 적요를 잘 담고 있는 DB를 가지고 있는 편이 훨씬 활용도 면에서 그 폭을 넓힐 수 있다.

30여 개의 홍보물, 과연 그 속에서 어떤 변별력을?

후보가 만든 교육관련 정책에 관심을 가질 유권자도 있지만 그렇지 않은 유권자도 있다. 그것을 구분해서 메시지를 보내지 못한다면 해당사항이 없는 유권자의 입장에서 그 메시지는 공해에 불과하다. 반면 그 메시지에 해당되는 사람이라면 귀가 솔깃해지는 정보가 될 수도 있을 것이다.

이처럼 적요를 캠프의 실정에 맞게 기획해서 DB를 수집할 수 있다면 그 DB의 유용성은 매우 커지게 된다. 하지만 기획을 했다하더라도 그 적요를 기존의 DB에 적용할 수는 없을 것이다. 예를 들어 차량에서 따온 핸드폰번호는 이름조차 알 수 없는 데이터다. 이 데이터에 적요를 채워넣기란 만만치 않은 일일 것이다.

지금까지 이렇게 수집되고 만들어진 DB는 어떻게 활용되어 왔는가? 그야말로 그때그때의 필요에 따라 활용되어온 측면이 크다. 전화번호가 있는 데이터는 전화를 걸고, 휴대폰은 문자를 보내기도 하고 전화를 걸기도 했으며, e-메일 주소가 확보되면 그 e-메일 주소로는 e-메일을 보냈던 것이다.

이런 현상이 벌어지면서 유권자들에게는 홍보로 말미암은 피로감이 발생

메시지를 특화하지 않은 상태에서 일반적인 메시지를 보내는 선거홍보는 유권자들에게 오히려 부작용을 불러올 소지가 훨씬 커졌다. 따라서 이런저런 경로로 입수된 명부를 하나의 DB로 합치고, 그것을 매우 일반적으로 활용하는 방식으로는 어떤 이익도 얻기 어렵다.

하게 된다. 지방선거의 경우 2014년부터는 7개 단위의 선거가 동시에 벌어지게 된다. 유권자 한 명이 투표해야 하는 후보가 7명이라는 것. 따라서 홍보물이 담긴 봉투에는 대략 30여 개의 홍보물이 함께 들어 있기 마련이다.

마찬가지로 유권자들의 핸드폰에는 수십명의 후보가 메시지를 보내기 마련이다. 핸드폰번호가 바뀐 경우에는 부산에 거주하고 있는 유권자가 전라도 화순의 후보들로부터 한 표를 부탁한다는 메시지나 전화를 받게 되기도 한다. 따라서 유권자들에게 있어 문자메시지와 전화홍보는 스팸취급을 당하기 십상이다.

메시지를 특화하지 않은 상태에서 일반적인 메시지를 보내는 선거홍보는 유권자들에게 오히려 부작용을 불러올 소지가 훨씬 커졌다. 따라서 이런저런 경로로 입수된 명부를 하나의 DB로 합치고, 그것을 매우 일반적으로 활용하는 방식으로는 어떤 이익도 얻기 어렵다.

하지만 그조차 없다면 선거캠프는 유세차를 돌리고 아침인사를 하는 일, 후보를 중심으로 이곳저곳을 떠도는 일 외에 할 일이 없어지게 된다. 많은 수의 선거운동원들과 자원봉사자들이 선거기간 동안 크게 할 일이 없게 된다는 것이다. 그래서 뻔히 공해가 될줄 알면서도 DB를 활용해서 홍보전화를 하고 메시지를 보내는 것이 대부분 캠프의 실정이다.

이런 상황에서 오바마선거의 데이터선거를 본받으라는 것은 '개발의 편자요, 돼지 목의 진주목걸이'인 측면이 없지 않다. 중요한 것은 DB를 제대로 기획하고, 효과적으로 DB를 수집하는 것이다. 적요를 기획할 때에는 이후 활용할 방법에 따라 그 수를 최소화해야만 수집의 효율을 높일 수 있다. 그리고 이를 결정하기 위해서는 활용방법에 대한 기획이 선행되어야만 한다.

핵심활동가를 중심으로 한 새로운 DB의 조직화

앞서 설명한 각종 DB를 걸러 새로운 형태로 정리하는 것은 사실상 불가능에 가깝다. 출마할 후보라면 미리부터 자기 기획에 의해 DB를 수집하고, 이를 활용하기 위한 준비를 해야 한다. 그리고 활동가들로 하여금 지인찾기를 부탁하는 방식도 바뀌어야만 한다.

활동가들은 앞장에서 설명했듯 자발적으로 자기 콘텐츠를 활용해 자신이 설득 가능한 주변을 설득해가는 사람들이다. 그들로부터 지인들을 소개받아 캠프에서 운용하는 것은 활동가들에게 불안감을 줄 수 있는 소지가 있다. 이것이 지인찾기가 활성화되지 않는 이유다.

그렇다면 어떻게 해야 할까? 우리는 두 가지 점에서 데이터선거의 가능성을 이야기할 수 있다. 하나는 핵심활동가들의 적극성이고, 둘째는 각종 소셜네트워크서비스(SNS)의 활성화다. 좋은 콘텐츠, 재미있는 콘텐츠, 혹은 위기를 말하는 콘텐츠들은 각종 소셜네트워크서비스를 통해 급속도로 확산되고 있지 않은가?

우리 한 사람 한 사람의 카카오스토리, 페이스북이나 트위터 등에는 적게는 몇 십 명에서부터 많게는 몇 천 명의 지인이나 친구들의 목록이 저장되어 있다. 만일 내가 감동받은 이야기가 있거나, 꼭 전해야 할 말이 있다면 누구나 적극적으로 소셜네트워크서비스를 활용한다.

이점에서 우리는 효과적인 DB의 수집과 활용에 대한 힌트를 얻을 수 있

오바마선거의 데이터와는 사뭇 다르지만 또 다른 경로의 가능성이 아닐 수 없다. 더불어 매우 높아진 대한민국의 스마트폰보급률은 이러한 가능성을 더욱 부풀려놓았다. 이러한 분위기를 타고 모바일 어플리케이션을 이용한 선거운동이 여러 단위에서 준비되고 있다.

다. 먼저 핵심활동가들의 성향이나 이해관계까지를 파악할 수 있는 DB를 확보하고, 이 핵심활동가가 관심을 가질만한 콘텐츠를 제공하면 어떻게 될까? 이들에게 전달된 콘텐츠가 감동적이거나 꼭 전해야 할 말이라면 활동가 스스로 지인에게 적극적으로 콘텐츠를 확산시켜 나갈 것이다.

오바마선거의 데이터와는 사뭇 다르지만 또 다른 경로의 가능성이 아닐 수 없다. 더불어 매우 높아진 대한민국의 스마트폰보급률은 이러한 가능성을 더욱 부풀려놓았다. 이러한 분위기를 타고 모바일 어플리케이션(Mobile Application)을 이용한 선거운동이 여러 단위에서 준비되고 있다.

모바일 어플리케이션의 장점은 매우 여러 가지가 있다. 우선은 컴퓨터 웹사이트나 블로그 등을 통해서 후보의 콘텐츠에 접근하던 사람들이 때와 장소를 가리지 않고 모바일을 통해 접근할 수 있게 되었다는 점이다. 출근길의 지하철역이나 점심을 먹고난 자투리 시간에도 얼마든지 후보의 근황을 손쉽게 확인할 수 있고, 후보의 메시지를 확인할 수 있게 된다.

물론 모바일 어플리케이션을 다운받아야 하는 번거로움은 있지만, '다운받게 하기'와 '로그인하게 하기'를 선거운동의 한 방법으로 활용하면 조직활동도 보다 스마트해질 수 있을 것이다. 직접 만나서 다운받게 하고 로그인 하게 할 수도 있지만 내 핸드폰에 저장된 친구들에게 손쉽게 이를 권할 수도 있다.

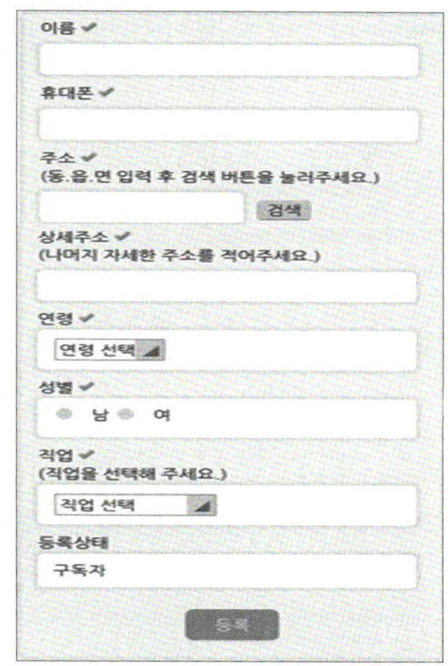

그림 3-4-1 : 어플리케이션 권하기 화면과 사용자 신상정보 입력 화면

이러한 어플리케이션의 기능을 잘 활용하면 마이크로 타깃팅(Micro Targeting)이 가능해진다. 그리고 이를 위한 정보의 취득도 훨씬 손쉽게 가능해질 수 있다. 활동가와 지지자들은 모바일 어플리케이션에 로그인하기 위해 몇 가지 신상정보를 입력하게 되고, 이것이 DB의 적요가 된다.

모바일 어플리케이션 자체에서 새로운 적요를 만들어가다

뿐만 아니라, 어플리케이션에 실시하는 간단한 설문조사 등은 로그인한 사람들의 성향이나 환경을 파악해서 새로운 적요를 생성시킨다. 여기에 더해 모바일 어플리케이션은 사용자의 각종 행동정보를 적요화 시켜준다. 게임앱의 경우 출석정도에 따라 상품을 주는 이벤트를 한다든가, 친구들의 순위를 보여줘 경쟁을 유발시키는 등의 일은 모두 이 행동정보의 파악을 통해 가능하다.

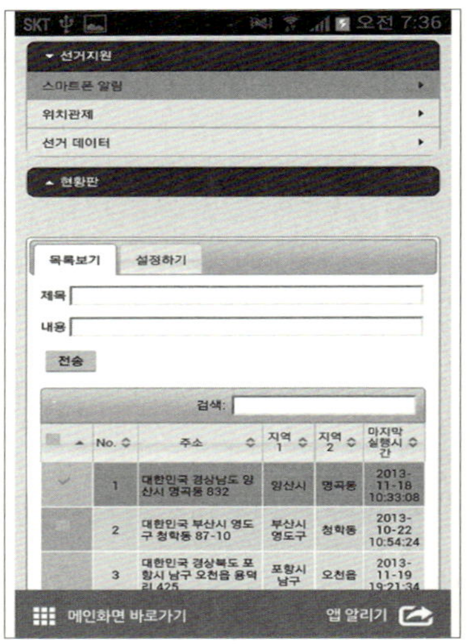

그림 3-4-2 : 사용자 행동정보 파악 화면과 위치정보에 따른 알림푸시 화면

이것은 선거에 매우 유용하게 활용될 수 있다. 로그인한 사용자가 몇 번 앱

에 들어왔는지, 얼마나 앱을 사용하는지 등을 알 수 있다면 이를 통해 캠프는 보다 적극적인 사용자와 그렇지 않은 사용자를 구분할 수 있을 것이다.

뿐만 아니라 위치정보서비스 등도 중요한 행동정보에 포함된다. 이 위치정보서비스는 상황실의 기능을 대신할 수 있을 뿐만 아니라, 보내주어야 할 메시지를 위치에 따라 선별적으로 보내는 데에도 유용하게 사용된다.

모바일 어플리케이션은 사용자의 각종 행동정보를 적요화 시켜준다. 게임앱의 경우 출석정도에 따라 상품을 주는 이벤트를 한다든가, 친구들의 순위를 보여줘 경쟁을 유발시키는 등의 일은 모두 이 행동정보의 파악을 통해 가능하다.

알림푸시기능과 위치정보시스템의 마법

선거에 출마한 후보라면 매일 서너 번씩 유세를 하게 된다. 그때마다 모든 활동가들에게 참여해달라고 하기는 쉽지 않다. 이를 알리는 방법도 여의치 않은 것이 사실이다. 각 활동가들에게 선거정보 이외의 방법으로 문자를 보내곤 하는데, 별 관심이 없는 사람이라면 이 문자를 하루에 몇 번씩 받는 것도 짜증나는 일일 수 있다.

하지만 모바일 어플리케이션을 이용하면 사정이 달라진다. 모바일 어플리케이션의 기능 중에는 '알림푸시기능'이라는 것이 있다. 게시판에 어떤 글이 올라왔으니 이를 읽어보라는 신호. A장소에서 유세를 하기 한 시간 전, A장소에서 반경 500m 이내의 거리에 있는 어플리케이션 사용자들에게만 유세공지를 알림푸시를 통해 한다면 어떻게 될까?

매번 문자메시지를 통해 하루에도 서너 번씩 문자메시지를 받는 것에 비

> 모바일 어플리케이션의 기능 중에는 '알림푸시기능'이라는 것이 있다. 게시판에 어떤 글이 올라왔으니 이를 읽어보라는 신호. A장소에서 유세를 하기 한 시간 전, A장소에서 반경 500m 이내의 거리에 있는 어플리케이션 사용자들에게만 유세공지를 알림푸시를 통해 한다면 어떻게 될까?

해 알림푸시를 받는 횟수는 현저히 줄어들 것이다. 뿐만 아니라 내가 있는 곳에서 가까운 곳이니 한 번 참석해서 이야기를 들어보자거나, 후보의 사기를 올려주자는 생각을 갖게 하기도 훨씬 쉬워질 것이다.

이렇게 얻어진 사용자들의 신상정보, 성향이나 경향, 행동정보들은 그들에 대한 접근방법을 매우 다양하게 할 수 있도록 하는 것은 물론 관심도를 제고시키는 데에도 기여하게 된다. 환경에 관심을 가진 사람에게는 환경에 대한 정책을, 교육이면 교육, 비정규직문제면 비정규직문제, 자영업문제면 자영업문제 등 각기 자신이 처한 상황에 맞게 메시지를 보낼 수 있으며, 메시지의 횟수 또한 제한을 받지 않을 수 있다는 점에서 주목할 만하다.

그림 3-4-3 : 스마트캠프의 홍보화면과 어플리케이션 메인화면 샘플

결국 핵심지지자들과 그들의 활동을 통해 그들을 지역별, 성향별, 생활유형별, 관심별 그룹으로 묶어낼 수가 있다는 것이다. 그리고 이렇게 묶어낸 그룹들에 대해 각각이 관심을 가질만한 콘텐츠를 보내고, 그들의 의견을 모을 수 있는 시스템이 바로 이 모바일 어플리케이션이라 하겠다.

그리고 모바일 어플리케이션은 그렇게 모아진 의견을 정책으로 만들고, 정책을 확산하기 좋게 사진이나 그림, 혹은 이야기로 가공하여 확산시키는 데에 크게 공헌할 수 있다. 물론 이것이 단지 모바일 어플리케이션의 사용만으로 실현되는 것은 아니다. DB기획이 필요하고, 각 그룹별 정책의 개발이 필요하고, 이를 확산되기 좋도록 만드는 가공능력이 덧붙여져야만 한다.

제대로 갖춰진 캠프시스템에 연동돼야만 효과적이다

그러나 지금처럼 오프라인에서만 진행해왔던 선거운동, 스팸으로 취급받던 문자메시지와 전화홍보가 보다 확산성 높고 부작용 적은 매체를 통해 전달될 수 있다는 점에서는 주목할 만하다. 지난 대선에서 우리는 카카오톡을 활용해서 선거에 큰 도움을 받은 바 있다. 단체 카톡방을 만들고, 이를 운용하며 많은 정보를 나누고 점검했던 것.

일례로 길을 지나던 사람이 어떤 위치의 현수막이 찢어졌다는 메시지를 사진을 첨부해 단체 카톡방에 올린다. 해당 구역의 책임자는 이를 확인하고, 현수막을 보수한 후에 보수가 끝났다는 메시지를 사진과 함께 올린다. 상황실은 단체 카톡방을 관리하는 것만으로도 선거상황을 한 눈에 볼 수 있었다. 이러한 과정을 보다 손쉽고도 구체적으로 실현해주는 기능도 모바일 어플리케이

시공을 초월해서 사용되는 우리나라의 모바일환경과 더불어 2014년 지방선거는 모바일 어플리케이션의 격전장이 될 것으로 확신한다. 그리고 이후 선거에서는 이 모바일 어플리케이션이 선택이 아니라, 필수적 선거운동의 한 방편으로 활용될 것으로 전망된다.

션을 통해 가능해진다.

물론 모바일 어플리케이션 소통의 문제를 모두 해결해줄 수 있는 도깨비방망이는 아니다. 하지만 제대로 갖춰진 캠프시스템에 연동할 경우 매우 폭발적인 효과를 거둘 수 있는 솔루션임에는 분명하다. 전화, 이메일, 동영상, 웹 등이 각기 작동되는 선거에서 이를 통합적으로 활용하고, 확산력을 넓힐 수 있다는 점에서 특히 이 모바일 어플리케이션은 그 의미가 크다 하겠다.

시공을 초월해서 사용되는 우리나라의 모바일환경과 더불어 2014년 지방선거는 모바일 어플리케이션의 격전장이 될 것으로 확신한다. 그리고 이후 선거에서는 이 모바일 어플리케이션이 선택이 아니라, 필수적 선거운동의 한 방편으로 활용될 것으로 전망된다. 2002년 웹사이트를 활용한 선거운동이 대선에서 큰 효과를 거두면서 우리 선거에도 IT바람이 불기 시작했다. 이후 후보들은 웹사이트 구축, 블로그와 카페의 활용 등 다각적인 노력을 기울이며 IT를 활용한 선거에 노력을 경주해왔다.

이러한 분위기에 더해 스마트폰의 급속한 보급으로 만들어진 모바일 어플리케이션 시장은 단순히 웹사이트를 핸드폰으로 구현하는 수준을 넘어 새로운 데이터선거의 가능성을 높여주었다 하겠다. 각자의 핸드폰은 캠프상황실과 자동적으로 연결되고, 그 내용이 고스란히 DB화될 수 있는 이 시스템은 미국과 다른 환경에도 불구하고, 우리로 하여금 데이터선거를 할 수 있는 새로운 기반을 제공했다고 평가받을 수 있을 것이다.

하지만 명심해야 할 것이 있다. 오바마선거가 그랬듯 결국은 사람이다. IT는 사람과 사람의 연결을 용이하게 하는 도구일 뿐, 사람 그 자체는 아니다. 우리가 해야 할 것은 결국 사람들로 하여금 사람의 생각을 바꾸게 하고, 그것을 모아 승리를 견인하는 것이다.

사람이 빠진 데이터를 상상할 수 있는가? 사람을 살피는 일, 사람과 사람을 연결하는 일, 한 사람 한 사람을 설득해내는 일에 IT를 활용하겠다는 생각을 가져야만 한다. 그래야만 비로소 IT는 자신의 역할을 분명히 하고, 필요한 기능을 제공하게 될 것이다.

제5장. 새로운 길, CTL과 DTL

길목을 지키며, 공수부대를 투입하라

광고홍보학에서는 광고를 크게 'ATL(Above the Line)'과 'BTL(Below the Line)'로 나눠 설명해왔다. 직역하면 ATL은 '선 위로', BTL은 '선 아래로'쯤으로 해석될 것이다.

이중 ATL은 TV, Radio, 신문, 잡지 등의 4대 매체와 인터넷·케이블TV 등을 통한 광고활동이다. 즉 매스컴을 활용한 광고다. 전통적인 광고활동은 그간 ATL을 중심으로 이루어져 왔으며, 강력한 광고 효과를 입증해 왔다.

하지만 마케팅이 '**매스마케팅**[1](Mass Marketing)'에서 점차 '**퍼스널마케팅**[2](Personal Marketing)'으로 변화해가면서 퍼스널마케팅에 적합한 광고영역의 개척노력이 활발해졌고, 그 대안으로 BTL이 주목을 받고 있다. 각종 이벤트, 전시, 스폰서십, PPL(간접광고), CRM(고객관계관리), DM(판촉 우편물), PRM(파트너관계관리) 등의 활동이 바로 BTL이다.

BTL은 동시에 많은 고객을 공략하는 매스미디어 중심의 ATL과는 달리 고객층을 보다 세분화하고 그들에게 어필할 수 있는 커뮤니케이션 접근방법이다. 또한 BTL은 고객들에게 참여와 경험의 기회를 적극적으로 제공하여 고객

매스마케팅[1]
불특정 다수를 대상으로 상품을 광고하거나 판매를 촉진하는 행위.

퍼스널마케팅[2]
고객 한 사람 한 사람 개별 욕구에 적합한 마케팅활동을 통해 고객 개개인의 욕구(Needs)를 충족시켜줌으로써 만족도를 극대화 시키는 행위.

들의 쌍방향커뮤니케이션 욕구까지 충족시켜주고 있다.

그런데 최근에는 'CTL(Cross the Line)', 'DTL(Drop the Line)' 등의 신조어가 등장했다. 이중 CTL은 선 위냐 아래냐를 따지지 말고, 선을 관통하라는 제안이자 그렇게 구성된 매체전략이다. DTL은 그 선을 과감하게 떼어버려야 한다고 주장한다.

핵심타깃만 뽑아내 집중적 판촉으로 성공한 사례

CTL은 ATL과 BTL의 각 매체들을 통합적으로 연결시켜, 최종적인 목표에 도달하는 전략이다. 매체 별로 각각의 임무를 부여하여 최종적인 목적에 도달하라는 것. CTL전략을 활용한 '부엌 리모델링 회사'의 캠페인 사례를 살펴보자.

1990년대 초반 부엌 리모델링 사업이 붐을 이루던 시절이 있었다. 그때 이 시장에 뛰어들었던 한 키친시스템회사는 대대적인 캠페인을 벌이게 된다. 이 회사는 먼저 '20평형대 아파트에 살고 계신 전국의 주부들께 희소식'이라는 제하에 신문전면광고를 게재했다.

신문 아래 오른쪽에는 절취선을 두고 그 안에 있는 응모권을 엽서에 잘라 붙여 본사로 보내면 그중 스무 명을 추첨해 무료로 부엌을 개조해주겠다는 광고였다. 무려 칠만여 명의 주부들이 응모엽서를 보냈다. 이 회사는 그렇게 입수한 엽서를 활용해 DB를 만들었다.

그리고 응모한 사람 중 스무 명을 추첨해 무료로 각기 다른 색상과 디자인으로 리모델링 해주었으며, 리모델링 전과 후의 사진을 찍어 컬러로 20가지 부

여러 매체를 사용하되, 그것들의 목소리를 하나로 할 것인가? 아니면 특성에 따라 여러 가지로 할 것인가를 고민하는 수준에서 벗어나, 매체들이 각기 목표를 갖되, 최종적인 목표를 향해 하나가 되는 것. 이것이 바로 CTL의 실체라 하겠다.

엌개조 사례가 담긴 카탈로그를 만들었다.

그리고 앞서 DB를 통해 다시 칠만 여명의 주부들에게 발송되었다. 그 우편물 안에는 '00월 00일부터 00월 00까지는 특별히 30% 할인된 가격에 당신의 부엌을 바꿔드립니다.'라는 내용의 기간할인쿠폰도 첨부되었다.

앞서 엽서를 보냈던 주부들은 누구인가? 그들에게는 다음과 같은 공통점이 있었다. '대한민국 국민, 20평형대 아파트에 거주 중, 부엌을 고치고 싶다는 욕구를 가지고 있는 사람들'. 발송된 7만여 통의 우편물은 '계약'이라는 선물을 이 회사에 되돌려주었다.

결국 회사는 이 사업을 시작한 지 3개월 만에 무려 1만 여건이 넘는 계약을 성사시켰다. 이 캠페인에는 신문이라는 ATL과 카탈로그, 기간할인쿠폰, 다이렉트메일이라는 BTL이 사용되었다. 하지만 여기서 중요한 것은 그것들이 각각 사용되지 않았다는 점이다.

여러 매체를 사용하되, 그것들의 목소리를 하나로 할 것인가? 아니면 특성에 따라 여러 가지로 할 것인가를 고민하는 수준에서 벗어나, 매체들이 각기 목표를 갖되, 최종적인 목표를 향해 하나가 되는 것. 이것이 바로 CTL의 실체라 하겠다.

다음은 'SK엔크린 보너스카드'의 사례다. 1990년대 초반의 주유고객들은 주유 관련 브랜드 충성도가 전무하여 오늘은 이 브랜드주유소에서 기름을 넣고, 내일은 저 브랜드주유소에서 기름을 넣는 식이었다.

SK엔크린은 전국에서 주유소 개수는 가장 많았으나 당시는 기름 값 자율화가 실시된 초기였고, 엔크린의 기름 값은 타 브랜드에 비해 비싼 편이었으므로 엔크린 입장에서는 위기감이 고조되고 있던 시점이었다. 이때 엔크린은 이러한 위기감 속에서 캠페인을 진행하게 된다.

몇 단계의 과정을 거쳐 비로소 충성도를 제고시킨 엔크린

엔크린은 다른 정유사들에 비해 좀 늦은 시기에 첫 광고를 내보낸다. 박중훈과 이경영이 출연한 당시 SK엔크린의 TVCF는 세간에 꽤 화제를 불러왔다. '새 차니까, 헌차니까, 내차니까'로 이어진 시리즈 광고가 SK의 브랜드 가치를 한창 높여놓았다. 하지만 없던 브랜드 충성도를 금세 만들어내는 것은 결코 쉬운 일이 아니었다.

(박중훈)어서옵쇼. 어? 이거 새 차네요

(이경영)광나지? 기름 안 넣고 뭐하시냐?

(박중훈)새 차에는 유공엔크린 넣으셔야죠.
(이경영)엔크린?

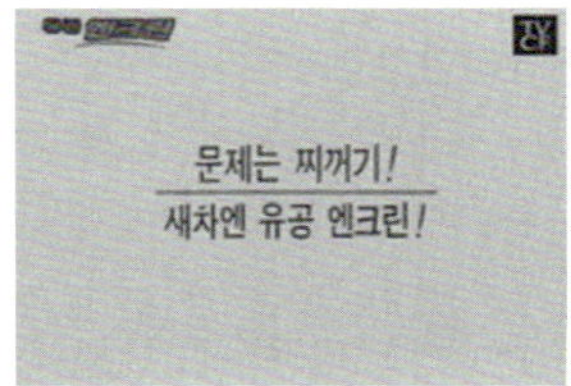

(이경영)그런데 왜 꼭 엔크린이죠?
(박중훈)새 차니까!

그림 3-5-1 : SK엔크린의 '새 차니까. 헌차니까. 내차니까.' 편

카드를 만들었다고 해서 금방 브랜드에 대한 충성도가 생기는 것은 아니었다. 많은 고객들은 카드를 만들고 난 뒤에도 별다른 브랜드 선호 없이 이 브랜드 저 브랜드의 주유소에서 습관대로 주유했다. 하지만 이후 엔크린 보너스카드 우편물을 받아본 고객들의 태도는 달라졌다.

그 무렵, 이전 CF의 인기를 이어 만든 광고에서 박중훈은 엔크린 넣으면 차가 잘 나가듯이 '카드도 잘 나가네.'라는 말로 카드 가입과 사용을 독려한다. 박중훈이 나오는 TVCF와 함께 엔크린 주유소마다 '엔크린 보너스카드 회원 모집 중'이라는 플래카드가 걸렸다.

(박철)아가씨. 이번에는 내가 보너스를 주지. 전부 엔크린 보너스 카드~

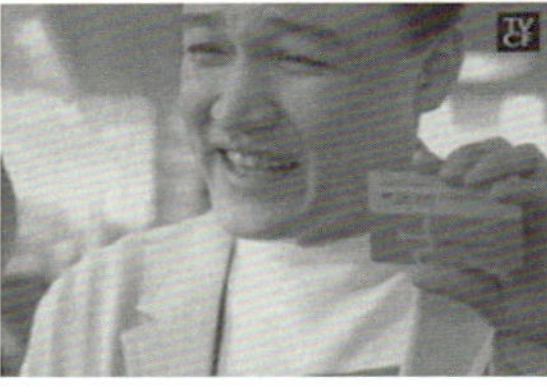
(박중훈)이봐. 엔크린은 내가 선배야. 이미 1억짜리 공짜보험 가입됐어.

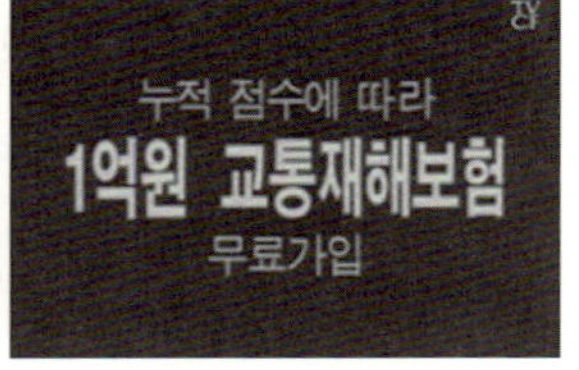

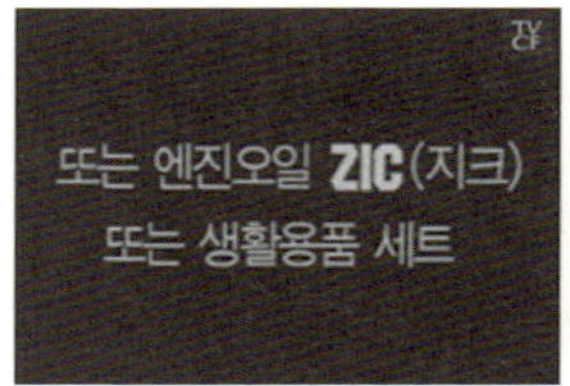

(고소영)빨리 만드세요.

(박중훈)주유소 갈때엔 엔크린 보너스 카드

그림 3-5-2 : SK엔크린의 '보너스카드'편

주유소에 온 사람들에게 종업원들은 엔크린 보너스카드의 가입을 권유했다. 가입할 경우 최대 1억 원이 보장되는 보험을 들어주는 조건이었다. 당시로서는 이런저런 카드가 많지 않은 상황이었고, 별 손해 볼 일은 아닐 것이라고 생각한 많은 고객들은 거부감 없이 회원가입양식에 자신의 정보를 적어주고 엔크린 보너스카드에 가입했다.

그러나 카드를 만들었다고 해서 금방 브랜드에 대한 충성도가 생기는 것은 아니었다. 많은 고객들은 카드를 만들고 난 뒤에도 별다른 브랜드 선호 없이 이 브랜드 저 브랜드의 주유소에서 습관대로 주유했다. 하지만 이후 엔크린 보너스카드 우편물을 받아본 고객들의 태도는 달라졌다.

데이터베이스를 통해 고객유지전략을 사용한 엔크린

보험증서가 우편물로 배달되었고, 자신이 엔크린 주유소에서 주유한 내역과 그에 따라 누적된 포인트, 그리고 포인트에 따라서 지급되는 사은품·우수회원 혜택·추첨에 의한 경품·정보지도 등이 담긴 DM이 집으로 배달된 것이다.

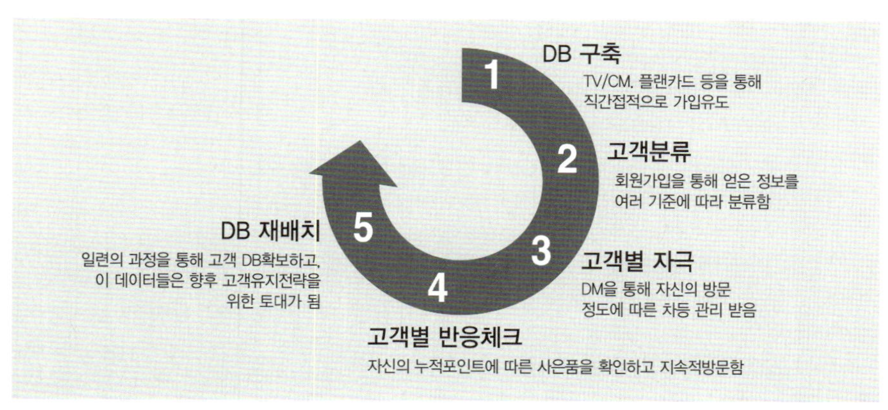

그림 3-5-3 : SK엔크린의 고객관리 과정

엔크린은 일련의 과정을 통해 고객들의 데이터베이스를 확보하게 되었다. 그리고 이 데이터베이스는 향후 고객유지전략을 수행하게 하는 토대가 되었다. 이것 역시 대표적인 CTL로 기억되고 있다.

조금만 더 주유하면 어떤 기념품과 어떤 경품이 가능하겠다고 느낀 많은 고객들이 지속적으로 엔크린 주유소를 사용하게 된다. 엔크린에 대한 충성도가 높아진 것이다. 그러나 엔크린이 거둔 성과는 이뿐만이 아니었다. 엔크린은 일련의 과정을 통해 고객들의 데이터베이스를 확보하게 되었다. 그리고 이 데이터베이스는 향후 고객유지전략을 수행하게 하는 토대가 되었다. 이것 역시 대표적인 CTL로 기억되고 있다.

TTL캠페인도 CTL전략이었다. '스무 살의 011, TTL'은 SK텔레콤이 PCS(2.5세대 이동통신)로부터 청소년 시장을 빼어오기 위하여 만든 캠페인이었다. 당시 SK텔레콤의 스피드011은 이동전화서비스업계에서 부동의 1위를 고수하고 있었다. 하지만 경쟁사보다 높은 요금 등으로 경제적 자립도가 낮은 20대 초반의 젊은 층에게는 외면당하고 있었던 상황.

이런 이유로 SK텔레콤의 이동전화서비스가입자 중 20대 초반의 비율은 전체 가입자 평균보다 훨씬 낮았다. 오히려 후발 PCS 사업자보다도 낮은 수준에 머물고 있었던 것이다. SK텔레콤은 20대 초반을 위한 새로운 이동전화서비스를 기획했다.

단순히 이름만 20대에 맞춘 서비스가 아닌 그들의 라이프스타일과 이동전화서비스를 하나로 묶은 서비스를 기획·출시하기로 한 것이다. 이것이 바로 '스무 살의 011 TTL' 캠페인이다.

TTL은 가장 먼저 시장세분화와 이를 통한 타깃전략을 수립한다. 그리고 캠페인 타깃을 18~23세의 젊은 층으로 설정했다. 모든 마케팅 계획을 18~23세의 라이프스타일에 맞추었고, 스피드 011의 우수한 통화 품질을 바탕으로 20대 초반의 라이프스타일을 반영한 서비스 구성을 기획하였던 것.

기성세대와 차별화되는 젊은 층의 라이프스타일을 철저한 시장 조사와 분석을 통해 추출해냈다. 그리고 이를 바탕으로 하여 신세대들의 통화패턴에 맞춘 저렴한 요금제(지역할인·지정번호할인·커플요금제 등), 경제적 문화적 혜택을 결합한 멤버십(TTL Card)과 전용 공간(TTL Zone), N세대의 특징을 고려한 사이버 공간(TTL College) 등을 하나의 패키지로 묶어 제공하기로 한 것이다.

선풍적 관심을 불러일으켰던 광고캠페인, '스무 살의 TTL'

단순히 이동 전화 단말기와 요금제 정도로 구성되어 있던 기존의 서비스들과 확실한 차별화를 기한 '스무 살의 011, TTL'을 기획해 낸 것. 이러한 시스템은 젊은 층의 욕구에 맞도록 판촉 되었다. TTL은 다양한 서비스를 일곱 개의 특권으로 표현했다.

그 중 'TTL 네버엔딩 페스티벌'이라는 카테고리 하에서 브랜드 출시 직후부터 연중 젊은 층의 욕구에 맞는 다양한 이벤트와 판촉활동들을 지속적으로 전개했다. 이러한 판촉활동들은 젊음과 새로움을 추구하는 브랜드이미지를 제고하는 한편, 가입 유치에도 많은 기여를 한다. 또 인터넷에 만든 가상대학은 타깃 연령층에 맞는 그들만의 장소와 커뮤니티를 제공하고, 그들을 묶어주는 역할을 담당했다.

그리고 TTL은 차별화된 광고 캠페인을 실시하였다. 18~23세를 대표하는 말인 '스무 살'은 '항상 새로운 것, 남과 다른 나를 추구하는 개성과 함께 복잡한 것보다는 단순한 것을 더 선호하는 즉흥적 세대'를 뜻하는 것이었다.

TTL 광고는 스무 살의 마음속에 숨어 있는 다양하고 자유로운 감성들을 표현한 이미지들을 '숨은그림찾기'처럼 구성한 것이 특징. 20대 초반의 젊은 층들이 그들 나름대로 해석하고 이해할 수 있도록 하여 기존 광고들과는 차별화된 컨셉과 기법으로 신규 브랜드 조기정착의 기반을 마련했다.

이러한 세대들의 특성을 반영해 일방적으로 메시지를 소비자들에게 전달하기 보다는 소비자들 스스로 해석하고 이해하도록 유도했다. 또한 기존 광고와 차별화된 컨셉과 기법을 활용한 광고활동 및 모델전략으로 출시 1개월 만에 타깃 연령층에 80% 이상의 높은 브랜드 인지도 및 60% 이상의 브랜드 호감도를 확보하는데 성공한다.

(임은경)일곱 개의 특권　　(임은경)스무 살의 011, TTL

그림 3-5-4 : SK텔레콤의 '스무 살의 011, TTL' 편

TTL 광고는 스무 살의 마음속에 숨어 있는 다양하고 자유로운 감성들을 표

현한 이미지들을 '숨은그림찾기'처럼 구성한 것이 특징. 기성세대들은 이해하기 어렵지만 20대 초반의 젊은 층들은 그들 나름대로 해석하고 이해할 수 있도록 하여 기존 광고들과는 차별화된 컨셉과 기법으로 신규 브랜드 조기정착의 기반을 마련했다.

사실 이 광고는 광고자체로서의 완성도보다는 이 광고를 통해 소비자들을 웹사이트로 견인하는 데에 그 목적이 있었다. TTL이 말하고 싶은 TTL의 일곱 가지 특권은 TV광고만으로 모두 설명하는 데에 무리가 있었기 때문. 신비주의광고였던 TTL 광고는 소비자들의 궁금증을 자극해 그들을 웹사이트로 향하게 했다.

그리고 웹사이트와 대리점은 이렇게 찾아온 소비자들에게 그들만의 일곱 가지 특권을 알렸다. TTL은 이러한 일련의 캠페인을 통해 이동 전화 업계 최초로 계층마케팅(Segment Marketing) 전략을 성공시켰다. 상품 출시 직후 젊은 층 소비자들에게 대단한 관심과 호응을 얻었던 TTL은 출시 후 약 7개월 만에 약 120만 명의 가입자를 확보하는 대단한 성공을 거두었다.

유지강화전략이 기업의 비용을 키운다?

이것은 10~20대 휴대폰 사용자의 47%가 TTL 회원이라는 것을 의미한다. 이에 따라 가입자의 대부분이 10대 후반에서 20대 초반의 젊은 층 가입자로 구성되어 SK텔레콤의 가입자 구조가 젊은 층 위주로 변화하는 계기를 제공하였다.

앞서 설명한 사례들에서는 기존의 데이터를 데이터베이스화해서 관리했던 흔적이 발견되지 않는다. 단지, 고객을 획득해나가는 과정, 그리고 그 고객들로부터 얻은 데이터를 활용하는 과정이 드러날 뿐이다. 이후 이들이 모은 데이터는 지속적 성장을 거듭하였을 것이고, 행동데이터까지를 포함한 데이터베이스의 위력은 마케팅의 판도를 바꿔놓고 있는 것이 현실이다. 하지만 그 이후의 상황들이 과연 지금 설명한 일련의 캠페인들에 비해 더욱 극적일 것인가? 이러한 캠페인들이 운용된 지 지금은 꽤나 많은 시간이 흘렀다.

유지강화전략이 오히려 회사의 비용을 더 키우는 일이라고 느끼는 최고경영자들이 적지 않다. 그것은 고객을 '잡아놓은 물고기'로 생각하는 데에 기인한다. 신규고객을 획득하기 위한 비용은 투입하면서도 현재고객을 충성고객으로 끌어올리는 것에는 투자를 아끼는 경우가 종종 벌어지는 이유다.

정유사들과 이동통신사들의 시장경쟁은 여전히 치열하다. 고객을 뺏고 뺏기는 상황이 오늘도 계속되고 있다는 것. 특히 이동통신시장은 번호이동 등 제도의 변화로 말미암아 치열함이 점점 더 가열되고 있다. 휴대폰 판매점 앞을 지나는 사람들이라면 오늘도 그 경쟁은 피부로 느껴질 것이다.

이후 LG정유의 '칼텍스'는 오히려 각종 마일리지 제공 등을 통해 '혜택이 있는 정유사 이미지'를 획득했다. SK의 마일리지 캠페인사례를 무색하게 하는 대목이다. 현대정유의 'S-오일'은 젊은 고객과 잠재고객 확보를 위한 캠페인을 지속적으로 펼쳐나가고 있다. 그리고 그들은 신규고객을 확보하는 일보다 고객을 충성고객화하는 일이 얼마나 어려운 것인지를 몸으로 체득하고 있을 것이다.

하지만 아직도 유지강화전략이 오히려 회사의 비용을 더 키우는 일이라고 느끼는 최고경영자들이 적지 않다. 그것은 고객을 '잡아놓은 물고기'로 생각하는 데에 기인한다. 신규고객을 획득하기 위한 비용은 투입하면서도 현재고객을 충성고객으로 끌어올리는 것에는 투자를 아끼는 경우가 종종 벌어지는 이유다.

하지만 유지강화전략을 펴기 위해 드는 비용은 신규고객을 만드는데 드는 비용에 비해 매우 저렴하다. 그리고 신규고객을 만들기 위해서는 경쟁사가 쓰지 않거나, 적게 쓰는 '무엇'에 과감한 비용을 투입해야한다는 문제가 있다. 전략가들은 유지강화전략과 신규고객창출전략 사이에서 늘 고민한다. 하지만 이 두 전략 중 어느 쪽이 우월하다는 판단은 있을 수 없다. 필요에 따라 병행되어야 하는 전략일 뿐이다.

원하는 작은 목표들을 달성해가며,
접점의 완결로 최종목표를 노리자

앞서 우리는 SK엔크린의 사례를 살펴보았다. 그 어느 누구도 브랜드충성도가 확보되지 못한 상황에서 주유소를 고객접점으로 강제화한 것은 탁월한 전략이었다. 누구나 기름이 떨어지면 가까운 주유소를 들르는 것이 일반화되어 있는 상황에서는 차를 가진 사람이라면 한 달에 한 번 이상 SK주유소를 들렀을 테니 말이다.

하지만 만약 지금 SK엔크린이 이러한 캠페인을 다시 시도한다면 그 최초의 접점을 주유소로 잡는 것이 가능할까? 만일 SK주유소에서 이러한 캠페인을 벌이게 된다면 당시보다는 훨씬 많은 비용이 투입이 필요할 것이다.

이제 주유소는 정유사들의 유지강화전략의 공간일 뿐이다. 칼텍스나 S-오일의 충성고객들은 애초에 SK주유소에 들르지 않을 것이고, 그들을 SK주유소로 모셔오기 위해서는 매우 많은 비용이 필요해질 것이다. 그런 이유로 이 새로운 매체나 컨셉의 개발이 아닌 새로운 접점을 찾아내는 노력으로 사고를 전환하게 해주었다. 새로운 상품의 론칭에 있어서는 '기존의 접점 관리'라는 개념 대신 '강력한 접점의 발견과 결합이 가능한 접점 간의 강제화'라는 개념이 활용될 수 있다는 것.

전략은 매우 탁월하기는 하나, 당시의 상황에만 잘 부합할 수 있는 전략이기도 한 것이다.

지금까지 소개한 사례들은 모두 앞 장에서 설명한 유권자접점의 개념을 도입한 전략들이다. 몇 개의 접점을 강제화해서 고객들로 하여금 접촉하게 했고, 각 접점에서는 각기 원하는 작은 목표를 달성하고, 그 접점들이 완결되면 최종적 목표가 달성되도록 하는 방식이다.

이것이 바로 CTL(Cross the Line), 선을 관통하는 커뮤니케이션이다. 이것은 그간 매스미디어의 위력을 신봉하던 마케터들에게는 매우 충격적인 사고의 전환이다. 매스미디어로 노출되는 접점 외에도 수많은 접점들이 존재하며, 고객들은 그 접점들 모두에서 별다른 구별 없이 기업의 상품과 서비스를 만나고 느낀다는 것.

이러한 시도들은 이후 새로운 매체나 컨셉의 개발이 아닌 새로운 접점을 찾아내는 노력으로 사고를 전환하게 해주었다. 새로운 상품의 론칭에 있어서는 '기존의 접점 관리'라는 개념 대신 '강력한 접점의 발견과 결합이 가능한 접점 간의 강제화'라는 개념이 활용될 수 있다는 것.

물론 이러한 개념이 굳이 새로운 상품에만 적용되어야 하는 것은 아니다. 기존 상품의 고객획득, 기존 상품의 리뉴얼이미지를 위해서도 활용될 수 있다. 이러한 개념을 도입하기 위해서는 목표를 세분화할 필요가 있다. 그리고 목표는 각 접점마다 설정되어야 한다.

최종적인 목표는 따로 있지만, 그것을 이루기 위해서는 각 접점이 가지고 있는 확고한 목표가 별도로 존재해야 한다는 것. 이를테면 A접점의 목표는 '고객들에게 보다 구체적인 정보를 제공하기 위해 A접점에서 B접점으로 고객 ○○○명 이동시키기'일 수 있다는 것이다.

줄여서 말하면 A접점의 목표는 '고객 ○○○명 B접점으로 이동'이 된다. 최종목표를 달성하기 위해서는 이러한 일련의 과정이 단계화되고, 각각의 세부목표가 존재해야만 한다. 그리고 매체들은 고객의 관점에서 결합시켜야 한다.

선거전략의 운용도 엔크린처럼 선형화 전략(CTL)에 따라야 할 것

: 선의 모양을 갖고 있는 전략
: 토끼목 지키기

그림 3-5-5 : CTL(선형화 전략)의 개념

이런 CTL전략 안에서 DTL전략은 빛을 발하게 된다. 즉 데이터를 활용해서 특정그룹과 커뮤니케이션하는 데이터중심의 전략이 더해지면 앞서의 사례들처럼 매우 큰 효과를 거둘 수 있는 전략이 탄생하는 것이다. 오히려 기존의 ATL이나 BTL에 비해 이 DTL은 효율 면에서 주목할 만하다.

ATL의 중요한 특성, 광역성과 신속성

그렇다면 이러한 커뮤니케이션 전략이 선거에서는 어떤 방식으로 활용될 수 있을까? 먼저 선거에는 ATL이 있는가? ATL은 앞서 설명한 것과 같이 4대

ATL의 특성을 살펴보면 모든 선거단위에서 ATL과 같이 사용되는 매체가 있음을 알 수 있다. ATL의 중요한 특성은 광역성과 신속성이다. 넓은 지역에 빠른 속도로 전달된다는 것. 그런 측면에서 볼 때, 선거에서 사용되는 현수막은 ATL의 속성을 가지고 있다.

매체전략이라 할 수 있다. 하지만 선거에서 4대 매체를 활용할 수 있는 것은 대선과 지방선거에서는 광역단체장 및 교육감 선거 정도이다. 기초단체장이나 국회의원급은 TV토론이나 TV연설 정도 외에는 4대 매체의 활용이 아예 불가능하다.

하지만 ATL의 특성을 살펴보면 모든 선거단위에서 ATL과 같이 사용되는 매체가 있음을 알 수 있다. ATL의 중요한 특성은 광역성과 신속성이다. 넓은 지역에 빠른 속도로 전달된다는 것. 그런 측면에서 볼 때, 선거에서 사용되는 현수막은 ATL의 속성을 가지고 있다.

넓은 지역에 메시지를 전달하며, 마음만 먹으면 빠른 속도로 그 메시지를 바꿀 수 있다는 것이다. 이것을 제대로 활용하기 위해서는 선거기간 중에라도 구도의 변화나, 급하게 알려야 할 사안이 있을 때에는 현수막을 변경하여 목표를 실현해낼 수 있음에 유의해야 한다.

명함이나 유세차, 웹사이트나 모바일 어플리케이션 등도 ATL적 속성을 어느 만큼은 발휘할 수 있으나, 이런 매체들은 신속성에 비해 넓은 지역을 동시에 커버하는 광역성에서는 현수막에 비해 현저히 떨어진다는 점에 유의해야만 한다.

한편, BTL적 매체들에는 어떤 것들이 있을까? 우선 앞서 말한 명함, 유세차, 웹사이트나 모바일 어플리케이션이 BTL에 해당된다. 이 외에 벽보, 공보물, 정책자료집 등도 BTL에 해당된다 하겠다. 이들 매체는 선거기간 이전에 기획되어 인쇄 등의 과정을 거쳐 정해진 시기에 유권자들에게 전달된다.

그렇다면 ATL과 BTL, 그리고 각각의 매체들은 어떤 원칙에 의해 기획되어야만 할까? 우선은 공간적인 환경과 시간적인 환경에 의한 고려가 필요하다.

즉 매체를 접하는 환경이 각기 다르다는 것이다. 지나가면서 슬쩍 보게 되는 경우가 있고, 집에 편안히 앉아서 보는 경우가 있다는 것이다.

이에 따라 글자의 크기나 메시지의 양 등이 고려되어야 하는 것은 물론 혼자 보여 지는가? 다른 경쟁자들과 함께 보여 지는가? 등이 고려되어야만 한다. 유세차에 틀어놓은 동영상은 '스토리를 갖는 것이 좋은가? 아니면 주요메시지와 후보의 이름이 자주 반복되어 노출되는 것이 좋은가?'도 이러한 차원에서 답을 찾을 수 있다.

유세차는 차를 타고 지나며, 혹은 걸어서 지나며 주로 만나게 된다. 그런데 이곳에서 스토리 중심의 몇 분짜리 영상물이 틀어지고 있다면 그 영상물은 과연 몇 명에게 다 노출될 수 있을까? 바로 이러한 점들이 홍보물 제작의 고려요소가 된다.

보는 것을 믿는가? 믿는 것을 보는가?

사람들은 정보를 만났다고 해서 그 모두를 자신의 것으로 받아들이지는 않는다. 흔히 '보는 것을 믿는가? 믿는 것을 보는가?'라는 말로 정보취득의 경향을 설명한다. 자신이 보고 싶은 것 중심으로 찾아본다는 것이다. 내가 옳다는 것의 근거가 필요하면 사람들은 인터넷을 뒤져서라도 그 근거를 찾아낸다.

내가 믿는 것이 아니라면 아무리 보여줘도 효과가 작다. 그런데 홍보물을 통해 사람들의 생각을 바꿔내는 것이 과연 가능할까? 사람들에게 어떤 선택을 유도하기란 만만한 일이 아니다. 여러 경쟁자들 중에서 과연 나는 어떤 메시지와 형식으로 선택을 유도할 수 있을까?

노출되지 않으면 아무런 소용이 없다. 내 이야기를 들어야 할 사람들이 지나다니는 곳에 내 이야기를 펼쳐 놓아야만 한다. 그러기에 가장 좋은 곳은 어디일까? 여러 길 중에서 현수막이 가장 잘 보일만한 곳은 어디일까?

그래서 유권자들의 정보처리과정에 대한 이해가 필요하다. 먼저 노출되지 않으면 아무런 소용이 없다. 내 이야기를 들어야 할 사람들이 지나다니는 곳에 내 이야기를 펼쳐 놓아야만 한다. 그러기에 가장 좋은 곳은 어디일까? 여러 길 중에서 현수막이 가장 잘 보일만한 곳은 어디일까?

만약 내가 어르신들의 문제를 중심으로 현수막을 만들었다면 그것을 펼쳐놓을 지점은 또 달라질 수 있다. 그저 여러 사람이 다니는 곳이 아니라, 어르신들이 주로 다니는 곳을 찾아야만 할 것이다. 시장에 대한 이야기라면 시장 입구라야만 하고, 학생들에 대한 이야기라면 학교 앞이라야 하지 않을까?

그것이 '노출'이다. 하지만 우리는 매일 지나다니며 보는 것들을 모두 유심히 보며 다닐까? 광고판이 몇 년 전부터 서 있었지만 그저 무심히 지나다니는 경우도 적지 않다. 그것은 '노출'은 되었지만 '주의'를 기울이지 못했기 때문이다. 내가 만든 홍보물은 주목받을 만한가? 어떤 충격이 있는가? 충격적 요소는 무엇인가? 그것은 색깔일 수도 있고, 메시지일 수도 있고, 그림일 수도 있다.

이처럼 주목받도록 하는 것을 '주의'라고 부른다. 또 주의까지는 성공했더라도 지각에 성공하지 못하면 소용이 없다. '지각'이란 알아차린다는 것이다. 그 메시지가 무엇인지, 나와 관련이 있는지, 내게 유리한 것인지를 알아차리는 것이 지각이다.

지각에 성공한 다음에는 '공감'을 일으켜야만 한다. 기껏 알아차린 그것에 대해 유권자가 '나는 동의할 수 없다.'는 입장을 갖게 된다면 그 또한 소용이 없다. 공감하도록 하는 것은 결국 '메시지의 내용'이다. 유권자들이 공감하게 되었다면, 최소한 내가 의도한 유권자들만이라도 공감하게 되었다면 그들은 그 공감한 내용을 기억했다가 투표장으로 향해야만 한다.

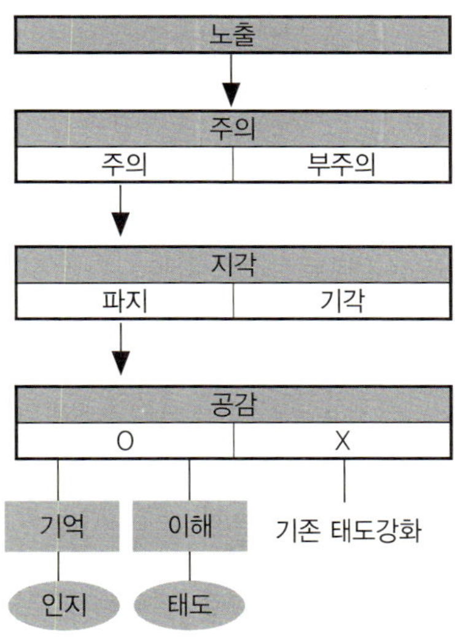

그림 3-5-6 : 사람들의 정보처리과정

한국형 데이터선거의 결합으로 CTL을 구축한다

커뮤니케이션이란 이처럼 복잡한 과정을 거쳐 하나의 문제를 해결하는 것이다. 이러한 점들을 고려하여, 각각의 특성에 맞게 홍보물들을 기획하되, 이를 각각의 목표로 만들고, 이 각각의 목표물들이 최종적 목적에 도달하도록 만드는 것이 중요하다. 하지만 그것이 가능하기 위해서는 결국 DTL이 결합

홍보물이 잘 만들어졌다는 것은 무엇일까? 디자인이 잘되고 세련되게 되었다는 것일까? 기억하기 쉬운 말로 정리되었다는 것일까? 그렇지 않다. 홍보물은 전략을 수행하는 매우 중요한 도구다. 전략적 도구라는 것이다. 그 전략적 도구를 단지 디자인이나 카피의 매끈함으로 평가할 수 있을까?

되어야만 한다. 전통적인 DTL은 활동가들의 입소문이다. 여기에 더해 전화홍보와 문자메시지가 그 역할을 해왔다.

하지만 앞서 말한 오바마선거에 한국형 데이터선거가 결합된다면 우리는 새로운 CTL을 구축해 볼 수 있지 않을까? 그 구체적인 내용은 선거단위마다, 선거구의 환경에 의해 모두 달라질 수 있을 것이다. 하지만 종이를 펴놓고 이런 일련의 과정을 하나의 전개도로 그려보며 정리한다면 우리는 이 홍보물들을 보다 효과적으로 활용할 수 있는 방안을 모색할 수 있을 것이다.

지금까지 대개의 선거커뮤니케이션은 홍보회사에 맡겨져 왔다. 하지만 DTL이 등장하면서 그 경향도 변화할 수밖에 없는 측면이 있다. 구도를 기획하고, 그 구도를 실현하기 위해 기조전략을 사용하며, 이를 위해 각종의 조직 미디어를 동원하고 홍보물을 활용해야 하기 때문이다.

그 중 하나의 수단인 홍보물이 잘 만들어졌다는 것은 무엇일까? 디자인이 잘되고 세련되게 되었다는 것일까? 기억하기 쉬운 말로 정리되었다는 것일까? 그렇지 않다. 홍보물은 전략을 수행하는 매우 중요한 도구다. 전략적 도구라는 것이다. 그 전략적 도구를 단지 디자인이나 카피의 매끈함으로 평가할 수 있을까?

어떤 내용을 실어야 하는지, 그것이 어떤 과정 중에 활용되는지, 그것을 통해 얻어내려는 기대반응이 무엇인지를 고려하지 않는다면 무용지물에 다름 아니다. 표심을 바꾸기 위해 우리는 일련의 '무엇'을 진행한다. 사람들이 한 표를 찍는 과정을 이해하고, 그것에 개입해서 큰 지지를 만들거나, 지지를 강화하거나, 지지를 바꿔내는 것이 선거커뮤니케이션이다. 그것은 그리 쉬운 일이 아니다.

이 책은 그 복잡한 과정을 밝혀 가급적 쉽게 이해할 수 있도록 하기 위해 노력했다. 그럼에도 불구하고, 선거커뮤니케이션은 그리 간단치 않은 이론이요, 실전이다. 처해있는 환경도 모두 다르다. 따라서 캠프 모두에게 적용될 수 있는 이론과 실제는 존재하지 않는다.

하나하나 조사해보고, 따져보고, 함께 살펴본 제 이론과 실례들을 적용해보며 해당 선거커뮤니케이션의 가장 효과적인 방안을 마련하는 일이 필요하다 하겠다. 하지만 한 가지 잊지 말아야 할 것은 향후 선거커뮤니케이션이 CTL이라는 통합성과 DTL이라는 데이터 중심의 드롭(Drop)전략을 향하고 있다는 사실이다.

맺는 말

선거는 전혀 새로운 도전이다.

선거캠페인이라는 것을 처음 시작했을 즈음, 선거에 출마한 후보자들을 만나보면, 놀랍게도 그들은 선거에 대한 이해가 너무 없었다. 비전과 정책은 있었지만 그들이 치러야 할 전쟁에 대해서는 몰라도 너무 모르는 경우가 대부분이었다. 마치 전쟁에 나온 병사가 자신이 치르는 전쟁의 정당성은 잘 알고 있는데, 총을 쏘는 방법을 모르는 것과 같은 일이었다. 총도 쏠 줄 모르는 병사에게 무슨 작전이 있고, 무슨 전략이 있겠는가?

어느 날 이런 후보자들에게 선거에 대해 열심히 설명하고 있는 나를 발견하고 혼자서 얼마나 웃었는지 모른다. 광고기획자로서 선거캠페인을 여러 차례 치르다보니 '서당개 3년이면 풍월을 읊는다'고, 나는 시쳇말로 '야매' 선거전문가가 되어 있었던 것이다. 그 후로 제법 많은 선거캠프의 캠페인을 진행해왔다. 그리고 10년의 세월이 흘렀다.

그러나 항상 가슴속에 정리되지 않은 찌꺼기들이 나를 괴롭혔다. 내가 도대체 선거의 메커니즘을 제대로 이해하고 있는지? 내가 유권자의 보편적 정서를 정확하게 파악하고 있는지? 또 내가 선거캠프에 조언하는 것들이 그들의 선거 승리에 도움이 되긴 되는지? 늘 소화되지 않고 장속에 남아 있는 찌꺼기들로 인해 불편한 시간을 보내고 있었다.

그러다가 우연한 기회에 만나게 된 두 분의 권위자들로 인해 새로운 도전에 나서게 됐다. 우리는 서로의 갈증을 해소하기 위해 지난여름을 정말 뜨겁게 보냈다. 우리는 만날 때마다 하루를 통째로 비워야 했다. 새로움에 대한 희열도 있었고, 부끄러움에 대한 성찰도 있었다. 그러나 언제나 치열했다.

시원하게 뚫린 문제도 있고, 여전히 소화되지 않은 채로 남아있는 문제들도 있다. 지금도 나는 그 찌꺼기들로부터 전혀 자유롭지 않다. 그러나 남은 찌꺼기들은 계속해서 설거지 해 볼 요량이다. 이 책이 선거에 출마한 분들에게 완전한 해답을 주리라는 기대는 전혀 하지 않는다. 세상은 우리가 따라가기엔 너무 버거운 속도로 변화하고 있고, 우리의 공부 또한 자신 있게 내놓기에는 부끄러운 수준이기 때문이다. 그러나 이 책이 선거라는 전투를 진행 할 사람들에게 최소한의 무기는 제공 할 수 있으리라 믿는다.

선거를 준비하시는 모든 분들에게 당부하고 싶다. 여러분들이 아무리 훌륭한 정책과 비전을 가지고 있다 하더라도 선거의 메커니즘을 몰라서는 결코 선거에서 이길 수 없다. 자동차 운전을 하겠다는 의지만으로 고속도로로 차를 몰고 갈 수는 없는 노릇이다. 최소한 선거에 대한 기본적인 이해는 갖고 나서야 한다. 그래야 여러분들이 이루고자하는 목표를 달성 할 수 있다. 아무쪼록 이 책이 여러분들의 목표를 이루는데 조금이나마 도움이 됐으면 하는 바람이다.

공감에서 **이 인 안**

감사의 말

-

산다는 것은 수많은 처음을 만들어가는 끊임없는 시작입니다.

신영복 선생님 말씀 중에

작년 2012년 국회의원 선거에서 낙선하고 마음을 채 다잡지도 못한 채로 다시 정신없이 대통령선거를 준비하게 되었다. 아쉬움과 무기력 속에서도 마음속 한구석에 '이제 다시 무엇을 시작해야 하나?'라는 물음이 떠나지 않았다.

그런 와중에 미국 오마바대통령의 재선 승리소식을 듣게 되었고 그동안 해왔던 선거를 되돌아 곱씹으며 우리 대통령 선거의 결과를 맞이했다. 기울어진 운동장의 싸움, 개표가 끝나고 유권자의 열정이 흔적도 없이 사라지는 민주개혁세력의 현실을 다시 바라보며, 새로운 시작의 준비를 고민하게 되었다.

유권자의 변화된 정치인식에 걸맞는 선거 캠페인의 변화가 필요하다는 결론을 내렸고 여기에 오바마가 성공한 데이터 선거를 법적 환경이 다른 우리나라에서는 어떻게 접목시킬지 연구하였다. 고민과 연구의 결과로써 우리 생활 깊숙이 자리 잡고 있는 스마트폰과 IT환경에서 그 방법을 찾고 사업체를 만들어 스마트폰 앱 어플리케이션(smartcamp.kr)을 제작하여, 지방선거를 앞두고 시장에 출시하기까지에 이르렀다.

이런 가운데 각기 다른 분야에서 같은 고민을 하고 계시던 석종득 교수님과 이인안 대표님을 만나 그동안 모자랐던 분야를 배우고 함께 토론할 수 있는 좋은 기회를 가지게 된다.

이 만남을 통해 각 분야의 고민과 노력이 모여 내용이 조금 더 충실해지고 성과를 만들게도 되었다. 그리고 우리의 작은 성과가 민주진보개혁진영내의 같은 고민을 하는 많은 사람들 속에서 보다 확대되고 충실해지길 바라는 마음으로 책 출간에까지 이르렀다.

가장 먼저, 집필을 위한 자료의 수집과 분석은 물론 그 정리까지 도맡아준 세상모든소통연구소의 이아실 연구원과 추진회 인턴연구원에게 감사드린다. 이 두 사람은 단지 머릿속의 아이디어일 뿐이었던 소재들을 글로 적어내려 갈 수 있도록 용기를 북돋아준 이들이기도 하다.

참신한 발상, 섬세한 손놀림으로 평소에도 많은 도움을 주고 있는 브레인의 디자이너들이 이 책의 디자인을 맡아주었다. 박기영, 임혜진님께 감사드린다. 교열과 교정의 수고로움을 견뎌준 브레인의 박재명님께도 감사드린다. 그리고 앱 어플리케이션 개발을 위해 전력을 다해온 BL-Studio의 홍경섭 대표님와 박심구 과장님에게도 감사의 말을 전하고 싶다. 새로운 시작의 굳건한 동반자들이다. 흔쾌히 출판을 맡아주신 두남출판사의 식구들, 특별히 전두표 사장님과 이승구 상무님께도 이 자리를 빌려 감사의 인사를 드린다.

경남 양산에서 **송 인 배**

참고문헌

이 책을 만든 원전들

고한석, 빅데이터 승리의 과학, 이지스퍼블리싱, 2013

김창남, 선거캠페인의 원리와 실행전략, 나남출판, 2007

김학량, 10대 1의 전쟁에서 승리하는 법, 캠스트, 2005

데니스 존슨, 강흥수 역, 선거 캠페인의 CEO 정치 컨설턴트, 커뮤니케이션북스, 2008

박동순, 전국동시지방선거 필승전략, jplus AD, 2006

석종득, 선거전략&선거캠페인, 두남, 2008

윤종빈, 한국의 선거와 민주주의 : 17대 선거를 중심으로, 집문당, 2007

전용주, 투표행태의 이해, 한울아카데미, 2011

전옥표, 이기는 습관, 쌤&파커스, 2007

정창교, 당선 노하우 99%, 비타베아타, 2013

제프리 스톤캐쉬, 선거 여론조사, 커뮤니케이션북스, 2007

조경섭 · 석종득, 브랜딩솔루션, 두남, 2009

조경섭 · 석종득, 마콤솔루션, 두남, 2009

조경섭 · 석종득, 광고솔루션, 두남, 2009

조지 레이코프, 유나영 역, 코끼리는 생각하지 마, 삼인, 2006

조지 레이코프, 나익주 역, 프레임 전쟁, 창비, 2007

조화순, 소셜 네트워크와 선거, 한울아카데미, 2013

EBS 킹메이커 제작팀, 킹메이커, 김영사ON, 2012